Inhalt

Richard Rohr

Das auferstandene Buch

Die Lebenskraft des Neuen Testaments

Bearbeitet und herausgegeben
von
Joseph Martos

Mit einem Nachwort
von
Andreas Ebert

Herder

Freiburg · Basel · Wien

Titel der Originalausgabe:
The Great Themes of Scripture
New Testament

St. Anthony Messenger Press,
Cincinnati, Ohio
© Richard Rohr and Joseph Martos 1988

Übertragung aus dem Amerikanischen von
ANDREAS EBERT

Umschlagbild: *Predigendes Buchholz.*
Objekt: Martin Schwarz; Foto: Marlen Perez.
Mit freundlicher Genehmigung des Museums
Bellerive Zürich.

Dritte Auflage

Inhalt

Einleitung

Die großen Themen des Neuen Testaments bauen auf denen des Alten auf und führen doch über sie hinaus. Das Neue Testament wird mitunter auch „der Neue Bund" genannt – ein Hinweis auf eine neue Beziehung zwischen der Menschheit und Gott. Aber wir haben bereits im ersten Band gezeigt, daß es nicht Gott war, der sich verändert hat. Es ist nicht so, als hätte Gott die Menschen eine gewisse Zeit lang mit einem mehr oder minder veralteten Bund hingehalten und sich schließlich herabgelassen, ihnen einen neuen zu geben. Vielmehr waren es Menschen, die sich verändert haben. Das Volk Israel war in seinem Verständnis von Gott und von dem Heil, das er versprochen hat, gewachsen. Menschlicher Glaube mußte sich bis zu einem Punkt hin entwickeln, wo zumindest einige fähig waren, eine neue Art von Beziehung einzugehen, einen neuen Bund mit dem Gott, der sie schon immer bedingungslos geliebt hat. Das Neue Testament ist die Geschichte dieser Beziehung.

Heilsgeschichtlich betrachtet, ist das Neue Testament die Vollendung und der Zielpunkt des Alten. Vom Umfang her ist es nur ein kleiner Teil der Gesamtbibel; aber es ist jener Teil, der alles letztgültig auf den Punkt bringt. Die Geschichte von der Rettung des Menschengeschlechts durch Gott vollendet sich in der Geschichte Jesu, dessen Name „Jahwe rettet" bedeutet. Alle Worte der Bibel zielen auf das fleischgewordene Wort: auf Christus, den Herrn.

In Jesus begegnet uns die rettende Liebe Gottes *in*

Person. Das Leben Jesu ist die dramatische Darstellung all dessen, was Gott im Leben Israels schon immer getan hat, in jedem Menschenleben tut und im Leben der Kirche immer tun wird. In Jesus kann man deutlich sehen, daß Gottes Liebe bedingungslos ist und darauf angelegt, jede Person und jede Situation zu erlösen, selbst um den Preis völliger Selbstaufgabe, wie es in der Kreuzigung symbolisiert ist. Zugleich erscheint in Jesus Gottes grenzenlose Rettermacht – sowohl in den Wundergeschichten als auch in dem überaus bedeutungsvollen Ereignis seiner Auferstehung.

Die Kapitel dieses Buches zeigen uns die vielfältigen Wege, auf denen die verschiedenen Autoren mit ihren unterschiedlichen literarischen Stilmitteln versuchen, die Themen dieser Rettung zu verkündigen.

Erstes Kapitel

Die gute Nachricht des Matthäus: Gott regiert!

Das Neue Testament in seiner heutigen Gestalt besteht aus 27 Büchern, die man in vier literarische Hauptgattungen einteilen kann: *Evangelium, Apostelgeschichte, Brief und Apokalypse.* Wir werden noch sehen, daß die gegenwärtige Form dieser Bücher nicht immer die ursprüngliche ist. Sie hat auch nichts mit der geschichtlichen Reihenfolge ihrer Entstehung zu tun.

Die Evangelien teilt man in der Regel in die „Synoptiker" (Matthäus, Markus, Lukas) und ins Johannesevangelium ein. „Synoptisch" bedeutet auf griechisch „mit gemeinsamem Blickpunkt" und weist darauf hin, daß diese drei Evangelien eine ähnliche Perspektive haben. Das Johannesevangelium ist aus einer deutlich anderen Perspektive geschrieben. Die Apostelgeschichte führt im Stil der Evangelien über den Dienst des historischen Jesus hinaus zu den Ereignissen der frühen Apostelzeit. Sie gehört in gewisser Weise bereits zu der literarischen Großgattung der „Kirchengeschichte". Die Briefe reichen von ziemlich langatmigen theologischen Reflexionen bis zu knappgehaltenen praxisorientierten Schreiben. Die Apokalypse oder Offenbarung schließlich ist in einem pointiert prophetischen Stil verfaßt und erinnert an einige späte Teile des Alten Testaments.

Der Sinn der Evangelien

Die vier Evangelien des Neuen Testaments sind einzigartig. In der Welt religiöser oder weltlicher Literatur findet sich nichts Vergleichbares. Sie ähneln allerdings in mancher Hinsicht den Geschichten alttestamentlicher Helden, in denen der Gesamtsinn ebenfalls wichtiger ist als die Einzelheiten. Aber sie unterscheiden sich dadurch, daß sie nicht sagen wollen, wer Jesus *war*, sondern wer er *ist*.

Die Evangelien sind Zeugnisse des Glaubens an den lebendigen, auferstandenen Jesus, geschrieben von Gläubigen für Gläubige. Sie hatten beispielsweise niemals die Absicht, Ungläubige von der Göttlichkeit Christi zu überzeugen, obwohl sie später genau dazu benutzt wurden. Sie waren Versuche, denjenigen, die bereits auf Jesus vertrauten, ein volleres Verständnis davon zu vermitteln, auf wen sie ihr Leben gründeten.

Aus der neutestamentlichen Forschung wissen wir, daß die gute Nachricht von Jesus zunächst jahrelang mündlich weitergesagt wurde, bevor man sie niederschrieb. Die Evangelien, die schließlich von der frühen Kirche als heilige Schriften anerkannt wurden, wurden erst Jahrzehnte nach dem Auftreten Jesu in Palästina zusammengestellt und herausgegeben. Obwohl sie die Namen von Matthäus, Markus, Lukas und Johannes tragen, sind nur wenige Gelehrte überzeugt, daß sie wirklich von den Aposteln und Jüngern verfaßt wurden, die im Neuen Testament erwähnt werden. Für unsere Zwecke behalten wir der Einfachheit halber dennoch diese Eigennamen bei. Wir müssen dabei bedenken, daß der Begriff der „Autorschaft" in der Antike weit weniger präzise gefaßt war als heute. Immerhin ist es sehr wahrscheinlich, daß diese vier Dokumente auf die Autorität jener ganz frühen Zeugen zurückgehen, die Jesus selbst gekannt hatten – oder zumindest diejenigen gekannt hatten, die Jesus gekannt hatten.

Wer immer die Evangelien geschrieben hat, eins ist sicher: Sie wollen keine Biographien Jesu oder irgendeine Art von Tatsachenbericht sein. Sie sollten nicht in jedem Detail „stimmen", jedenfalls nicht gemessen an heutiger Geschichtsschreibung oder am modernen Journalismus. Menschen, die meinen, die Bibel müßte heutigen Konzepten literarischer Zuverlässigkeit standhalten, nennt man „Bibel-Literalisten" oder „Fundamentalisten". Sie fordern zu Unrecht, daß antike Literatur an den Prinzipien eines modernen Realismus zu messen ist. Was für die Menschen der Antike „real" war, ließ sich nicht auf das beschränken, was man sehen oder hören kann. Die Erfahrung der Gegenwart Christi, der Kraft des Geistes oder der Liebe des Vaters machte für sie die *eigentliche* Wirklichkeit aus.

Deshalb gestalteten die alten Verfasser ihre Geschichten auf eine Weise, die solche Erfahrungen bei ihren Leserinnen und Lesern ermöglichen oder deuten sollte. Ebenso lag ihnen wenig an jenen Einzelheiten, an denen wir meist hängenbleiben; es lag ihnen vielmehr an der religiösen Bedeutung, die durch all die Details hindurchschien. Deshalb nahmen sich die Autoren oft die Freiheit, vorfindliches Quellenmaterial nach eigenem Gutdünken umzugestalten und es der Situation ihrer spezifischen Leserschaft anzupassen.

Einige Evangelisten kannten „Evangelien", die bereits vor ihnen geschrieben worden waren. Matthäus, Markus und Lukas enthalten auffällig viel Material, das sehr ähnlich ist. Zweifelsohne muß einer vom anderen abgeschrieben haben. Heute mag man so etwas „Plagiat" nennen; aber diese Autoren sahen die gute Nachricht von Jesus als gemeinsamen Erbbesitz der gesamten christlichen Gemeinde an.

Beim „Entleihen" der Geschichten veränderten die Autoren häufig gewisse Einzelheiten, um sie in ihr spezielles Konzept einzupassen. Und auch darin sahen sie nichts Verwerfliches. Beispielsweise enthalten alle vier Evangelien eine Geschichte über die Taufe Jesu durch Johannes, aber alle erzählen sie ein wenig anders. Dennoch behauptet keiner der Evangelisten, die anderen würden lügen, weil sie die Einzelheiten unterschiedlich beleuchten. Heutzutage würden wir die vier Berichte vergleichen und fragen, welcher Autor wahrheitsgetreu berichtet und welcher lügt. Damit würden wir nur zugeben, daß wir ein viel engeres Wahrheitsverständnis haben als die Evangelisten.

Das Schöne an den Evangelien und überhaupt an der ganzen Bibel ist dies: Wenn man sie mit Ehrfurcht und Offenheit für Gott liest, kann man sie sowohl buchstäblich als auch symbolisch nehmen. Der schlichte Gläubige ohne große Bildung kann die Geschichte von der Verkündigung an Maria lesen, daran glauben, daß tatsächlich ein Engel einem jungen Mädchen erschienen ist, und über Marias Bereitschaft staunen, dem Herrn zu dienen. Wer intellektuell anspruchsvoller ist, kann dieselbe Geschichte hernehmen, den Engel als Symbol für ein Wort verstehen, das Maria empfangen hat, als sie über Gottes Wirken in ihrem Leben meditierte, und ebenfalls über ihre Bereitschaft staunen, Gott zu dienen. Wir wissen nicht, welche dieser beiden Interpretationen „wahrer" ist; das ist auch nicht nötig. Beide Auslegungen gelangen auf unterschiedlichen Wegen zum selben religiösen Sinn.

Im Matthäusevangelium findet sich eine Szene, die uns einen tieferen Einblick in die Welt des Evangelisten gewährt. In Kapitel 16 drückt Petrus seine Überzeugung aus, daß Jesus der gesalbte Gottessohn ist. Das veranlaßt Jesus zu sagen: „Selig bist du, denn nicht Fleisch und Blut haben dir das offenbart, sondern mein Vater im Himmel!" Petrus und die Apostel lernten Jesus als ganz „normalen" Menschen kennen. Aber an einem bestimmten Punkt gelangten sie über das hinaus, was menschliche Augen wahrnehmen können. Sie sahen das, was nur die

Augen des Glaubens erfassen. Was sie sahen, war für sie eine gute Nachricht. Als sie davon weitererzählten, nannten sie es deshalb einfach „gute Nachricht" (griechisch: Evangelium).

In den Evangelien geht es schlicht und einfach um diese gute Nachricht. Man hätte sie kaum mit einer Filmkamera einfangen können, hätte es so etwas damals schon gegeben. Man hätte sie weder naturwissenschaftlich nachmessen noch „objektiv" beobachten können. Es handelt sich um eine Weisheit, zu der man erst *nach* dem „Sprung des Glaubens" (Kierkegaard) gelangen kann.

Die Evangelien machen den Versuch, den Glauben einer Generation von Christen an spätere Generationen weiterzugeben. Das geht nicht auf direktem Wege, sondern nur durch Bilder und Geschichten. Wenn man diese Bilder und Geschichten übermäßig analysiert, verpaßt man die Pointe. Die Pointe geht über das hinaus, was Augen sehen und Ohren hören können. Die Pointe ist eine gute Nachricht, über die man nicht mit Mitteln der Logik streiten und die man nicht rational beweisen kann. Sie kann nur erfahren werden – empfangen als Geschenk und angenommen im Glauben.

Ein anderer Zugang zum Sinn der Evangelien erschließt sich, wenn wir von Beziehungen her denken. Christen, die Jesus niemals „im Fleisch" gesehen, sondern nur „im Geist" mit ihm gelebt hatten, brauchten Anleitung, wie man zum auferstandenen Herrn Beziehung aufnehmen kann. Sie wollten wissen, wie sie sich von Person zu Person zu ihm verhalten könnten – als ihrem Retter und Heiler und Sündenvergeber. Die Geschichten der Evangelien lieferten ihnen Modelle, wie sie sich gleich den Blinden, Kranken und Lahmen, denen Jesus leibhaftig begegnet war, vertrauensvoll nach ihm ausstrecken und seine Berührung erfahren könnten.

Aber auch die zweite christliche Generation sehnte sich danach, Jesus leibhaft-greifbar zu erfahren. Das geschah in der Gemeinschaft der Gläubigen, die für sie ganz real „der Leib Christi" war. Jahrelang hatte man die Worte und Gleichnisse Jesu von Mund zu Mund weitergesagt; aber jetzt verwandelte sich die mündliche Tradition in geschriebenes Wort als die gute Nachricht darüber, wie man „in Christus" lebt, in seinem Leib, der von seinem Geist erfüllt ist.

Diese frühen Dokumente sind daher alles andere als Dokumentationen. Sie handeln nicht vom *damaligen* Leben Jesu, sondern vom *jetzigen* Leben mit Jesus. Sie sind *von* Gläubigen *für* Gläubige geschrieben. Sie beschreiben nicht in erster Linie vergangene Ereignisse, sondern eine Person, die anwesend ist, und sie handeln von hier und jetzt existierenden Beziehungen.

Wenn wir beim Lesen der Evangelien nicht zur *Präsenz* Jesu durchstoßen, lesen wir sie nicht richtig. Wenn wir beim Lesen der Evangelien nicht merken, wie Jesus in unsere heutige Situation spricht, verfehlen wir ihren Sinn. Wenn wir beim Lesen nicht (erneut) zu einer Beziehung mit dem Auferstandenen gelangen, bleiben die Worte kraftlos.

Die Kraft der Evangelien hat diese Schriften für die Christen des ersten Jahrhunderts zur „guten Nachricht" werden lassen. Die Inspiration der Evangelien selbst bewegte die frühe Kirche, sie als heilige Schriften anzuerkennen.

Warum es eine gute Nachricht ist, daß Gott regiert

Es gibt eine uralte Tradition, die besagt, das Matthäusevangelium sei das älteste. Sie bezieht sich jedoch zweifellos auf eine frühere Fassung als auf das Matthäusevangelium, wie es uns vorliegt.

Einige Bibelgelehrte gehen heute davon aus, daß das ursprüngliche Matthäusevangelium auf aramäisch verfaßt war, der Sprache in Palästina zur Zeit Jesu. Später sei es von einem unbekannten Autor ins Griechische übersetzt und mit weiterem Material angereichert worden. Diese „Endfassung" sei um 80 nach Christus entstanden (oder zehn Jahre früher oder später).

Das aramäische Evangelium ist verschollen, aber einige Gelehrte meinen, es müsse als ursprüngliche Quelle für das spätere Dokument existiert haben, das wir das Evangelium nach Matthäus nennen. In der wissenschaftlichen Theologie nennt man dieses ursprüngliche Evangelium häufig „Dokument Q", wobei „Q" die Abkürzung für das deutsche Wort „Quelle" ist.

Viele inhaltliche Anzeichen sprechen dafür, daß dieses Evangelium für eine christliche Gemeinde geschrieben wurde, die jüdischer Abstammung war. Matthäus zitiert fortwährend alttestamentliche Prophezeiungen, zeigt großen Respekt für die Forderungen des jüdischen Gesetzes und porträtiert Jesus in mancher Hinsicht als einen neuen Mose. All das hätte nichtjüdischen Gläubigen kaum eingeleuchtet.

Das Hauptthema, das das ganze Matthäusevangelium durchzieht, ist ebenfalls höchst jüdisch, auch wenn Jesus mit diesem Thema sehr originell umgeht. Das Thema ist das „Königreich Gottes", das „Himmelreich" oder die „Herrschaft Gottes"; alle drei Begriffe meinen dasselbe, dieselbe Wirklichkeit, dieselbe Erfahrung.

Dieses Konzept geht auf die vorstaatliche Richterzeit Israels zurück (bis 1000 vor Christus), als die Israeliten keinen irdischen König hatten, weil allein Jahwe die zwölf Stämme regierte. Selbst als Saul und David zu Königen gesalbt wurden, geschah das unter der Voraussetzung, daß der eigentliche König Israels Jahwe blieb und daß ihre Königsherrschaft letztlich die seine war. Aber die Israeliten wandten sich schließlich von der Herrschaft Gottes ab, und ihr irdisches Königtum ging unter. Die Propheten appellierten an das Volk, sich erneut der

Regierung Gottes zu unterstellen; aber viele erhofften die Gottesherrschaft abermals in Gestalt eines irdischen Königtums. Die Autoren der Weisheitsliteratur erweiterten schließlich das Konzept der Gottesherrschaft, indem sie Jahwe als Schöpfer und Erhalter des gesamten Universums begriffen.

Jesus leitete sein öffentliches Auftreten damit ein, daß er das Kommen der Gottesherrschaft verkündigte – ein alter Gedanke, den er mit neuem Leben füllte. Matthäus zitiert Jesus mit den Worten: „Tut Buße, denn das Himmelreich ist nahe herbeigekommen" (Matthäus 4,17, Lutherübersetzung). Ein paar Zeilen später sagt der Evangelist: „Er zog in ganz Galiläa umher, lehrte in den Synagogen, verkündete das Evangelium vom Reich und heilte im Volk alle Krankheiten und Leiden" (Matthäus 4,23).

Wenn wir von Buße hören, kommen uns oft Bilder von härenen Gewändern, Selbstzüchtigung und anderen mittelalterlichen Kasteiungen in den Sinn – zweifelsohne alles „schlechte Nachrichten". Aber das biblische Konzept von Buße war schon bei den Propheten etwas anderes: Es ging um eine Veränderung des Herzens, um innere Umkehr, um eine neue Einstellung. Das griechische Wort *metanoia* meint die Verwandlung der gesamten Mentalität. Jesus fordert seine Zuhörerschaft prophetisch zur vollständigen Sinneswandlung auf. Das meint er mit „Buße".

Aber *wovon* soll man umkehren und *wohin*? Wieder ist die Botschaft Jesu höchst prophetisch: Es geht um die Abkehr von Selbstzentriertheit und falscher Selbstsicherheit und um die Hinwendung zur Fürsorge für andere und zum Gottvertrauen. Das biblische Thema des absoluten Glaubens und der völligen Zuversicht auf Gott bedeutet immer Loslassen und Auslieferung an den Herrn. Buße meint in der Bibel immer der Weg vom eigenen Ego zu Gott, vom Blick auf eigene Bedürfnisse und Wünsche zum Blick auf den Herrn. Wenn wir das tun, wenn wir kleinere Götter fahrenlassen und Gott erlauben, unser einziger Herr zu sein, dann betreten wir den Boden des Reiches. Gott beginnt zu regieren, sobald wir zulassen, daß Gott in unserem Herzen zu regieren beginnt.

Deshalb ist das Reich Gottes „nah". Gottes Herrschaft ist immer in greifbarer Nähe. Es ist so nah wie unsere Bereitschaft, unsere Unfähigkeit zu erkennen, uns selbst zu erlösen, und so nah wie unser Schritt, Gott unseren Heiland sein zu lassen. Es ist so nah wie unsere Bereitschaft, das Glück bei Gott zu suchen anstatt woanders. Wir betreten das Reich, sobald wir aufhören, um uns selbst zu kreisen, und beginnen, uns für die Freiheit der Selbstvergessenheit zu öffnen.

Die Nachricht von der Herrschaft Gottes ist erstens gut, weil sie verkündet, daß Gott bei uns ist. Wenn wir uns selbst genug verlieren, um Gott zu finden, entdecken wir nicht nur seine Anwesenheit, sondern auch seine Liebe und seine Kraft. Matthäus eignet Jesus den prophetischen Namen Immanuel zu (das heißt: „Gott ist mit uns"; Matthäus 1,23); aber Jesus selbst geht weiter und sagt, Gott ist mit jeder und jedem von uns! Wir müssen nur umkehren, uns umdrehen und Gott ins Gesicht schauen, Gottes Gegenwart wahrnehmen.

Zweitens ist das eine gute Nachricht, weil sie verkündet, daß Gott uns liebt. Er liebt uns bedingungslos mit einer unendlichen Liebe, die wir niemals verdienen könnten. Matthäus sagt, daß der Vater Jesus seinen „geliebten Sohn" nannte (Matthäus 3,17); aber wenn Gott immer mit unendlicher Liebe liebt, dann kann er uns nicht weniger lieben als Jesus. Er liebt alle seine Söhne und Töchter ohne Bedingung und Einschränkung.

Die Nachricht von der Herrschaft Gottes ist drittens gut, weil sie besagt, daß Gottes Kraft bei uns ist. Matthäus verknüpft Jesu Verkündigung vom Gottesreich mit seinen Krankenheilungen (Matthäus 4,23); aber Jesus selbst sagt, daß seine Nachfolgerinnen und Nachfolger mindestens ebensoviel bewirken könnten wie er selbst (Matthäus 17,20).

Wenn also Jesus die gute Nachricht verkündigt, daß Gottes Reich *nah* ist, dann sagt er im Klartext, daß das Reich – abgesehen von unserem Mangel an Buße – *da* ist. Es ist so nah wie unsere Erkenntnis der Anwesenheit, Liebe und Kraft Gottes in unserem Leben.

Es gibt eine Stelle im Lukasevangelium, wo Jesus diesen Tatbestand noch unmißverständlicher ausdrückt:

> Als Jesus von den Pharisäern gefragt wurde, wann das Reich Gottes komme, antwortete er: Das Reich Gottes kommt nicht so, daß man es an äußeren Zeichen erkennen könnte. Man kann auch nicht sagen: Seht, hier ist es!, oder: Dort ist es! Denn: Das Reich Gottes ist (schon) mitten unter euch (Lukas 17,20f).

Einige ältere Übersetzungen lauten an dieser Stelle: „Das Reich Gottes ist *in* euch." Der griechische Urtext erlaubt beide Versionen, und beide sind auf ihre Weise richtig. Buße ist tatsächlich etwas, was im Inneren geschieht; es ist eine Veränderung des Herzens und der gesamten Einstellung. Insofern beginnt das Reich tatsächlich *in uns.*

Aber in einem weiteren Sinne, der ebenso wesentlich ist, ereignet sich das Reich *unter uns.* Das Leben im Reich hat etwas mit Beziehungen zu tun, wie sie sich nur zwischen und unter Menschen ereignen können. In rechter Beziehung zu Gott zu leben bedeutet, Gott Gott sein zu lassen, Gott die Nummer eins sein zu lassen, Gottes Liebe in unserem Herzen regieren zu lassen. Aber wenn wir in Gottes Liebe leben, bedeutet das für das Zusammenleben mit anderen Menschen, sie ebenso zu lieben, wie Gott uns liebt (Matthäus 5,43–48). In rechter Beziehung mit anderen zu leben bedeutet, daß uns ihr

Wohlergehen am Herzen liegt, daß wir uns um ihre Bedürfnisse kümmern, wie Jesus es getan hat. Sobald wir in Beziehungen gegenseitiger Selbsthingabe leben, wird das Reich Gottes in dieser Welt etwas sehr Reales, obwohl es kein Reich dieser Welt ist. Jedenfalls handelt es sich um eine Wirklichkeit, die sowohl persönlich als auch öffentlich ist, sowohl individuell als auch kollektiv.

Einige Bibelwissenschaftler haben darauf hingewiesen, daß Jesus die *gute Nachricht vom Reich Gottes* verkündigt habe, die frühen Christen dagegen die *gute Nachricht von Jesus.* Markus verdeutlicht dies, wenn er sein Evangelium mit den Worten einleitet: „Anfang des Evangeliums von Jesus Christus, dem Sohn Gottes" (Markus 1,1).

Diese beiden „Inhalte" der guten Nachricht können auf den ersten Blick tatsächlich widersprüchlich wirken, bis wir uns klarmachen, daß für die ersten Christen das Kommen des Reiches und das Kommen Jesu identische Ereignisse waren. Die Verwirklichung des Reiches auf Erden begann damit, daß Jesus ganz und gar als Sohn des Vaters und zugleich ganz und gar als Bruder der Menschen lebte. Er lebte vollständig unter der Herrschaft Gottes, liebte andere mit göttlicher Liebe und wurde so zum lebendigen Beispiel und zur Verkörperung dessen, was er über das Reich Gottes gesagt hatte. Bote und Botschaft waren eins.

Überblick über das Matthäusevangelium

Das Evangelium des Matthäus ist beides: gute Nachricht vom Kommen Jesu und gute Nachricht vom Kommen des Reiches. Seine Geschichte entfaltet sich als ein Drama, das sich über eine Reihe von Stationen entwickelt, die jeweils etwas Eigenes und Neues über das Leben Jesu und das Wesen seines Reiches offenbaren.

In den Kapiteln 2 und 4 beginnt das Drama mit der

Taufe Jesu und seiner ursprünglichen Reich-Gottes-Ver-
kündigung. In den Kapiteln 5 bis 7 hält Jesus die Bergpre-
digt, seine erste und wichtigste Darstellung des Lebens in
diesem Reich. In Kapitel 8 und 9 demonstriert er die
Vollmacht des Reiches. Wie einst Mose durch die zehn
Plagen, die zur Befreiung der Hebräer führten, Gottes
Macht demonstrierte, befreit jetzt Jesus durch Gottes
Kraft sein Volk von Elend und Krankheit.

In Kapitel 10 sendet Jesus die zwölf Apostel aus, das
Kommen des Reiches anzukündigen; er erklärt ihnen in
diesem Zusammenhang, was sie dabei zu tun und zu
erwarten haben. In den Kapiteln 11 und 12 regt sich erste
Opposition gegen Jesus; aber er erklärt den Jüngern, wie
sie mit Widerständen gegenüber dem Gottesreich umge-
hen sollen.

Kapitel 13 enthält Reich-Gottes-Gleichnisse, die erklä-
ren, weshalb dieses Reich so schwer zu beschreiben ist:
Diejenigen, die im Reich Gottes leben, begreifen unmit-
telbar, worum es geht; diejenigen, die den Schritt ins
Reich noch nicht gemacht haben, finden das alles unver-
ständlich und verwirrend. Das Reich Gottes ist eine
Wirklichkeit *in dieser unserer Welt;* aber letztlich ist es
Gott, der es zur Vollendung bringt.

Kapitel 14 bis 17 zeigen, wie die Verwirklichung dieses
Reiches beginnt: Eine Gemeinschaft sammelt sich um
Jesus. Er sättigt das Volk durch die Vermehrung der Brote
und der Fische. Die Jünger erkennen in ihm den Messias,
und zusammen mit Mose und Elija wird er auf einem
Berg „verklärt". Gleichzeitig wächst jedoch die Gegnerschaft gegen Jesus seitens der jüdischen Religionsführer.

In Kapitel 18 hören wir, wie Jesus seine Nachfolgerinnen und Nachfolger über das Leben im Gottesreich
aufklärt. In gewisser Weise erklärt er, was „Kirche"
eigentlich ist: Sie ist Mittel zum Zweck des Gottesreiches;
aber sie ist nicht identisch mit diesem Reich. Das wurde
allzuoft vergessen!

Von Kapitel 19 bis Kapitel 23 werden wir Zeuge, wie die Spannung zwischen dem Reich der Himmel und dem Reich dieser Welt wächst. Jesus wird in Jerusalem vom einfachen Volk jubelnd empfangen, aber seine Lehre wird von den religiösen Amtsträgern des Tempels abgelehnt. Deshalb prophezeien Kapitel 24 und 25 den Untergang formalistischer Religion und den endgültigen Triumph des Gottesreiches. Die Zerstörung Jerusalems steht für das Ende dieser Welt und für den Anbruch des messianischen Zeitalters.

In den Kapiteln 26 bis 28 schließlich wird die Wirklichkeit des Gottesreiches durch Leiden, Tod und Auferstehung Jesu aller Welt zugänglich. Die gute Nachricht vom Reich Gottes wird von Gott bestätigt: in der Auferstehung des Einen, der Gott ganz vertraut hat und der sich dem Vater völlig dargeboten hat, um anderen zu dienen.

Das Ende des Evangeliums besteht deshalb in der guten Nachricht, daß das Leben im Gottesreich nunmehr allen Menschen offensteht. Der Messias der Juden ist zum Retter aller Nationen geworden. Durch das scheinbare Scheitern im Tode hindurch gelangt Jesus zum glorreichen Sieg der Auferstehung und wird so zum Beispiel par excellence für das Leben im Reich Gottes. Das Reich ereignet sich überall dort, wo sich Gottes Wahrheit und diese Welt begegnen und vereinen. Es geht dabei nie um ein „Jenseits" und nicht einmal um die Ausbreitung der Kirche an und für sich.

Nun liegt der göttliche Heilsplan völlig offen da. Jesus, der Christus, der Messias, hat schließlich das Gelobte Land erreicht, von dem Abraham meinte, es sei Kanaan, und von dem alle folgenden jüdischen Generationen glaubten, es läge direkt vor ihnen. Anstatt bezwungen zu werden, ist Jesus der Bezwinger. Anstatt das Opfer zu sein, wird er zum Sieger. Aber er ist nicht der letzte und einzige; er ist der erste, der allen anderen den Weg weist.

Das Endergebnis unseres Lebens wird ebenso aussehen wie seine Vollendung, wenn wir wie er versuchen, ganz und gar im Reich Gottes zu leben und Gottes Wahrheit in dieser Welt zu verwirklichen. Das ist eine gute Nachricht – aber eine schlechte Nachricht für die, die ihr Vertrauen auf die Meinungen und Belohnungen dieser Welt setzen.

Die Kindheitsgeschichte

Wir haben bisher die ersten beiden Kapitel des Matthäusevangeliums unerwähnt gelassen. Obwohl auch diese Kapitel von Jesus handeln, sind sie dennoch kein Teil des Dramas vom kommenden Gottesreich. Sie sind vielmehr eine Art Prolog zu der eigentlichen Entwicklungslinie des Buches, und deshalb müssen sie gesondert behandelt werden. Eine ähnliche Vorgeschichte finden wir im Lukasevangelium.

Wir haben bereits gesehen, daß die Evangelien keine Biographien Jesu sind, sondern Glaubenszeugnisse der frühen christlichen Gemeinde. Das gilt besonders für die Sonderteile des Matthäus- und Lukasevangeliums, die wir „Kindheitsgeschichten" nennen. Sie fehlen bei Markus und Johannes. Auch die erste Verkündigung des Evangeliums, wie sie sich in der Apostelgeschichte niedergeschlagen hat (zum Beispiel in der Predigt des Petrus, Apostelgeschichte 2,22–36), enthält keinerlei Hinweis auf Jesu Geburt.

In den Kindheitsgeschichten findet sich weit mehr Theologie als Biographie, mehr Mythos als Historie. In dieser Hinsicht ähneln sie den Schöpfungsgeschichten der Genesis. Ohne wissenschaftlich über die Entstehung der Welt Auskunft geben zu wollen, beschreibt die religiöse Vorstellungskraft die Welt, wie sie *ist* – und zwar durch eine Geschichte, die am Anfang der Zeit angesiedelt wird. Alle religiösen Kulturen sind so verfahren; die Juden machten da keine Ausnahme. Ähnlich entwickelten frühchristliche Theologen (falls wir sie so nennen können), ohne die historischen Fakten zu kennen, Geschichten über die Geburt Jesu, die das ausdrückten, was sie jetzt, *nach* der Auferstehung, von ihm begriffen hatten.

Die Menschen der Antike verstanden diese mythische Darstellung religiöser Wahrheit viel unmittelbarer als wir. Wir sind es, die diese Dokumente häufig mißverstehen, indem wir mit dem Vorverständnis unserer Zeit an sie herangehen. Das Ergebnis ist biblischer Fundamentalismus, eine naive und wörtliche Interpretation der Schrift, die auf dem Fehler beruht, antike Dokumente unter einer modernen Fragestellung zu lesen. Um den Sinn der Bibel zu begreifen, müssen wir sie in der Regel zunächst als antike Schrift verstehen lernen, bevor wir sie als das ewige Wort verehren können.

Ein hervorragendes Beispiel dafür ist der Stammbaum Jesu, mit dem Matthäus sein erstes Kapitel einleitet. Bei näherem Hinsehen erweist er sich als künstliche und symbolische Herleitung der Vorfahren Jesu. Historisch muß es zwischen Abraham und Jesus weit mehr Generationen gegeben haben als die erwähnten. Selbst im Rahmen der Bibel entsprechen die Generationen, die hier aufgezählt werden, nicht genau der alttestamentlichen Chronologie. Der Autor hat offensichtlich die Namen ganz bewußt arrangiert, um dadurch eine theologische Aussage zu machen – oder besser gesagt: eine ganze Reihe von solchen Aussagen.

Beispielsweise zieht Matthäus die Linie von Jesus bis David und Abraham zurück (Matthäus 1,1). Weshalb gerade zu diesen beiden? Weil Jesus aus dem Hause Davids stammen muß, um der Messias zu sein. Viele Juden erwarteten, daß der Messias aus der davidischen Königsstammfolge kommen würde. Ebenso muß Jesus als Messias Israelit sein, also ein Nachkomme Abrahams. Zudem ist Jesus ein Mann der Wahrheit, der ganz und gar auf den Vater vertraut; deshalb ist Abraham, der „Vater des Glaubens", sein Vorfahr.

Es fällt auf, daß Matthäus in seinem Stammbaum dreimal 14 Generationen ansetzt. 14 (zwei mal sieben) war für die Juden eine symbolische Zahl der Vollkommenheit oder Erfüllung. Die Listen wurden also kunstfertig konstruiert, um auszudrücken, daß die Zeit für das Kommen des Messias „erfüllt" war. Wenn man aber die Namen zählt, fällt auf, daß Matthäus zwar in Vers 17 sagt, jede Liste bestünde aus 14 Namen, die dritte aber in Wirklichkeit nur 13 enthält. Weshalb? Auf diese Weise will Matthäus sagen, daß der eigentliche Vater Jesu nicht Josef war, sondern der Heilige Geist; Gott selbst ist der unmittelbare „Vorfahr" Jesu. Matthäus sagt das durch Auslassung. Das war ein Stilmittel, das in der Antike geläufig und beliebt war. Dasselbe drückt er im nächsten Vers noch einmal ohne Verklausulierung aus:

Mit der Geburt Jesu Christi war es so: Maria, seine Mutter, war mit Josef verlobt; noch bevor sie zusammengekommen waren, zeigte sich, daß sie ein Kind erwartete – durch das Wirken des Heiligen Geistes (Matthäus 1,18).

Im Lukasevangelium erscheint ein Engel, um der Maria die Geburt Christi anzukündigen; im Matthäusevangelium spricht ein Engel im Traum zu Josef. In der antiken Literatur bedeutet das Erscheinen eines Engels, daß ein Ort oder Ereignis „heilig" ist; der Engel manifestiert die Anwesenheit und Krafteinwirkung Gottes. Es ist wahrscheinlich, daß Matthäus und Lukas einen Engel einfügen, um die enge Verbindung zwischen Jesus und dem Vater literarisch-symbolisch zum Ausdruck zu bringen. Es geht weniger um eine Aussage über die *Geburt* Jesu als um eine Aussage über seine *Person*.

Ein paar Zeilen später im Matthäusevangelium lesen wir von den „Magiern", die in keinem anderen Evangeli-

um erscheinen. Wenn wir die Geschichte nach Art
wissenschaftlicher Bibelauslegung genauer unter die Lupe
nehmen, sehen wir wieder, daß sie eher theologischer als
historischer Natur ist. (Selbst der gesunde Menschenver-
stand fragt sich, weshalb sich nicht Josef – wenn die
Heilige Familie anläßlich der Geburt Jesu so überreich
beschenkt worden ist – für den Rest seines Lebens zur
Ruhe gesetzt hat!) Weshalb also sollte Matthäus diese
Geschichte entweder konstruiert oder (was wahrscheinli-
cher ist) aus der mündlichen Tradition seiner Gemeinde
in das Evangelium übernommen haben?

Eines der schwierigsten Probleme, mit dem die frühe
Christenheit (allesamt Juden!) fertig werden mußte, war
die Tatsache, daß Heiden zum Glauben an Jesus fanden
und ihn als Herrn annahmen. Es scheint deshalb wahrscheinlich, daß Matthäus durch die Geschichte von
weisen Männern aus dem Ausland, die Jesus als Messias
anerkennen, die wachsende Einsicht der Kirche veran-
schaulicht, daß Jesus eben nicht nur um der Juden willen
gekommen ist. Matthäus vermittelt eine *später* entdeckte
Wahrheit durch die Geschichte eines *früheren* Ereignis-
ses: nämlich, daß Jesus nicht nur der Retter des aus-
erwählten Volkes ist, sondern der Retter aller Völker.

Obwohl wir aus den Magiern Könige gemacht haben,
schildert Matthäus sie als Astrologen und Wissenschaft-
ler – als ob er sagen wollte, daß die Weisheit aller
Nationen zu Jesus führt. Und obwohl wir in der Regel
von den „heiligen drei Königen" reden, nennt die Geschichte keine bestimmte Zahl. Sie redet immerhin von
drei Geschenken, so daß es späteren christlichen Generationen natürlich erschien, jedem Geschenk eine Person
zuzuordnen. Die Ausschmückung der Geschichte in späteren Generationen ist ein anschauliches Beispiel dafür,
wie religiöse Imagination funktioniert: Sie drückt sich in
Symbolen aus, die das widerspiegeln, was jeweils als
„wahr" und „wirklich" angesehen wird.

Die letzte größere Episode der matthäischen Kindheitsgeschichte ist die Flucht der Heiligen Familie nach Ägypten. Auch hier gibt es wiederum zwei kräftige Hinweise
darauf, daß es sich um eine theologische, nicht um eine –
im modernen Sinne – historische Darstellung handelt.
Aufgrund geographischer Gegebenheiten ist es selbst
heute schwierig, die Negebwüste mit einem Landrover zu
durchqueren; ein Mann und eine Frau mit einem Baby
hätten das zu Fuß kaum geschafft. Historisch betrachtet,
ist es sehr zweifelhaft, daß Herodes tatsächlich alle
Kleinkinder in Betlehem abschlachten ließ. Wir können
das mit einer gewissen Sicherheit behaupten, da der
jüdische Historiker Josephus, der Herodes verabscheute
und allen Dreck ausgrub, der sich gegen ihn verwenden
ließ, diese Geschichte nicht einmal erwähnt.

Was soll aber diese theologische Geschichte? Was ist
der springende Punkt? *Wir* müssen es wissenschaftlich
ertüfteln; aber für die jüdische Leserschaft des Matthäus
war der Sinn offenkundig. Sie verstanden Jesus als den
neuen Mose – ja als einen, der Mose noch übertraf. Mose
aber war errettet worden, als der Pharao die hebräischen
Babys abschlachten ließ (Exodus 1,15 – 2,9). Analog dazu
wird auch Jesus vor dem herodianischen Mord an den
Unschuldigen bewahrt. Außerdem kam Mose mit den
Israeliten aus Ägypten. Indem Matthäus beschreibt, wie
Jesus nach dem Tod des Herodes aus Ägypten kommt,
porträtiert er ihn abermals als zweiten Mose.

In seiner ganzen Kindheitsgeschichte wie auch – wenn
schon weniger häufig – im gesamten restlichen Evangelium nimmt Matthäus ständig auf alttestamentliche Texte
Bezug, die er jeweils mit folgender (oder ähnlicher)
Formulierung einleitet: „Das geschah, damit in Erfüllung
ging, was der Prophet NN geschrieben hat..." Offensichtlich tat Matthäus das für sein jüdisches Publikum, dem
diese Texte vertraut waren. Diese Bezüge hätten jedenfalls bei bekehrten Heiden keinen Widerhall gefunden.

28

Die meisten von uns gleichen diesen bekehrten Heiden. Wir sind nicht als Juden aufgewachsen. Wenn wir hören, daß das Evangelium davon redet, wie irgend etwas geschah, um eine Prophezeiung zu erfüllen, vermittelt das den Eindruck, daß eine Prophezeiung eine Art Vorhersage ist. Wenn wir aber die zitierten alttestamentlichen Stellen genauer betrachten, merken wir schnell, daß nur wenige von ihnen im strengen Sinn „Vorhersagen" sind.

Um Matthäus recht zu verstehen, müssen wir abermals begreifen, daß er aus jüdischer Sicht geschrieben hat. Für die Juden war jeder Text der Bibel Gotteswort. Deshalb enthielt jedes Bibelwort ewige Wahrheit. Man nehme zum Beispiel die Gebote. Jedes von ihnen wurde als Wort Gottes verstanden. Immer, wenn jemand den Geboten folgt, *erfüllt* er oder sie ein Wort Gottes.

Auch die Propheten artikulierten – wie wir im ersten Band gesehen haben – Gottes Wort. Sie riefen zur Buße, sie kündigten Unheil an, sie boten Trost. Aber im erweiterten Sinn galt *jeder* Bibeltext als prophetisch, da „prophezeien" nichts anderes bedeutet als „Gottes Wort sagen". Nach jüdischer Auffassung „erfüllte" jeder Mensch das Wort Gottes, der das lebte, was ein Prophet, ein Gebot, ein Spruch oder ein Psalm gesagt hatte.

Für die jüdische Gemeinde des Matthäus war es wichtig, daß Jesus als jemand erschien, der die Schriften „erfüllte". Matthäus erwartete weder von ihnen noch von uns die Annahme, daß die alttestamentlichen Autoren bei ihren Texten den Messias im Blick hatten. Er zeigt vielmehr immer wieder, daß Jesus, *weil* er der Messias ist, der vollkommene Sohn des Vaters, die Schriften in allem, was er tat, „erfüllt" hat.

Szenen aus dem Matthäusevangelium

Wie wir zu Beginn dieses Kapitels gezeigt haben, sind die Evangelien „Kompositionen" – das heißt, ihre Autoren setzen die Evangelien aus verschiedenartigen Geschichten und Berichten zusammen, die bereits viele Jahre lang in der christlichen Gemeinde zirkuliert waren. Neben dieser mündlichen Überlieferung gab es eine ständig wachsende schriftliche Tradition, die aus Sammlungen von Aussprüchen, Gleichnissen und Wundern Jesu bestand, vielleicht sogar auch aus Passionsdarstellungen. Jeder der Evangelisten fügte diese Traditionsstücke mehr oder weniger kunstvoll zu einem Ganzen zusammen. Markus verfertigt eine Art Patchwork-Decke; jede seiner kleinen Einheiten wird in der griechischen Urfassung durch eine einfache Verbindung wie „und" oder „aber" an die nächste angeheftet. Das Johannesevangelium wirkt eher wie ein Gobelin und ähnelt von allen vier Evangelien am ehesten einem originellen Gesamtkunstwerk. Lukas- und Matthäusevangelium sind künstlerisch gestaltete Sammlungen, die jeweils um ein Grundthema kreisen wie – bei Matthäus – das Reich Gottes.

Tatsache bleibt, daß jedes der Evangelien eine Vielzahl von Aussprüchen und Ereignissen enthält, die alle auch, für sich genommen, Thema eines Kommentars oder einer Predigt sein könnten. Angesichts dieser vielfältigen Möglichkeiten können wir in den folgenden Abschnitten nur einige der wichtigsten Stücke exemplarisch herausgreifen.

Versuchung in der Wüste

Das Ereignis, das in allen Evangelien das Präludium zum öffentlichen Auftreten Jesu abgibt, ist die Taufe Jesu im Jordan durch Johannes. Hier empfängt Jesus auf besondere Weise den Geist Gottes, seine Sohnschaft wird bestätigt, er akzeptiert die Berufung, das Reich zu verkündigen. Unmittelbar nachdem Jesus Gott sein Jawort gegeben hat, folgt die „Versuchung in der Wüste". Es handelt sich um eine Zeit der Läuterung; er muß sich den Versuchungen stellen, denen sich später jeder seiner Jünger und jede seiner Jüngerinnen auch wird stellen müssen.

Das ist alles ganz menschlich. Es ist wie bei uns – wir versprechen etwas Großartiges, und dann fragen wir uns plötzlich, worauf wir uns da eingelassen haben! Die Versuchungen Jesu helfen ihm bei der Klärung der Frage, was sein Vater wirklich von ihm will. Ebenso helfen sie uns, das Wesen seiner Sendung zu verstehen.

In der ersten Versuchung legt der Teufel Jesus ein paar Steine hin und sagt: „Wenn du Gottes Sohn bist, so befiehl, daß aus diesen Steinen Brot wird" (Matthäus 4,3). Das heißt im Klartext: „Stille deinen irdischen Hunger, und gib dich damit zufrieden!" Das ist für uns alle eine überaus reale Versuchung. Wir sind oft versucht, uns mit dem zu begnügen, was die Welt zu bieten hat, und zu meinen, das würde uns glücklich machen.

Diese Versuchung hat aber auch eine soziale Dimension. Wenn wir, die wir uns Söhne und Töchter Gottes nennen, die Armen und Hungrigen der Welt sehen, sind wir versucht zu meinen, wir müßten nichts anderes tun, als sie zu speisen und zu kleiden. Sowohl unser Gewissen als auch unsere Kritiker behaupten, daß Sozialprogramme den Hunger der Welt stillen könnten; und als Gotteskinder stehen wir unter dem messianischen Druck, ihnen zu helfen, indem wir ihnen Nahrung geben. Wir sollten ihnen natürlich unter allen Umständen Brot geben – aber es ist „nicht Brot allein" (Matthäus 4,4), was sie wirklich satt machen wird.

Die Antwort Jesu leugnet nicht, daß physischer Hunger eine Realität ist, die uns herausfordert. Er selbst war ja nach vierzig Fastentagen in der Wüste körperlich hungrig. Aber seine Antwort weist über die rein physischen Bedürfnisse hinaus auf den tieferen geistlichen Hunger, der gestillt werden muß, wenn die menschliche Erlösungssehnsucht wirklich erfüllt werden soll. Obwohl wir den Stellenwert von Essen, Kleidung und Unterkunft nicht unterschätzen dürfen, erinnert uns Christus daran, daß dies alles unsere tiefsten Bedürfnisse nicht befriedigt. Dies alles ist vergänglich. Dies alles ist nicht der ganze Sinn des Lebens. Sinn des Lebens empfangen wir durch jedes Liebeswort Gottes, das er in unserem Herzen spricht. Und wir stiften *sowohl* durch das Brot, das wir teilen, *als auch* durch jedes liebende Wort, das wir weitersagen, Sinn im Leben anderer Menschen.

Als nächstes führt Satan Jesus auf die Zinne des Tempels und verlangt von ihm, runterzuspringen und Engeln die Aufgabe zu überlassen, ihn zu retten. Diese Versuchung besteht für Jesus – und uns – darin, daß wir religiöse Erlösungsspiele betreiben. Es ist die Versuchung eines fehlgeleiteten religiösen Vertrauens, die Versuchung der „billigen Gnade" (Bonhoeffer), die Versuchung, die Hände bequem in den Schoß zu legen. Wenn wir dieser Versuchung nachgeben, lieben wir nicht Gott, sondern unseren religiösen Trickreichtum.

Aber das ist nicht die Botschaft der Bibel. Deshalb antwortet Jesus mit einem Schriftwort: „Du sollst den Herrn, deinen Gott, nicht auf die Probe stellen" (Matthäus 4,7). Der göttliche Heilsplan schließt immer unsere persönliche Teilnahme und Verantwortung ein, indem wir auf die Berufung des Glaubens hören und Antwort geben. Glaube ist keine Zauberei. Es handelt sich um einen wesentlich langwierigeren Prozeß, um den einzig

wirklich menschlichen Prozeß, der uns schließlich vollständig befreit und verwandelt. Jede andere Form der
Veränderung wäre nur äußerlich und mechanisch. Sie
würde unser Menschsein nicht respektieren. Und gerade
deshalb ist das nicht Gottes Weg zur vollkommenen
Erlösung.

Schließlich zeigt der Teufel Jesus die Reiche der Welt
und bietet sie ihm an – unter der Bedingung, daß er sich
vom Vater lossagt. In gewisser Weise ist das die Wieder-
holung der Versuchung, die die Israeliten bestehen mußten, als sie sich nach dem Auszug aus Ägypten in der
Wüste wiederfanden. Immer wieder verlockte sie der
Wunsch, in die Sicherheit der Sklaverei zurückzukehren
und die mitunter unheimliche Freiheit des Gottvertrauens aufzugeben. Das ist auch unsere Versuchung, sobald
wir meinen, wir könnten in den Institutionen und
Systemen der Welt Sicherheit und Ansehen finden –
anstatt im Reich Gottes.

Was Israel damals falsch machte, macht Jesus diesmal
richtig. Er befiehlt dem Versucher, seine Überredungsver-
suche einzustellen, denn: „Vor dem Herrn, deinem Gott,
sollst du dich niederwerfen und ihm *allein* dienen"
(Matthäus 4,10). Jesus läßt sich also nicht von dem Weg
abbringen, den der Vater ihm gewiesen hat. Er will auch
in der Wüste gehorsam sein, selbst als alle vertrauten
Orientierungspunkte fehlen und selbst als es so einladend
wirkt, umzukehren. Insofern ist Jesus nicht nur ein neuer
Mose, sondern ein neues Israel; er erfüllt all das, wozu die
Israeliten als Söhne und Töchter Gottes berufen worden
waren.

Berufung der ersten Jünger

Kurz nach der Prüfung seiner eigenen Sohnschaft beginnt Jesus, andere einzuladen, mit ihm zusammen ganz im Reich des Vaters zu leben. Er verkündigt allen, daß die Gottesherrschaft ganz einfach zu haben ist, aber er spricht eine besondere Einladung an diejenigen aus, die von ihm lernen wollen, so vollständig Gotteskind zu sein, wie er es ist. Matthäus schildert dies in der Szene „Die Berufung der ersten Jünger".

Alles sieht ganz einfach aus. Jesus geht am Seeufer auf zwei Fischer zu und bittet sie, die Netze fallen zu lassen und ihm nachzufolgen; sofort werden Simon Petrus und sein Bruder Andreas die ersten Jünger. Dann spricht er an Jakobus und Johannes dieselbe Einladung aus, und auch sie verlassen ihre Boote und folgen ihm (Matthäus 4,18–22).

Wenn wir uns über diese Szene erste Gedanken machen, merken wir sofort, daß sie etwas sehr Unwahrscheinliches enthält. Wenn die Menschen damals nicht völlig anders geartet waren als heute, weshalb sollten wir dann annehmen, daß vier ehrbare Bürger von Kafarnaum plötzlich ihr Geschäft aufgeben sollten, um einem aus der Wüste dahergelaufenen Fremden nachzurennen? Offensichtlich ist Matthäus an dieser Stelle wiederum kein Geschichtsreporter, sondern Theologe: Er informiert seine Leserschaft darüber, was „Jüngerschaft" bedeutet. Er schreibt zwar über Petrus, Andreas, Jakobus und Johannes – aber in Wirklichkeit redet er über Nachfolge immer und zu allen Zeiten.

Sobald wir die Geschichte in diesem Licht betrachten, verstehen wir die Botschaft des Matthäus. Er teilt seiner Leserschaft mit, daß der Ruf des Herrn keinen Aufschub erlaubt. Sobald wir gewiß sind, daß wir Jesus nachfolgen wollen, sollte uns nichts mehr zurückhalten. Praktische Fragen dürfen keine Priorität mehr haben, Familienbande dürfen kein Hindernis sein. All das sind die „Netze", die uns umstricken und festhalten wollen. Der Herr bittet uns, die Netze fallen zu lassen und ihm zu folgen.

Einst dachten Katholikinnen und Katholiken, eine Berufung Gottes zu haben bedeute unweigerlich, in einen Orden einzutreten oder ins Priesterseminar zu gehen. Die moderne Bibelwissenschaft hat jedoch klar erkannt, daß diese und andere Lehren der Bibel über Jüngerschaft für die *ganze* christliche Gemeinde bestimmt sind, nicht nur für einige Auserwählte. Matthäus und allen Evangelisten zufolge bedeutet Christsein *immer*, Jüngerin oder Jünger Jesu zu sein. Nachfolge ist eine Berufung für alle, nicht nur für Priester und Nonnen.

Aber wozu lädt Jesus seine Jünger ein? In den letzten Versen des Kapitels 4 gibt uns Matthäus die Antwort. Jesus zieht umher, verkündigt die gute Nachricht vom Gottesreich und heilt Menschen durch die Kraft Gottes, die in ihm wohnt. Der Ruf in die Nachfolge Jesu ist die Einladung, im selben Kraftfeld zu leben, in dem Jesus lebt: unter der Herrschaft des Vaters, erfüllt von seiner Kraft, die wir nutzen sollen, um die Übel der Welt zu überwinden. Die Wunder, die Jesus tut, sind Zeichen dafür, was passiert, wenn Menschen Gottes Kraft und Gottes Heil begreifen und darauf antworten. Das ist fürwahr eine gute Nachricht!

Bergpredigt

Die ersten Leserinnen und Leser des Matthäusevangeliums mögen ebenso bereit gewesen sein wie Petrus, Andreas, Jakobus und Johannes, dem Ruf in die Nachfolge zu folgen. Aber im Gegensatz zu den ersten Jüngern war Jesus nicht leibhaftig bei ihnen, so daß er sie konkret und praktisch hätte lehren können, was Jüngerschaft im Alltag des Lebens bedeutet. Deshalb hat Matthäus im nächsten langen Abschnitt seines Evangeliums, den die Tradition „Bergpredigt" genannt hat, viele Aussagen Jesu zusammengetragen, die beschreiben, was es bedeutet, inmitten der Welt die Werte des Reiches Gottes zu leben. Im Rahmen des Evangeliums wirkt das wie eine lange, zusammenhängende Predigt, aber es handelt sich eigentlich um eine Zusammenfassung vieler Dinge, die Jesus während seines Auftretens zu verschiedenen Anlässen gesagt haben muß.

Matthäus hat zwei Gründe, dieses ganze Material an einer Stelle zusammenzufassen. Der erste: er will aus literarischen Gründen viele Lehren Jesu im Überblick darstellen. Zweitens: er will aus theologischen Gründen Jesus als zweiten Mose porträtieren. Das Lukasevangelium enthält einen Teil desselben Materials im Rahmen einer Predigt, die Jesus auf einem Feld hält („Feldrede": Lukas 6,20–49). Aber für die jüdisch geprägte Gemeinde des Matthäus sind diese Lehren Jesu die neue *Tora*, ihre neue Anweisung zum Leben. Deshalb läßt Matthäus das Gesetz Christi von einem Berggipfel aus verkündigen – in Analogie zu Mose, der den Israeliten das Alte Gesetz vom Berg Sinai aus gebracht hat.

Die Rede beginnt mit den acht Seligpreisungen, die für den christlichen Lebensstil ebenso wesentlich sind, wie es die Gebote für den jüdischen Lebensstil waren:

Selig, die arm sind vor Gott;
denn ihnen gehört das Himmelreich.
Selig die Trauernden;
denn sie werden getröstet werden.
Selig, die keine Gewalt anwenden;
denn sie werden das Land erben.
Selig, die hungern und dürsten nach der Gerechtigkeit;
denn sie werden satt werden.
Selig die Barmherzigen;
denn sie werden Erbarmen finden.

36

Selig, die ein reines Herz haben;
denn sie werden Gott schauen.
Selig, die Frieden stiften;
denn sie werden Kinder Gottes genannt werden.
Selig, die um der Gerechtigkeit willen verfolgt werden;
denn ihnen gehört das Himmelreich (Matthäus
5,3–10).

Bei näherem Hinsehen erweisen sich diese „Gebote" als
paradox. Sie sagen nicht, was Christen tun sollen; sie
sagen vielmehr, wie es ihnen ergehen wird, wenn sie im
Reich Gottes leben: Sie werden arm sein vor Gott, sie
werden ein reines Herz haben, sie werden barmherzige
und sanfte Friedensstifter sein; sie werden nach Recht
und Gerechtigkeit dürsten und deshalb verfolgt werden,
und deshalb werden sie trauern. Kein sonderlich heiterer
Ausblick! Und dennoch nennen die Seligpreisungen Jüngerschaft ein „glückliches Leben". Warum? Weil Jüngerinnen und Jünger, die in rechter Beziehung zu Gott und
zueinander leben, Trost erfahren, satt werden, Erbarmen
finden und Gott schauen; deshalb heißen sie Gottes
Kinder; sie leben unter Gottes Herrschaft, und die Erde
gehört ihnen!

In den Seligpreisungen geht es ebenso wie im Dekalog
der Frühzeit Israels um eine neue Art von Beziehung. Die
Gebote forderten Respekt vor Gott und vor den Eltern,
sie verboten, zu töten, zu lügen, zu stehlen, zu betrügen
und eifersüchtig zu sein. Die Seligpreisungen sprechen
von Qualitäten, die über das Alte Gesetz hinausgingen.
Die Seligpreisungen enthalten eine wirklich neue Offenbarung, nämlich einen Lebensstil, der auf Verwundbarkeit, Selbstentäußerung und Zusammenarbeit beruht anstatt darauf, gewisse Regeln einzuhalten.

Wenn wir jedoch Christen fragen, was sie als „moralisch" verstehen, denken sie zuerst an die Zehn Gebote.
Sie denken noch immer im Rahmen alttestamentlicher,

nicht neutestamentlicher Moralität. Aber Jesus nachfolgen bedeutet, mit ihm die Regulierungen der Systeme dieser Welt zu verlassen und eine neue Realität zu entdecken, ein Leben in einer viel umfassenderen Wahrheit. Es bedeutet, die ersten Stadien des Glaubens hinter sich zu lassen und ins Reifestadium einzutreten. Es bedeutet, Mitgliedschaft aufzugeben zugunsten von Jüngerschaft. Es bedeutet, Gott nicht mehr als Gesetzgeber zu begreifen, sondern als Lebensgeber zu entdecken.

Deswegen wiederholt Jesus in dieser Predigt über das Leben im Gottesreich immer wieder dasselbe Schema: „In der Vergangenheit habt ihr gelernt, nach einem bestimmten Prinzip zu handeln. Ich lehne das nicht ab; aber ich bitte euch, weiter zu gehen als damals. Ich lade euch ein, da mit einzusteigen, wo ich bin, euch auf eine völlig neue Art von Beziehung einzulassen. Man hat euch gesagt: ‚Tötet nicht!‘ Ich sage euch, ihr solltet euch nicht einmal unnötigerweise in Rage bringen lassen. Man hat euch gesagt: ‚Brecht keinen Eid!‘ Ich sage euch, ihr solltet so ehrlich sein, daß ihr Eide und Schwüre nicht nötig habt. Man hat gesagt: ‚Liebe deinen Nächsten!‘ Ich sage euch: Liebt auch eure Feinde!“ (vgl. Matthäus 5,17–48).

Vor allem aber lädt Jesus seine Jüngerinnen und Jünger ein, ihm in eine völlig neue Gottesbeziehung zu folgen. Er erlaubt ihnen, Gott *Abba* zu nennen, „Papa“, „lieber Vater“ – so wie er selbst es tut. Er lehrt sie, um das endgültige Kommen des Reiches zu beten, wo alle Menschen genügend Gottvertrauen haben werden, um mit dem zufrieden zu sein, was Gott ihnen Tag für Tag gibt. Und Jesus fordert sie heraus, so vergebungsbereit zu sein, daß sie selbst um Vergebung bitten können, ohne rot zu werden. Das „Gebet des Herrn“, wie es später genannt wurde, ist also zugleich das Gebet der Jüngerin und des Jüngers, denn es drückt genau das aus, wonach sich echte Jüngerschaft sehnt und wofür sie lebt (vgl. Matthäus 6,9–13). Übrigens ist das Vaterunser im Plural verfaßt, weil es davon ausgeht, daß Jüngerinnen und Jünger in Gemeinschaft leben!

Der Weg der Nachfolge ist ein Weg der Freude und der Freiheit; denn diejenigen, die im Reich Gottes leben, erleben die Erfüllung ihrer tiefsten Herzenssehnsüchte, und deshalb sind sie davon befreit, das zu ersehnen, was alle anderen haben wollen. Jesus fordert seine Nachfolgerinnen und Nachfolger auf, sich keine Sorgen um Geld, Nahrung und Kleidung zu machen und sich nicht von dem beeinträchtigen zu lassen, was andere Leute sagen oder tun.

So attraktiv der Weg ist, den Jesus lehrt – er ist nicht leicht zu finden. Er kann nur durch Bekehrung erreicht werden, durch einen vollständigen Wandel des Denkens, Fühlens und Verhaltens. Es ist eine moralische und gesellschaftliche Wende um 180 Grad! Die meisten Menschen wählen den leichten Weg und gehen da lang, wo die meisten anderen auch langgehen.

Aber Jesus sagt:

> Geht durch das enge Tor! Denn das Tor ist weit, das ins Verderben führt, und der Weg dahin ist breit, und viele gehen auf ihm. Aber das Tor, das zum Leben führt, ist eng, und der Weg dahin ist schmal, und nur wenige finden ihn (Matthäus 7,13–14).

Diejenigen jedoch, die die schmale Pforte finden, sollen im Reich Gottes nicht allein leben. Nach der Sicht des Matthäus ist die Kirche ein Netzwerk von Jüngerinnen und Jüngern, die Jesus als Herrn und Lehrer angenommen haben und die sich zusammentun, um von Jesus zu lernen und seine Lehre in die Tat umzusetzen. Dennoch sind das Reich Gottes und die Kirche nicht identisch. Auch in der Kirche gibt es Menschen, die noch nicht auf dem Boden des Reiches Gottes leben; und es gibt Menschen im Reich Gottes, die nicht der sichtbaren Kirche angehören.

Ein schlagendes Beispiel dafür ist die Tatsache, wie es viele Leute mit der Herrschaft Christi halten. Viele Katholikinnen und Katholiken haben zwölf Jahre Religionsunterricht hinter sich und haben sich dennoch persönlich niemals der Herrschaft Jesu unterstellt. Vielleicht haben sie noch nie etwas von der Herrschaft Christi gehört – oder nur als liturgisch vorformulierte Aussage im Kontext des Gottesdienstes; vielleicht haben sie keine Ahnung, daß das für sie ganz persönlich etwas bedeuten könnte. Vielleicht meinen sie, es bedeutet, daß der Sohn in seiner Eigenschaft als Mitglied der Dreifaltigkeit in irgendeiner fernen und abstrakten Weise das Universum regiert. Aber die Evangelien stellen klar, daß diejenigen, die im Reich Gottes sind, Jesus als ihren persönlichen Herrn anerkennen – *und* als Herrn aller Systeme, Institutionen, Nationen und Kulturen dieser Welt (einschließlich des Abendlandes und der katholischen Kirche!).

Andererseits gibt es viele Nichtkatholiken und Nichtkatholikinnen, die ganz klar verstanden haben, was die Herrschaft Christi bedeutet. Sie bedeutet, daß er entweder die Nummer eins in deinem Leben ist – oder daß er nicht Herr ist. Die Familie kann nicht das erste sein. Die Karriere kann nicht an erster Stelle kommen. Geld kann nicht die erste Geige spielen. Die Armee kann nicht über allem stehen. Und es reicht nicht, „Jesus ist Herr!" als Glaubensbekenntnis oder als Katechismusantwort zu repetieren. Lippenbekenntnisse zählen nicht. Wie Jesus selbst sagt:

> Nicht jeder, der zu mir sagt: Herr! Herr!, wird in das Himmelreich kommen, sondern nur, wer den Willen meines Vaters im Himmel erfüllt (Matthäus 7,21).

Was zählt, ist dies: auf Jesus zu hören und ihm zu erlauben, dich leben zu lehren. Was zählt, ist die Bereitschaft, sein persönlicher *Jünger*, seine persönliche *Jüngerin* zu werden. Das Wort bedeutet ursprünglich soviel wie

Schüler(in) oder Lernende(r). Es kommt darauf an, das zu tun, was Jesus uns sagt – sowohl durch die Bibel als auch durch persönlichen Gebetskontakt. Was Jesus lehrt, ist immer der Wille des Vaters.

Es gibt viele, die den Lehren Jesu folgen und den Willen Gottes tun, obwohl sie nicht zur Kirche gehören!

Das Reich Gottes und die Kirche

Wir machen jetzt einen Sprung zu den Kapiteln 13 bis 18 dieses Evangeliums, wo wir einen langen Abschnitt über das Gottesreich und die Kirche finden. Der Blick auf diese Szene kann uns helfen zu verstehen, was es bedeutet, im Gottesreich zu leben, und was es bedeutet, Mitglied der Kirche zu sein.

Kapitel 13 enthält sieben Gleichnisse über das Himmelreich. Im ersten Gleichnis sagt Jesus, das Wort Gottes sei wie ein Samenkorn, das ins Herz vieler Menschen gesät wird; aber nur diejenigen, die es in sich wachsen lassen, gehören zu Gottes Reich (Matthäus 13,4–9). Im zweiten Gleichnis sagt er, daß diejenigen, die im Reich Gottes leben, zugleich mit allen anderen Menschen zusammenleben und daß man nicht ohne weiteres unterscheiden kann, wer drinnen ist und wer draußen, obwohl Gott den Unterschied kennt (Matthäus 13,24–30). Aus diesen Gleichnissen ist klar ersichtlich, daß das Reich Gottes eine geistliche Wirklichkeit ist und keine organisierte Institution. – Das Reich Gottes bleibt nicht auf Einzelpersonen beschränkt; es breitet sich von Person zu Person aus. Es steckt Gruppen und Gesellschaften an und beeinflußt sie. Im dritten und vierten Gleichnis sagt Jesus, das Reich sei gleich einem Baum, der seine Äste weit ausbreitet, und es gleiche der Hefe, die den Teig durchsäuert. Es ist ständig dabei, Strukturen zu durchdringen, zu prägen und zu verwandeln (Matthäus 13,31–33). Das Reich

Gottes berührt, inspiriert und belebt uns im Innersten – und zieht von dort aus seine Kreise, die das Ganze verändern.

Die nächsten beiden Gleichnisse sind die kürzesten, aber sie gehören zu meinen Lieblingsgleichnissen. Sie zeigen, daß Menschen fähig sind, das Reich Gottes zu erkennen, wenn sie es finden, und daß sie bereit sind, sehr viel aufzugeben, um daran teilzuhaben:

> Mit dem Himmelreich ist es wie mit einem Schatz, der in einem Acker vergraben war. Ein Mann entdeckte ihn, grub ihn aber wieder ein. Und in seiner Freude verkaufte er alles, was er besaß, und kaufte den Acker. Auch ist es mit dem Himmelreich wie mit einem Kaufmann, der schöne Perlen suchte. Als er eine besonders wertvolle Perle fand, verkaufte er alles, was er besaß, und kaufte sie (Matthäus 13, 44–46).

Mir fallen viele Beispiele aus unserer Zeit ein, wie Menschen Sicherheiten aufgegeben haben, um gemeinsam zu leben und das Reich Gottes zu suchen: Gebetskreise, Friedens- und Gerechtigkeitsgruppen, soziale Dienste, Obdachlosenhäuser, Missionsgruppen, aktive und kontemplative Gemeinschaften. Um zum Beispiel der „New-Jerusalem-Kommunität" anzugehören, sind einzelne Menschen aus den gesamten USA nach Cincinnati gezogen und haben nur das mitgebracht, was sie im Koffer tragen konnten. Familien haben schöne Eigenheime in gutsituierten Vororten verkauft und haben sie für ein reicheres Leben in einer ärmeren Wohngegend eingetauscht. Wenn man sie fragt, weshalb sie das getan haben, sagen sie, daß sie in „New Jerusalem" etwas gefunden haben, was es wert war, viel dafür herzugeben. Biblisch gesprochen: sie haben eine Perle gefunden und wußten, sie war ihren Preis wert. Leben im Reich Gottes ist zwar etwas Geistliches, aber es ist zugleich etwas sehr Reales – und etwas höchst Attraktives, wenn man es entdeckt.

Im letzten seiner sieben Gleichnisse greift Jesus noch-mals den Gedanken auf, daß das Reich Gottes eine geistliche Realität ist und daß man deshalb bis zum Schluß nicht wissen kann, wer „drin" war und wer nicht (Matthäus 13,47–50). Kein Gebetskreis und keine Pfarrge-meinde ist vollkommen. „New Jerusalem" ist nicht voll-kommen. Wir sind schwache und sündhafte Menschen, die immer wieder aus den Wertmaßstäben des Reiches Gottes herausfallen und danach abermals eine Bekehrung erleben müssen, um diese Maßstäbe wiederzuentdecken. Manchmal kommen Menschen aus den falschen Motiven zu unserer Gemeinschaft, sind für wirkliche Umkehr verschlossen – und erleben nie das Leben des Reiches. Manchmal gehören Menschen einer Kirchengemeinde an, weil es bequemer so ist. Aber Mitgliedschaft in der Kirche bedeutet nicht automatisch Bürgerschaft im Got-tesreich. Um dich dem Reich Gottes zuzuwenden, mußt du dich abkehren vom Ego. Um zu beten „Dein Reich komme", muß man im nächsten Atemzug beten: „Mein Reich gehe!"

In Kapitel 14 zeichnet Matthäus ein weiteres Bild über das Leben im Reich Gottes. Es beginnt mit einer Szene, wie Jesus im Gebet mit dem Vater kommuniziert und so Kontakt zu jener Kraftquelle aufnimmt, aus der diejeni-gen schöpfen, die unter der Herrschaft Gottes leben.

Gleich darauf forderte er die Jünger auf, ins Boot zu steigen und an das andere Ufer vorauszufahren. Inzwi-schen wollte er die Leute nach Hause schicken. Nach-dem er sie weggeschickt hatte, stieg er auf einen Berg, um in der Einsamkeit zu beten. Spät am Abend war er immer noch allein auf dem Berg (Matthäus 14,22–23).

Menschen, die sehr aktionsorientiert sind, mögen sich fragen, weshalb Jesus das tut. Immer wieder erzählen die Evangelien, wie er sich zurückzieht, um allein zu beten. Vielleicht finden einige Engagierte dieses Verhalten Jesu sogar kritikwürdig, weil es ja so aussieht, als schicke er Menschen fort, die ihn brauchen, um einen Großteil des Tages und der Nacht für sich selbst zu haben. Solche Leute begreifen nicht, daß die Kraft, im Reich Gottes zu leben, und die Kraft, dieses Reich an andere weiterzuvermitteln, aus dem Einssein mit Gott kommt. Wenn man den Kontakt mit Gott nicht ständig wiederherstellt und wenn man keine Energie von Gott empfängt, kann man nichts tun. Das heißt, man kann nichts tun als das, was alle anderen auch können. Aber wenn man im Gebet mit dem Vater verbunden ist, kann man Wunder wirken.

Genau das zeigt Matthäus in der nächsten Szene. Die Apostel sind allein auf dem See und geraten ohne ihren Herrn in Schwierigkeiten:

> Das Boot aber war schon viele Stadien vom Land entfernt und wurde von den Wellen hin und her geworfen; denn sie hatten Gegenwind. In der vierten Nachtwache kam Jesus zu ihnen; er ging auf dem See (Matthäus 14,24–25).

Die Jünger sind Menschen, die dabei sind, das Leben im Reich Gottes zu erlernen. Das Boot könnte man als die äußeren Strukturen bezeichnen, ihre Gemeinschaft, die Kirche. Aber ohne Jesus wird das Boot zum Spielball der Wellen. Manchmal sieht es so aus, als sei die Kirche am Auseinanderbrechen oder am Untergehen. Man versucht, Löcher zu stopfen und das Wasser auszuschöpfen; man versucht alle möglichen Programme und Strategien, um das Schiff über Wasser zu halten. Es ist ein verzweifelter Versuch. Aber woher die wirkliche Kraft nehmen, um Herr der Lage zu bleiben? Jesus kennt die Antwort; deshalb kommt er mitten im Sturm daher, um ihnen zu begegnen. Zunächst können sie ihren Augen nicht trauen:

> Als ihn die Jünger über den See kommen sahen,

erschraken sie, weil sie meinten, es sei ein Gespenst, und sie schrien vor Angst (Matthäus 14,26).

Unter anderem versucht Matthäus an diesem Punkt, die Art und Weise zu beschreiben, wie Jesus *nach Ostern* gegenwärtig ist. Es geht um eine *geistliche* Anwesenheit, die dennoch eine *wirkliche* Anwesenheit ist. Wenn wir verzweifelt sind, wenn ohne den Herrn alles in die Brüche zu gehen droht, geschieht es mitunter, daß er seine Anwesenheit spürbar werden läßt; aber wir sind uns nicht völlig sicher, daß er es ist. Es ist, als sei er da und gleichzeitig nicht da. Wir brauchen Augen des Glaubens, um ihn wahrzunehmen. Wir brauchen eine Art Vergewisserung von seiner Seite, daß er wirklich bei uns ist.

Doch Jesus begann mit ihnen zu reden und sagte: Habt Vertrauen, ich bin es; fürchtet euch nicht! (Matthäus 14,27).

In der Bibel kündigt Gott, wenn er Menschen erscheint, seine Anwesenheit oft an, indem er sagt: „Ich bin bei euch. Zweifelt nicht! Fürchtet euch nicht!" Sobald wir begreifen, daß der Herr bei uns ist, brauchen wir nichts mehr zu fürchten.

Glaube und Furcht sind polare Gegensätze. Sie sind die Grundlage zweier diametral entgegengesetzter Lebensweisen. Die meisten Menschen handeln in der Regel auf der Grundlage von Furcht: Da ist die Furcht, nicht genug Geld zu verdienen, die Furcht vor dem, was andere sagen könnten, die Furcht vor Konkurrenten, die Furcht vor anderen Ländern – und traurigerweise auch die Furcht vor der Kirche und vor der Strafe Gottes.

Jesus dagegen zeigt uns, was es bedeutet, auf der Grundlage des Glaubens zu handeln. Glaube bedeutet, sich auf Gottes Kraft, Gottes Liebe und Gottes Zuspruch zu verlassen. Glaube bedeutet, die gute Nachricht zu glauben, daß Gott auf unserer Seite ist und daß das heißt, daß das Unmögliche möglich wird. Sobald wir davon überzeugt sind, sind wir bereit, Schritte des Glaubens zu wagen:

> Darauf erwiderte ihm Petrus: Herr, wenn du es bist, so befiehl, daß ich auf dem Wasser zu dir komme. Jesus sagte: Komm! Da stieg Petrus aus dem Boot und ging über das Wasser auf Jesus zu (Matthäus 14,28–29).

Jesus spricht ein einziges Wort: *Komm!* Das ist die Lebensberufung, die Einladung zu einer völlig neuen Lebensweise. Petrus hätte fragen können, wie er das bewerkstelligen soll, wo es doch nichts gab, was ihn hätte tragen können. Aber das tat er nicht. Als Mensch des Glaubens brauchte er nur dieses eine Wort des Herrn. Er erwartete das Unerwartete. Er konnte das Unmögliche nicht selbst vollbringen, deshalb tat er das einzig Mögliche: Er behielt den Herrn im Auge. Und solange er das tat, schaffte er das Unmögliche, zumindest eine Zeitlang:

> Als er aber sah, wie heftig der Wind war, bekam er Angst und begann unterzugehen. Er schrie: Herr, rette mich! Jesus streckte sofort die Hand aus, ergriff ihn und sagte zu ihm: Du Kleingläubiger, warum hast du gezweifelt? Und als sie ins Boot gestiegen waren, legte sich der Wind (Matthäus 14,31–32).

Sobald wir die Augen vom Herrn abwenden, wird das Unmögliche wieder unmöglich. Wir erwarten dann nicht mehr, daß das Unerwartete geschieht. Wir beginnen, dieselben Ängste zu haben wie alle anderen auch. Wir fangen an zu sinken, und wir wissen es. Wir gehen unter in unserer Verwirrung, weil wir uns über all die Gefahren Sorgen machen, die wir sehen. In solchen Augenblicken nehmen wir Zuflucht zum häufigsten Gebet der Welt: „Herr, hilf mir!"

Aber Jesus fordert nichts als Glauben. Er fordert nur, daß wir ihn im Blick behalten und ihm vertrauen. Sobald wir die Hand des Herrn ergriffen haben, kommen wir wieder auf die Beine und können auf dem Wasser gehen. Wie Petrus erleben wir, daß wir pudelnaß werden, wenn wir es aus eigener Kraft versuchen. Wie Petrus schämen auch wir uns vielleicht ein bißchen über unseren Mangel an Glauben. Aber gerade in solchen Augenblicken – falls wir das Glück haben, solche Erfahrungen zu machen und aus ihnen zu lernen – begreifen wir, was Glaube wirklich bedeutet. Wir lernen, wer Herr ist – und weshalb er Herr ist. Wir sind bereit, ihm zu erlauben, uns zu tragen – nicht nur wenn wir in Schwierigkeiten sind, sondern immer. Wir erlauben ihm, unser Herr zu sein. Wir sind nicht mehr unsere eigenen Herren.

Diese Bereitschaft, die Herrschaft Christi zu bekennen, schildert Matthäus etwas später in Kapitel 16. Jesus ist wieder mit seinen Jüngern zusammen, diesmal nahe der Stadt Cäsarea Philippi, und er fragt sie, wofür die Leute ihn halten. Die Jünger antworten, daß ihn viele für Johannes den Täufer halten oder für einen der früheren Propheten, der ins Leben zurückgekehrt ist. Dann aber wendet er sich direkt an sie selbst und fragt: „Ihr aber, für wen haltet ihr mich?" (Matthäus 16,15).

Das ist die Gretchenfrage, die alle beantworten müssen, die sich Christen nennen. Jetzt geht es wirklich ans Eingemachte. Es gibt im christlichen Leben nichts Grundlegenderes als die Frage: „Wer ist Jesus für mich?" Wenn du dich dieser Frage wirklich stellst und ihr nicht ausweichst, dann weißt du, daß du die Antwort keinem Buch entnehmen kannst. Sie muß aus deinem Herzen kommen. Diese Antwort muß aus deiner eigenen Erfahrung mit Jesus stammen. Sie muß aus deinem Leben kommen, wenn sie in irgendeiner Weise wahr sein soll.

Derjenige Jünger, der an diesem Morgen auf dem See seine Glaubenslektion wirklich gelernt hat, ist Petrus. Bevor irgendein anderer eine Antwort geben kann, spricht er es aus: „Du bist der Messias, der Sohn des

lebendigen Gottes!" (Matthäus 16,16). Er bekennt gerade-
heraus, daß Jesus der Messias ist, der Gesalbte Gottes.
Jesus ist es, auf den ganz Israel gewartet hat, ein Retter,
den Gott gesandt hat. Woher weiß Petrus das? Nicht weil
er es in einem Buch gelesen hat. Wie kann er sich seiner
Sache so sicher sein? Nicht weil er durch logische Überle-
gungen zu dieser Schlußfolgerung gelangt ist. Die Antwort kommt aus seiner tiefsten Tiefe. Deshalb sagt Jesus
zu ihm:

> Selig bist du, Simon Barjona; denn nicht Fleisch und
> Blut haben dir das offenbart, sondern mein Vater im
> Himmel. Ich aber sage dir: Du bist Petrus (Felsen)..."
> (Matthäus 16,17–18).

Simons Spitzname war Petrus, was damals so klang wie
„Felsie" oder „Rocky". Jesus sagt zu Petrus: Du bist so
solide und standfest wie dein Name. Petrus ist zur letzten
und tiefsten Antwort auf die Frage vorgestoßen, die Jesus
ihm gestellt hat und die er uns allen stellt. Petrus hat das
Urvertrauen des wahren Jüngers und Schülers erreicht.
Vertrauen oder Glaube ist die Grundlage jeder natürlichen oder übernatürlichen Beziehung. Wenn Petrus und
die anderen Jünger zu diesem tiefen Vertrauen zu Jesus
und zum Vater vordringen konnten, dann konnte das
Werk weitergehen, die Kirche zu bauen. Deshalb fährt
Jesus fort:

> Auf diesen Felsen werde ich meine Kirche bauen, und
> die Mächte der Unterwelt werden sie nicht überwälti-
> gen. Ich werde dir die Schlüssel des Himmelreiches
> geben... (Matthäus 16,18–19).

Jesus sagt damit, daß er auf solchen Glauben eine Gemeinschaft gründen kann; auf dieser Art von Fundament
kann er seine Kirche errichten. Wenn Menschen einander zutiefst vertrauen können, wenn sie an Jesus als ihren
Herrn glauben und bereit sind, von ihm zu lernen, wie

man das Geschenk des Glaubens vom Vater empfängt, dann kann die Kirche anfangen, gebaut zu werden und weiterzuwachsen.

Man bemerke, daß die Kirche, obwohl sie auf einer felsenfesten Grundlage steht, expandiert und wächst. Jesus redet von der Kirche als Bewegung, als dynamischer Kraft, die nichts aufhalten kann. Wo immer die Kirche Widerstand erfährt, sei es aufgrund menschlicher Hartherzigkeit oder sogar aufgrund satanischer Gegnerschaft, wird sie nicht zu stoppen sein. Denn Jesus wird ihr die Schlüssel geben, jedes Tor zu öffnen, die Schlüssel unüberwindbaren Glaubens und hingebungsvoller Liebe, die schließlich jeden Widerstand brechen können. Durch diese offenen Tore hindurch kann die gute Nachricht vom Gottesreich jedes menschliche Herz und jede menschliche Gesellschaft erreichen.

Der Auftrag der Kirche ist deshalb derselbe Auftrag wie der Auftrag Jesu: die gute Nachricht zu verkündigen, daß Gottes Reich da ist, daß es teilweise schon angekommen ist und daß es sich auf alle ausweitet, die ihr Herz dafür öffnen. Aber der Auftrag der Kirche besteht auch darin, die Herrschaft Jesu zu verkündigen, der sowohl der Herr des Gottesreiches ist als auch das Haupt der Kirche. Durch eine Gemeinschaft von Jüngerinnen und Jüngern, die ihrem Jesus genug vertraut haben, um von ihm zu lernen, einander zu lieben und den Vater zu lieben, wird das Reich Gottes auf Erden errichtet werden.

Aufgabe und Ziel der Kirche ist es, Gottes Reich in seiner Fülle Gestalt werden zu lassen. Die Kirche ist nur Mittel zum Zwecke des Reiches Gottes. Denn das Reich Gottes ist eine radikale Liebes- und Vertrauensbeziehung zu einem liebenden und treuen Gott. Daraus ergibt sich alles andere, einschließlich der radikalen Liebes- und Vertrauensbeziehung, auf die wir uns untereinander einlassen. Und all dies ereignet sich unter der Herrschaft Christi; denn wir sind seine Jüngerinnen und Jünger.

Allzuoft in der Geschichte haben wir uns jedoch so benommen, als sei die Kirche kein Mittel, sondern der Zweck selbst. Wir haben die Kirche verkündigt anstatt des Reiches Gottes und der Herrschaft Christi. Jesus jedoch hat sich nicht damit aufgehalten, Israel zu verkündigen. Er liebte Israel und sah es als Mittel des Vaters, um das Reich Gottes in die Welt zu bringen. Deswegen hat er Israel und das Judentum nie bekämpft, aber er hat sie fortwährend zu jenem Ziel zurückgerufen, zu dem Gott die Israeliten berufen und ihnen das jüdische Gesetz gegeben hat.

Wir sollten gegenüber der Kirche und dem Katholizismus dieselbe Einstellung haben. Wenn wir wirklich Jesus nachfolgen wollen, dann sollten wir nicht die Kirche großmachen oder den Katholizismus hochjubeln. Auf diese Weise würden wir den springenden Punkt der Botschaft Jesu völlig verpassen. Schlimmer noch: anstatt das Reich Gottes zu fördern, behindert diese Haltung das Reich. Denn sie versteckt die gute Nachricht von Gottes Herrschaft hinter religiösen Verrichtungen und institutionellen Mauern, die für viele Menschen eher wie eine schlechte Nachricht wirken. Zudem ist es ein Verstoß gegen das erste Gebot, indem es die Kirche zum Götzen macht.

Von diesem Punkt an wird die Vision vom Durchbruch des Reiches Gottes in der Welt immer reicher und breiter, die Matthäus entfaltet. In Kapitel 17 wird Jesus vor den Augen der Jünger „verklärt"; er vermittelt ihnen eine Ahnung von der Herrlichkeit des Gottesreiches, indem er sie einen Augenblick lang seine eigene Herrlichkeit unverhüllt erkennen läßt. In Kapitel 18 lehrt Jesus die Seinen, einander zu lieben, zu dienen und zu vergeben. In Kapitel 21 wird Jesus vom Volk als Messias empfangen, als er im Triumphzug in Jerusalem einreitet.

Die Fülle der Gottesherrschaft

Aber dann verfinstert sich die Bühne, und wir werden Zeugen der Verhaftung Jesu, seines Prozesses und seiner Kreuzigung. Der Weg ins Gottesreich ist hart, und das Tor ist schmal, wie Jesus früher selbst gesagt hat. Der Weg Jesu ist nicht immer einfach, denn der Weg einer Liebe, die sich selbst verschenkt, ist oft ein Leidensweg. Die Nacht ist manchmal am finstersten, bevor die Morgenröte kommt. Aber die Dämmerung wird kommen, wie Jesus vorausgesagt hatte: der Tag der Auferstehung. So erfährt er die Fülle seiner Herrlichkeit, die Fülle des Reiches seines Vaters.

In Kapitel 28, dem letzten Kapitel dieses Evangeliums, erscheint der auferstandene Jesus seinen Jüngern. Jetzt sind sie seine Kirche, jetzt ist er ihr Herr. Er erinnert sie an das Ziel, das darin besteht, das Reich Gottes durch das Wirken der Kirche aller Welt zugänglich zu machen:

Mir ist alle Macht gegeben im Himmel und auf der Erde. Darum geht zu allen Völkern, und macht alle Menschen zu meinen Jüngern; tauft sie auf den Namen des Vaters und des Sohnes und des Heiligen Geistes, und lehrt sie, alles zu befolgen, was ich euch geboten habe. Seid gewiß: Ich bin bei euch alle Tage bis zum Ende der Welt (Matthäus 28,18–20).

Zweites Kapitel

Die gute Nachricht des Markus und des Johannes: Jesus ist der Herr!

Markus und Johannes waren zwei Evangelisten, deren Begegnungen mit Christus sie dazu führten, zwei sehr unterschiedliche Bilder des Herrn zu zeichnen. Das Markusevangelium ist das älteste der vier Evangelien, die wir im Neuen Testament finden, und wurde wahrscheinlich zwischen 65 und 70 nach Christus geschrieben. Das Johannesevangelium ist das jüngste und wurde wahrscheinlich gegen Ende des ersten Jahrhunderts verfaßt. Die heutige Bibelwissenschaft geht davon aus, daß keiner der Schreiber Jesus vor seiner Auferstehung begegnet ist; dennoch versteht jeder von ihnen auf je eigene Weise, was es bedeutet, Jesus nachzufolgen.

Obwohl diese beiden Evangelien höchst unterschiedliche theologische Darstellungen Christi enthalten, wurden beide in christlichen Gemeinden verfaßt und von der frühen Kirche akzeptiert. Die Kirche sagte nicht, das eine sei richtig und das andere falsch, nur weil sie unterschiedlich waren. Jedes der Evangelien drückte das Geheimnis Christi auf seine Weise aus und führte andere dazu, den auferstandenen Herrn zu erfahren. Beide Evangelien erwuchsen aus der Beziehung der ersten Jünger zu Jesus und führten neubekehrte Christen dazu, die Herrschaft Christi umfassender zu verstehen. Die Kirche war von Anfang an pluralistisch und hatte Platz für unterschiedliche Akzentsetzungen.

Die Herausforderung des Markus:
Das Geheimnis des Leidens annehmen

Der Schreiber Markus ist wahrscheinlich identisch mit Johannes Markus, der von Lukas in der Apostelgeschichte und von Paulus in einigen seiner Briefe erwähnt wird. Andere frühchristliche Autoren behaupten, das Evangelium sei in Rom entstanden, wo der Evangelist auch die Predigten des Petrus gehört hatte. Wie dem auch sei, der Evangelienschreiber vermittelt uns ein Bild von Jesus, das sich sehr eng mit der Predigt der Apostel berührt, aber in einer ganz bestimmten Absicht geschrieben wurde.

Wahrscheinlich schrieb Markus unmittelbar nach der großen Verfolgung in Rom (64 nach Christus), bei der Petrus und Paulus das Martyrium erlitten hatten. Bis dahin hatten die ehemals heidnischen Konvertiten in Rom nur die *Herrlichkeit* Christi erlebt. Sie hatten Jesus als ihren Heiland angenommen; sie hatten durch die Hand der Apostel wunderhafte Heilungen an Leib und Geist erfahren; und sie hatten das erstaunliche Anwachsen der christlichen Gemeinde miterlebt. Sie hatten jedoch noch nicht ganz begriffen, daß der Ruf in die Nachfolge nicht nur bedeutete, die Herrlichkeit Christi anzunehmen, sondern auch sein Leiden.

Die Adressaten des Markus mußten sich auf das Geheimnis des Leidens einlassen, wie Jesus und die römischen Märtyrer es getan hatten. Ziel des Markusevangeliums war es deshalb, Christen, die Jesus als Messias ansahen, daran zu erinnern, daß er zugleich der leidende Gottesknecht ist. Das Evangelium lehrt sie, daß der Heilsweg Jesu durch Finsternis und Tod führt.

Wenn man diese Absicht des Markus versteht, erklärt sich auch, was man bisweilen das „Messiasgeheimnis" genannt hat. Gleich am Anfang des Evangeliums kündigt Markus an, daß er die gute Nachricht von Jesus Christus, dem Messias, dem Sohn Gottes, weitersagen will (Markus

1,1). Aber in der ersten Hälfte des Evangeliums begreift das niemand, abgesehen von bösen Geistern, denen Jesus gebietet, nicht weiterzusagen, wer er ist (Markus 1,34; 3,11–12). Als Petrus und die Zwölf in Kapitel 8 erkennen, daß er der Messias ist, ermahnt Jesus auch sie, dies niemandem zu sagen (Markus 8,27–30). In der gesamten zweiten Hälfte des Evangeliums versteht keiner der Jünger, daß der Messias leiden und sterben muß, selbst dann nicht, als Jesus versucht, es ihnen mitzuteilen (Markus 8,31–33; 9,30f; 10,32–34). Als Jesus am Ende verhaftet wird, laufen alle davon (Markus 14,50–52). Erst bei der Kreuzigung wird Jesus als Sohn Gottes erkannt.

Im gesamten Evangelium erinnert Markus seine Leserschaft daran, daß sie selbst zwar wissen, wer Jesus ist, daß es aber viele wohlmeinende Leute gibt, die das nicht tun, und daß womöglich nur die Bösewichte dieser Welt deutlich wahrnehmen, welche Bedrohung Jesus für sie darstellt. Er hält ihnen ferner vor Augen, daß sie womöglich Jesus als Messias bekennen, ohne völlig zu begreifen, was das heißt, bis sie – wie die Zwölf – mit dem Geheimnis des Leidens konfrontiert sind.

Das eigentliche „Messiasgeheimnis" dreht sich um die Schwierigkeiten, mit der Herrschaft Christi und seinem spezifischen Erlösungsweg zu Rande zu kommen. Markus benutzt es als Kunstgriff, um seine Leserschaft – uns eingeschlossen – darüber aufzuklären, daß die eigentliche Bedeutung Christi nur schwer zu fassen ist. Der Jesus des Markus möchte nicht, daß wir ihn als Herrn und Heiland verkündigen, bevor wir nicht ganz begriffen haben, daß sein Weg ans Kreuz führt. Mit anderen Worten: Man sage nicht zu schnell oder zu leichtfertig: „Jesus ist Herr!" Man muß sich darüber im klaren sein, was man da sagt und was das beinhaltet!

Das Geheimnis des Messias entfaltet sich

Markus beginnt sein Evangelium mit dem öffentlichen Auftreten Jesu. Gleich, nachdem er im Jordan getauft und in der Wüste versucht worden ist, zieht Jesus nach Galiläa und verkündet:

> Die Zeit ist erfüllt, das Reich Gottes ist nahe. Kehrt um, und glaubt an das Evangelium! (Markus 1,15).

Mit diesen knappen Sätzen faßt Markus die ursprüngliche Verkündigung Jesu zusammen und sagt seinen Adressaten, was er von ihnen will.

Zunächst sagt er, daß die Zeit *da* ist. Die Rettung ist präsent. Es gibt keine andere Zeit der Rettung. Sie liegt nicht in der Vergangenheit, nicht in der Zukunft. Nicht damals, als Jesus geboren wurde. Nicht bei unserer Taufe. Nicht, wenn wir das nächste Mal zur Beichte gehen. Nicht, wenn wir einst sterben werden. Jetzt oder nie! Entweder wir hören jetzt auf Jesus – oder gar nicht. Entweder wir leben jetzt in seinem Reich – oder gar nicht.

Zweitens sagt er, daß der Ort *hier* ist. Die Rettung ereignet sich genau da, wo wir sind. Wir müssen nicht ins Heilige Land pilgern, um sie zu finden. Wir müssen nicht nach Rom gehen und nicht einmal zur Kirche, um sie zu finden. Gottes Reich ist überall da, wo wir Gott erlauben zu herrschen, indem wir Gottes Wahrheit an die erste Stelle setzen. Ist sie nicht hier, dann ist sie nirgendwo. Und wenn wir uns nicht hier und jetzt auf eine persönliche Beziehung mit ihm einlassen, dann nirgendwo.

Folglich müssen wir drittens unser Leben ändern. Wir müssen Buße tun, umkehren, uns bekehren, eine Veränderung an Herz und Sinn erfahren, uns von uns selbst lösen. Wir müssen die gute Nachricht wirklich glauben, daß Gott uns nicht weniger liebt, als er Jesus geliebt hat. Gott kann uns nicht retten, es sei denn, wir nehmen an, daß wir angenommen sind – und das ist eine der schwierigsten Formen der Hingabe überhaupt.

Der nächste kurze Abschnitt zeigt die Berufung der ersten Jünger. Als Jesus sagt: „Folgt mir!", lassen sie auf der Stelle ihre Arbeit und ihre Familien im Stich und schließen sich ihm an. Sie denken nicht lange darüber nach.

Man kann den Weg ins Reich Gottes nicht er-denken. Man kann die Gottesherrschaft nicht logisch ableiten. Man muß Jesus „direkt" begegnen und ihm eine konkrete und spezifische Antwort geben, so wie es die ersten Jünger taten. Die Wahrscheinlichkeit ist allerdings groß, daß man zunächst überhaupt nicht begreift, worauf man sich damit eingelassen hat, so wie das auch die ersten Jünger nicht geahnt haben.

Unmittelbar nachdem Jesus die Jünger berufen hat, wirkt er eine Reihe von wundersamen Heilungen. Er heilt Menschen, die krank, gelähmt und von bösen Geistern besessen sind. Manchmal reißt man diese Texte aus dem Zusammenhang, um zu erweisen, daß Jesus Gott ist. Aber Markus will an diesem Punkt seines Evangeliums etwas ganz anderes sagen. Er sagt uns, welche Berufung Jüngerinnen und Jünger Jesu haben. Er zeigt uns, daß die Vollmacht zu heilen nicht nur dem Sohn Gottes gehört, sondern allen Töchtern und Söhnen Gottes. Er zeigt, daß Christen wie Christus selbst die Berufung haben, für diejenigen zu sorgen und sie zu heilen, die an Leib und Geist krank sind.

Und doch warnt uns Markus vor der Annahme, das sei schon alles. Viele Heilungen enden damit, daß Jesus den Leuten befiehlt, nicht weiterzusagen, was er getan hat. Auch dies ist eine Variante des Messiasgeheimnisses. Jesus kann durch Gottes Kraft Wunder wirken. Aber der Messias ist kein religiöser Magier, und Nachfolge mißt sich nicht an Mirakeln. Markus bereitet seine Leserinnen und Leser darauf vor, wie auch Jesus seine Nachfolgerinnen und Nachfolger darauf vorbereitet hat, daß Nachfolge in letzter Konsequenz heißt, Jesus ans Kreuz zu folgen.

Viele der Wunderheilungen geschehen aufgrund von Glauben. Der Glaube Jesu streckt sich nach denjenigen aus, die Heilung brauchen, und wenn sich ihr Glaube auch nach ihm ausstreckt, werden sie geheilt. Die Kraft Gottes wird durch Glauben freigesetzt. Wenn wir an die heilige Liebe glauben, kann Krankheit geheilt werden. Wenn wir uns in die Güte Gottes ergeben, kann das Böse überwunden werden. Aber wo der Glaube fehlt, kann nicht viel geschehen. Markus zeigt dies ein wenig später, zu Beginn von Kapitel 6, wo Jesus nicht in der Lage ist, irgendein Wunder zu tun, weil die Menschen, auf die er zugeht, verschlossen und ängstlich sind.

Man sollte meinen, daß diese Wunderheilungen Jesus populär gemacht haben. Natürlich sind diejenigen glücklich, die er heilt, aber paradoxerweise führen gerade seine Taten der Barmherzigkeit die örtlichen Autoritäten dazu, ihn zu verdächtigen, *böse* zu regieren. Zweifelsohne hatte sich das im Leben Jesu genau so ereignet, aber Markus erwähnt es ausdrücklich, weil den Christen in Rom dasselbe widerfahren war. Die Apostel taten Wunder, Menschen, die zur Gemeinde fanden, wurden geheilt, und dennoch wurden sie von den römischen Machthabern verfolgt.

Wenn man den Willen Gottes tut, führt das mitunter zu Konflikten. Wenn man den Armen hilft, kann das von den Reichen als Bedrohung empfunden werden. Wenn man die Menschen zur Feindesliebe auffordert, kann das als Gefahr für die nationale Sicherheit angesehen werden. Wenn man dem Hungerproblem zu Leibe rückt, kann das als Untergrabung der Wirtschaft erscheinen. Wenn man durch Gottes Kraft Wunder tut, kann das die lang gepflegte Überzeugung bedrohen, daß so etwas einfach nicht möglich ist.

Diejenigen, deren Augen durch moralische Blindheit

verschlossen sind, können Gottes Wirken nicht als das erkennen, was es wirklich ist. Aber auch diejenigen, die Jesus nahe sind, können unter Umständen versäumen, ihn und das Wesentliche seiner Sendung zu begreifen. Obwohl das Volk von Galiläa ganz erpicht darauf ist, diesen neuen Wundertäter zu sehen, sehen ihn seine Verwandten in einem völlig anderen Licht:

> Jesus ging in ein Haus, und wieder kamen so viele Menschen zusammen, daß er und die Jünger nicht einmal mehr essen konnten. Als seine Angehörigen davon hörten, machten sie sich auf den Weg, um ihn mit Gewalt zurückzuholen; denn sie sagten: Er ist von Sinnen (Markus 3,20f).

Unser Bild davon, wie Jesus seinen eigenen Zeitgenossen erschien, ist mehr von christlicher Kunst und frommer Sentimentalität geprägt als von Evangeliumsszenen wie dieser. Hollywoodfilme zeigen uns einen wunderschönen arischen Jesus, in schneeweiße Gewandung gehüllt, das Haar perfekt gestylt – ganz offensichtlich ein Gott! Aber hier sehen wir einen ganz normalen jüdischen Jesus, der so außergewöhnliche Sachen macht, daß die Leute, die ihm besonders nahestehen, denken, er sei überge-schnappt!

Markus schrieb sein Evangelium in kürzerem Abstand zur Zeit Jesu als die anderen Evangelisten, deshalb darf man annehmen, daß Szenen wie diese auch näher an den Fakten sind. Wenn wir darüber nachdenken, überrascht es nicht, daß Jesus von den Menschen seiner Zeit nicht verstanden wurde; am Ende brachten sie ihn schließlich um. Jesus ging es nicht um ein äußeres Erscheinungsbild, sondern um eine tiefere Wirklichkeit. Ihm war nicht wichtig, wie er bei anderen ankam; ihm ging es aus-schließlich darum, seinem Vater gegenüber wahrhaftig zu sein und diese Wahrheit der Welt mitzuteilen, mochte die Welt sie hören wollen oder nicht.

Es gab allerdings eine Gruppe, von der Jesus hoffte, daß sie ihn verstehen würde: seine Jünger. In den folgenden Kapiteln belehrt Jesus sie direkt oder in Gleichnissen. Er predigt weiterhin Umkehr, er heilt weiterhin, und dann schickt er seine Jünger los, damit sie es ihm nachtun. Durch Wort und Tat lehrt er sie, was Gottes Art entspricht. Schließlich wagt er den Durchbruch. Er fragt die Jünger, für wen sie ihn wirklich halten, und Petrus antwortet für sie alle, als er sagt: „Du bist der Messias" (Markus 8,29). Dies ist der erste Höhepunkt des Markusevangeliums. Wie wir bereits bei Matthäus gesehen haben, richtet Jesus seine Frage nicht nur an die Zwölf, sondern an alle Leserinnen und Leser des Evangeliums. Markus geht es ebenso wie jedem Evangelisten unserer Tage darum, daß die Menschen Jesus nicht nur als denjenigen schätzen, der er einmal *war*, sondern als den, der er für sie *ist*. Alle, die gehört haben, daß Jesus auch an sie die existentielle Frage gestellt hat: „Für wen hältst du mich?", wissen, daß jede Antwort auf diese Frage, die aus voller Überzeugung kommt, zu einem lebensentscheidenden Faktor wird. Jesus nicht nur als Herrn anzuerkennen, sondern als *meinen* Herrn, nicht nur als Erlöser, sondern als *meinen* Erlöser – das verlangt eine persönliche Bekehrung. Das ist ein revolutionärer Wendepunkt im Leben jedes Menschen. Und auch hier im Markusevangelium handelt es sich um einen ganz wichtigen Wendepunkt.

Das Geheimnis des leidenden Messias

Von diesem Zeitpunkt an steht Jesus öffentlich dazu, der Messias zu sein. Er bezeichnet sich selbst als „Menschensohn", ein messianischer Titel aus dem alttestamentlichen Danielbuch. Er gebietet von nun an weder den Geistern, die er austreibt, noch den Menschen, die er heilt, sie sollten über ihn schweigen. Jetzt verstehen seine Jünger, wer er ist.

Aber sie verstehen noch immer nicht, *was* er ist. Sie haben ihre eigenen Vorstellungen davon, was ein Messias sein sollte. Sie begreifen noch nicht, daß das Heil, das Christus bringen wird, kein leichtfertiger Sieg ist. Sie haben Jesus noch nicht mit der Figur des leidenden Knechtes aus dem Jesajabuch in Verbindung gebracht.

Markus ist es ganz wichtig, daß seine Gemeinde diese Verbindung versteht. Die Zwölf brauchten eine geraume Weile, bis sie es begriffen; deshalb wiederholt Markus diesen Punkt gleich dreimal. Jedesmal erklärt Jesus den Seinen, daß der Messias leiden und sterben muß. Jedesmal versucht Jesus, ihnen nahezubringen, daß das Heil, das er bringt, nur durch Selbsthingabe kommen kann. Und jedesmal verpassen sie diese Pointe.

Unmittelbar nachdem Petrus bekennt, daß Jesus der Messias ist, versucht Jesus, ihnen mitzuteilen, was das wirklich heißt:

Dann begann er, sie darüber zu belehren, der Menschensohn müsse vieles erleiden und von den Ältesten, den Hohenpriestern und den Schriftgelehrten verworfen werden; er werde getötet, aber nach drei Tagen werde er auferstehen. Und er redete ganz offen darüber. Da nahm ihn Petrus beiseite und machte ihm Vorwürfe. Jesus wandte sich um, sah seine Jünger an und wies Petrus mit den Worten zurecht: Weg mit dir, Satan, geh mir aus den Augen! Denn du hast nicht das im Sinn, was Gott will, sondern was die Menschen wollen (Markus 8,31–33).

Irgendwie ist Petrus immer vorne. Er ist der erste, der Jesus nachfolgt. Er ist der erste, der ihn als den Christus erkennt. Er ist aber auch der erste, der nicht glaubt, der mißversteht, der lügt und betrügt. Er stellt sich Erfolg so vor, wie es die meisten tun: als etwas Herrliches. Aber Jesus erklärt Petrus und den Jüngern, daß im Reich Gottes der „Erfolgsweg" durch Selbstverleugnung führt:

Wer mein Jünger sein will, der verleugne sich selbst, nehme sein Kreuz auf sich und folge mir nach. Denn wer sein Leben retten will, wird es verlieren; wer aber sein Leben um meinetwillen und um des Evangeliums willen verliert, wird es retten (Markus 8,34–35).

Jesus versucht, sie in ein tieferes Leben zu führen, zu tieferer Weisheit und tieferem Glauben. Zugleich offenbart er das Geheimnis der leidenden Gottesknechtschaft, den Weg vertrauensvoller Hingabe an den Vater. Kurz darauf nimmt er die Jünger beiseite und sagt ihnen, was das für sie selbst heißen wird:

Der Menschensohn wird den Menschen ausgeliefert, und sie werden ihn töten; doch drei Tage nach seinem Tod wird er auferstehen (Markus 9,31).

Gleich anschließend sagt Markus, die Jünger hätten nicht verstanden, was Jesus gemeint hat, hätten sich aber gescheut, nachzufragen. Wir gleichen ihnen darin. Jesus sagt uns in den Evangelien ganz klar, worum es ihm geht. Aber wir fürchten uns zu fragen, was das für unser Leben heißen könnte. Es ist zu riskant. Vielleicht verstehen wir es bereits vage, wollen aber den Konsequenzen nicht ins Auge sehen, die sich ergeben könnten, wenn wir es *zu* genau verstehen würden. Es ist anscheinend genauso schwierig, an die Auferstehung zu glauben, wie die Kreuzigung zu akzeptieren.

Das österliche Geheimnis

Theologisch ausgedrückt, redet Jesus von dem, was häufig „das österliche Geheimnis" genannt wird. Wir hören diese Worte, fragen aber – wie die ersten Jünger – nicht nach, was sie bedeuten. Es ist sicherer anzunehmen, daß sie sich auf etwas ganz Religiöses und Fernes beziehen.

Aber Jesus redet schlicht und einfach vom Leben, seinem und unserem. Er sagt, daß der Weg zu seiner einzigartigen Art zu leben darin besteht, daß wir die uns geläufige Art zu leben aufgeben. Das österliche Geheimnis ist die Erfahrung, daß wir durch den Tod hindurch zu neuem Leben gelangen.

Wir müssen allerdings zugeben, daß die Lebensweise Jesu nach menschlichen Maßstäben paradox ist. Das ist einer der Gründe, weshalb sie schwer zu verstehen ist. Der Weg, den Jesus uns führt, ist normalerweise nicht der Weg, den wir gehen wollen. Markus bringt das gleich in der nächsten Szene sehr deutlich zum Ausdruck:

> Sie kamen nach Kafarnaum. Als er dann im Haus war, fragte er sie: Worüber habt ihr unterwegs gesprochen? Sie schwiegen, denn sie hatten unterwegs miteinander darüber gesprochen, wer (von ihnen) der Größte sei. Da setzte er sich, rief die Zwölf und sagte zu ihnen: Wer der Erste sein will, soll der Letzte von allen und der Diener aller sein (Markus 9,33–35).

Wie die Zwölf würden auch wir gerne *oben* sein, aber Jesus fordert uns auf, *unten* glücklich zu sein. Wir wären gerne Chef, aber er will, daß wir Diener sind. Wir wollen groß sein und bewundert werden, aber er sagt uns, wir sollen wie Kinder sein. Wir wollen viel erreichen, aber er sagt uns, wir müssen viel empfangen:

> Amen, das sage ich euch: Wer das Reich Gottes nicht so annimmt, wie ein Kind, der wird nicht hineinkommen (Markus 10,15).

Das sieht ganz danach aus, daß viel aufgegeben werden muß. Deswegen fügt Markus an dieser Stelle die Geschichte vom „reichen Jüngling" ein. Dieser junge Mann ist ein guter Mensch; er hält alle Gebote. Aber als Jesus ihn einlädt, seinen gesamten Reichtum für das Reich Gottes aufzugeben, kann er sich dazu nicht durchringen.

Im Anschluß weist Jesus seine Jünger darauf hin, wie leicht Reichtum Menschen davon abhalten kann, die Reichtümer des Gottesreiches zu erleben. Mitunter wird die Religion selbst zu einem Besitztum, anstatt ein Weg der Selbsthingabe zu sein. Leider wendet sich der junge Mann ab. Zu oft sind die Reichen, die Religiösen und die Selbstzufriedenen nicht fähig zur Selbsthingabe. Jesus sagt, daß diese Lebensweise gefährlich ist:

Eher geht ein Kamel durch ein Nadelöhr, als daß ein Reicher in das Reich Gottes gelangt (Markus 10,25).

Der Weg zum Leben führt über die rauhe Straße und durch die enge Pforte. Ein weiteres Mal versucht Jesus den Jüngern zu sagen, was das für sie heißen wird:

Wir gehen jetzt nach Jerusalem hinauf; dort wird der Menschensohn den Hohenpriestern und den Schriftgelehrten ausgeliefert; sie werden ihn zum Tod verurteilen und den Heiden übergeben; sie werden ihn verspotten, anspucken, geißeln und töten. Aber nach drei Tagen wird er auferstehen (Markus 10,33–34).

Man sollte meinen, die Jünger würden langsam anfangen, die Botschaft zu begreifen. Aber nein, sie sind wie zugemauert, geradeso wie all die Christen, die vom Ostergeheimnis hören, ohne je wirklich zu verstehen, was es bedeutet. Die Jünger sehen nichts, und deshalb bitten Jakobus und Johannes den Herrn in aller Naivität, ihnen einen Gefallen zu tun. Sie fragen, ob sie glorreich an seiner Seite sitzen dürfen, wenn er das messianische Königreich errichtet (Markus 10,35–45).

Man kann fast den Seufzer aus der Tiefe des Herzens Jesu vernehmen, als er ihre Forderung hört. Wie schmerzhaft muß es für ihn gewesen sein, diese zwölf Ignoranten weiterhin geduldig zu lieben! Sie hatten keine Antenne für jene geistliche Wirklichkeit, von der er redete, kein Empfinden für das Königreich, das er verkündete.

Deshalb wendet er sich ihnen zu und sagt:

> Ihr wißt nicht, um was ihr bittet. Könnt ihr den Kelch trinken, den ich trinke, oder die Taufe auf euch nehmen, mit der ich getauft werde? (Markus 10,38).

Jesus versucht, sie in die Realität zurückzuholen, in seine Realität als leidender Gottesknecht. Er bezieht sich auf den Schmerzenskelch, den er wird trinken müssen, auf die Angsttaufe, in der er ertränkt werden wird. Er spielt auf das Leiden an, das der einzige Weg ins Königreich seines Vaters ist.

Die anderen Jünger reagieren indigniert, als sie hören, as Jakobus und Johannes erbitten. Abermals muß Jesus sie sich hinsetzen lassen und ihnen erklären:

> Ihr wißt, daß die, die als Herrscher gelten, ihre Völker unterdrücken und die Mächtigen ihre Macht über die Menschen mißbrauchen. Bei euch aber soll es nicht so sein, sondern wer bei euch groß sein will, der soll euer Diener sein, und wer bei euch der Erste sein will, soll der Sklave aller sein. Denn auch der Menschensohn ist nicht gekommen, um sich dienen zu lassen, sondern um zu dienen und sein Leben hinzugeben als Lösegeld für viele (Markus 10,42–45).

Hätte die Kirche doch nur in den letzten zweitausend Jahren die Vorliebe Jesu für das *Unten* geteilt! Hätten wir ihm ernsthaft geglaubt, um wieviel eher hätten wir das Kommen des Gottesreiches erlebt! Hätten wir wirklich auf die Evangelien gehört, wie anders hätte sich die abendländische Geschichte entfaltet! Statt dessen haben wir allzuleicht Freundschaft geschlossen mit Macht, Prestige und Besitz – sogar im Namen Gottes und im Namen der Kirche!

Wir benutzen den Namen Christi und haben wunderschöne theologische Begriffe für das, was wir tun; aber oftmals unterscheidet sich das, was wir tun, in nichts von dem, was alle anderen auch tun. Wir betreiben unsere Diözesen und Pfarreien genau so, wie Politik und Geschäfte betrieben werden. Wir fragen danach, welche Sponsoren unsere Einrichtungen stützen, welche Strategien unsere religiösen Pläne vorantreiben, welche Starredner das größte Publikum in unsere leeren Auditorien bringen. Obwohl wir formell Gott um Hilfe bitten, handeln wir doch so, als ob gute Planung, harte Arbeit, theologische Vernunft, Effizienz und Organisation die Kirche retten werden.

Aber nur der Weg des dienenden Leidens wird die Kirche retten. Nur der Weg des Glaubens kann eine Glaubensgemeinschaft bauen. Es gibt keinen einfachen Weg, das zu tun. Es gibt keinen weltlichen Weg, das zu tun. Es gibt keinen anderen Weg, eine Glaubensgemeinschaft zu bauen, als Selbsthingabe und die Bereitschaft, die „Kleinen" unser Leben beeinflussen zu lassen. Der einzige Weg besteht darin, Jesus unseren Herrn sein zu lassen und mit ihm in Solidarität mit anderen zu leiden.

Viele Katholiken haben das Reich Gottes nie kennengelernt, das Herz und Seele der Kirche ist. Sie sind nie Teil eines Netzwerks von Glaubenden gewesen, das auf Werte des Gottesreiches gegründet ist. Sie haben immer nur dazugehört, besucht, Beitrag geleistet – aber nie auf neue Weise gelebt. Ihr Leben ist keine wirkliche Alternative zum Leben in der Welt.

Das Reich Gottes kommt dann, wenn die Beziehungen ins rechte Lot kommen. Es kommt *erstens,* wenn Menschen da sind, die eine persönliche Beziehung zu Jesus Christus haben, die sich dadurch entwickelt hat, daß sie sich täglich Zeit für persönliches Gebet nehmen. Das Reich kommt, wenn Menschen da sind, die den Ruf Christi vernommen haben, seine Jünger zu werden, und die Stunden damit zugebracht haben, sein Wort in der Schrift zu lesen, dieses Wort im Herzen zu bewegen und herauszufinden, was er sie lehren will. Es kommt nach

Jahren, in denen man vom Herrn gelernt hat, was es heißt, ihm nachzufolgen, was es heißt, im Ostergeheimnis zu leben.

Das Reich Gottes kommt *zweitens,* wenn da Menschen sind, die eine persönliche Beziehung zueinander haben. Sie spielen keine Rollen. Sie spielen nicht Lehrer und Schüler, Pastor und Gemeindeglied, Kleriker und Laie. Sie sind einfach Kirsten und Arthur, Marion und Andreas, Reiner und Susanne. Sie sind echt miteinander, lachen und weinen zusammen, helfen einander und teilen die Lasten der anderen. Sie sind ehrlich zueinander, teilen ihre Zweifel und Fragen – und auch, was sie aus ihren Erfahrungen mit anderen und aus dem Hören auf den Herrn gelernt haben.

Das Reich Gottes kommt niemals ganz, aber manchmal kommt es mit Kraft und Herrlichkeit, wenn wir zusammen mit anderen feiern, die in der Herrschaft Gottes leben. Manchmal kommt es auch in Augenblicken großer Nähe, wenn Menschen auf andere zugehen, um Hilfe zu leisten oder etwas zu erbitten, und wenn sie ihre Differenzen überwinden und Vergebung erfahren. In unserer Lebensgemeinschaft „New Jerusalem" haben wir vielfach erlebt, wie Gott Menschen in solchen Augenblicken gestärkt und geheilt hat, in denen wir wußten, der Herr ist mitten unter uns gegenwärtig und am Werk und befähigt uns, in seinem Geist zu leben.

In solchen Zeiten, in denen wir einmütig als Leib vereint sind, dessen Haupt Christus ist, wissen wir aus Erfahrung, was es heißt, Kirche zu sein. Wir kommen in Kontakt mit dem Herzen und der Seele der größeren Kirche, zu der wir alle gehören. Wir sind uns völlig im klaren, daß die Kirche nicht das Reich Gottes ist; aber die Kirche ist der Ort, wo das Reich lebendig wird, wann immer es kommt. Und wir haben zugleich gesehen, daß wo immer und wann immer das Reich kommt, die Kirche lebendig wird.

Der Weg nach Jerusalem

Im Markusevangelium führt Jesus die Jünger von dem Augenblick an, in dem sie erkennen, daß er der Messias ist, in Richtung Jerusalem. Er lehrt sie all das, was wir soeben besprochen haben. Er bringt sie auf einen Glaubensweg, indem er ihnen erklärt, was es bedeutet, seine Herrschaft anzuerkennen und ganz auf den Vater zu vertrauen. Er geht seiner Bestimmung entgegen und führt die Jünger mit sich – und im Vollzug ihres gemeinsamen Weges macht er aus ihnen eine Glaubensgemeinschaft.

Unsere Erfahrung in der „New-Jerusalem-Gemeinschaft" war sehr ähnlich. Wir haben als ein Haufen junger Leute angefangen, noch naß hinter den Ohren von unserer Taufe im Heiligen Geist. Wir folgten dem Herrn, wohin er uns auch führte, und lernten dabei, daß Jüngerschaft bedeutet, miteinander und füreinander zu leiden. Das war durchaus nicht immer ein Vergnügen, aber es gab einige Augenblicke der Herrlichkeit, einige Momente der Verklärung, in denen wir wirklich froh waren, daß wir alles verlassen hatten, um ihm zu folgen. Und langsam – im Rückblick – entdeckten wir, daß unsere größten Auferstehungen immer auf unsere größten Kreuzigungen folgten; das galt für uns sowohl als Einzelne wie auch als Gemeinschaft.

Im Markusevangelium führt Jesus seine ersten Jünger zu seiner letztendlichen Kreuzigung. Schon vorher hatte er manchen Vorgeschmack auf die Kreuzigung erfahren – seitens der jüdischen Führer, durch die Ablehnung durch einige seiner Hörer, durch das Mißverstehen einiger, die ihm nahestanden. Aber jetzt begibt er sich noch tiefer in jenen Raum von Einsamkeit und Entfremdung, an jenen Ort, wo er sich ganz auf die Liebe des Vaters verlassen und ihm allein vertrauen muß.

Indem er Jesus als jemanden darstellt, der sich entschlossen in diesen Raum begibt und seine Jünger dorthin mitnimmt, zeigt Markus seiner Gemeinde, daß auch sie zulassen muß, ins Leiden geführt zu werden. Jede Szene der Passionsgeschichte ist eine Lektion, die zeigt, wie der Meister gelitten hat, und gerade so lehrt, daß Leiden auch für den wahren Jünger unausweichlich ist.

In Kapitel 15 ist Jesus einsamer als je zuvor. Jeder menschliche Halt ist ihm genommen. Es gibt für ihn keinen Grund, sich weiterhin für den geliebten Sohn des Vaters zu halten. Von denen, die um ihn her sind, wird er verspottet. Alle Jünger haben ihn verlassen. Jetzt steht er ganz allein da – nichts unter den Füßen als die Liebe des Vaters, einer, der im Glauben durch die Finsternis geht.

Innerlich wird er vom Vater geführt, vom Vater gebraucht, um seine Sendung zu erfüllen. Äußerlich wird er von Soldaten geführt, von Menschen mißbraucht, die nicht wissen, was sie tun. Er wird ans Kreuz genagelt und aufgerichtet, damit alle sehen können, wohin der Gehorsam dem Vater gegenüber unausweichlich führen wird.

Jetzt gibt es keine Wunder mehr. Jetzt ist alles nur noch gewöhnlich, so gewöhnlich wie der Schmerz. Keine Zeichen vom Himmel. Nur noch fleischgewordener Glaube, der die menschliche Lage inmitten einer sündhaften Welt erlöst. Nur noch fleischgewordenes Wort, das von Golgota herab schweigend spricht.

Diejenigen, die nicht wissen, wer und was er ist, fordern ihn auf, ein Wunder zu wirken und sich selbst zu retten, wenn er tatsächlich der Messias ist. Aber Jesus antwortet ihnen nicht. Er hört auf den Vater, der ihn immer noch weiter, immer noch tiefer führt. Er gerät an den Rand der Verzweiflung; aber am Ende wird sein Glaube an die Liebe des Vaters zur Hoffnung auf die Auferstehung. Es gibt nur eine Möglichkeit, zu erkennen: vertrauensvolle Hingabe an den Vater. Es gibt nur eine Möglichkeit, neues Leben zu erlangen: das alte loslassen.

Im Augenblick seines Todes wird Jesus endlich als derjenige erkannt, den Markus schon am Anfang des

Evangeliums verkündet hat. Ein römischer Soldat, mutmaßlich ungläubig, steht vor dem Kreuz und bekennt: „Wahrhaftig, dieser Mensch war Gottes Sohn" (Markus 15,39).

Merkwürdigerweise sind es nicht die Jünger, die die tiefste Wahrheit über Jesus begreifen und verkünden. Sie haben Wunder gesehen und seine Lehren gehört und sind dennoch vor Jesus und seinem Auftrag davongelaufen. Höchstwahrscheinlich haben die Zwölf am Ende Jesus wirklich verlassen; alle Evangelien deuten darauf hin. Aber Markus benutzt diese historische Tatsache, um seine eigene Gemeinde eine harte Lektion zu lehren, die aus seiner Sicht die Sohnschaft Jesu nicht wirklich begreift und den Auftrag vergessen hat, in seiner Nachfolge mit ihm zu leiden.

Die einzigen, die am Kreuz bei Jesus stehen, sind Frauen, das sogenannte „schwache Geschlecht". Nur sie haben die Stärke, in seinem Leiden bei ihm zu sein. Nur sie haben den Glauben, bis zum bitteren Ende durchzuhalten. Nur sie sind am dritten Tag am Grab, um die wunderbare Wahrheit der Auferstehung zu entdecken und den Herrn in seiner Herrlichkeit zu erleben. Den Schwachen dieser Welt offenbart sich die Kraft des Gottesreiches, und durch sie wird die gute Nachricht von der Herrschaft Jesu zuerst verkündet.

Das Markusevangelium endet jedoch nicht mit Verurteilung, sondern mit Vergebung. Obwohl die Jünger Jesus im Stich gelassen haben, läßt er sie nicht im Stich. Er erscheint ihnen, schilt ihren Mangel an Glauben und gibt ihnen dennoch seinen eigenen Auftrag weiter, die gute Nachricht vom Gottesreich zu verkündigen. Wer die Herrschaft Gottes akzeptiert, hat Zugang zum Reich; und wer sie – wie Jesus – total akzeptiert, wird den Anbruch des Reiches schon in diesem Leben erfahren.

Markus hinterläßt also seiner Gemeinde die Botschaft, daß der auferstandene Herr sie weder verlassen hat noch je verlassen wird. Seine siegreiche Gegenwart als bezwungener Bezwinger bleibt bei ihnen. Aber diese Gegenwart nehmen nur jene wahr, die glauben bis an den Tod, bis alles andere weggenommen ist.

Dann bleibt Er allein übrig.

Die Herausforderung des Johannes: Die Herrschaft Jesu verstehen lernen

Es könnte kein größerer Kontrast bestehen als zwischen den Evangelien des Markus und des Johannes. Markus ist das älteste, Johannes das jüngste (geschrieben um 90–100 nach Christus). Eine ganze Generation liegt zwischen beiden, in der man über Leben und Botschaft Jesu nachgedacht hat. Dennoch verfolgt Johannes ein ähnliches Ziel wie Markus, wie er gegen Ende seines Evangeliums deutlich mitteilt:

> Diese (Zeichen) aber sind aufgeschrieben, damit ihr glaubt, daß Jesus der Messias ist, der Sohn Gottes, und damit ihr durch den Glauben das Leben habt in seinem Namen (Johannes 20,31).

Wie Markus verkündigt auch Johannes die Herrschaft Jesu und seine Gottessohnschaft. Ihm geht es darum, daß seine Leser und Leserinnen einen persönlichen Glaubensschritt auf Jesus hin tun und dadurch göttliches Leben als Söhne und Töchter Gottes erlangen. Der Evangelist hat kein Interesse daran, die Worte und Taten Jesu historisch genau für künftige Generationen aufzubewahren. Er möchte statt dessen die Beziehung vermitteln, die er selbst zum Herrn hat und aus der er sein Leben bezieht.

Johannes tut das mittels einer Reihe kunstvoll gestalteter Dialoge, die mit Geschichten vermischt sind, die nur manchmal den Geschichten in den anderen drei Evangelien ähneln. Höchstwahrscheinlich sind diese Dialoge der Niederschlag von Begegnungen mit dem auferstandenen Jesus im Gebet und keine Gedächtnisprotokolle von Dingen, die Jesus zu Lebzeiten tatsächlich gesagt hat.

Im Johannesevangelium sind die Worte Jesu oft ziemlich poetisch und philosophisch. Jesus redet weniger wie ein Zimmermann aus Nazaret, sondern eher wie ein gebildeter Jude, der in der hellenistischen Welt aufgewachsen ist. Daher ist es eher unwahrscheinlich, daß das geschriebene Evangelium eigenhändig von jenem Johannes verfaßt worden ist, der einer der Zwölf war. Der „Jünger, den Jesus liebhatte", war kein hellenistischer Philosoph, sondern ein galiläischer Fischer. Sehr alten Traditionen zufolge sammelte jedoch der Jünger Johannes in Ephesus eine Gemeinde um sich. Sehr wahrscheinlich ist er daher die Autorität, die hinter dem Evangelium steht, wenn auch der eigentliche Autor im modernen Sinne einer seiner Jünger gewesen sein dürfte. Dennoch waren es wohl Schulung und Einfluß des Lieblingsjüngers Johannes, die die Blickrichtung des Endredaktors des Evangeliums maßgeblich bestimmt haben.

Das Buch der Zeichen:
Signale der Herrschaft

Das Johannesevangelium ist darin einzigartig, daß es – anders als die anderen Evangelien – mit einem großartigen Prolog beginnt:

> Im Anfang war das Wort, und das Wort war bei Gott, und das Wort war Gott. Im Anfang war es bei Gott. Alles ist durch das Wort geworden, und ohne das Wort wurde nichts, was geworden ist. In ihm war das Leben, und das Leben war das Licht der Menschen. Und das Licht leuchtet in der Finsternis, und die Finsternis hat es nicht erfaßt (Johannes 1,1–5).

Dieser Prolog, der 18 Verse umfaßt, ist unter Umständen ein Hymnus, den die Gemeinde des Johannes bei ihren liturgischen Feiern sang. Es handelt sich um ein theologisches Gedicht, das ihr Verständnis der Herrschaft Jesu zusammenfaßt: Er ist das Wort, das Gott in der Welt gesprochen hat; er ist der fleischgewordene Gott; er ist der einzige Sohn des Vaters; er ist göttliches Licht und Liebe, die Fleisch angenommen hat.

Am Anfang des Prologs spricht Johannes davon, daß das Wort Gottes bei der Schöpfung der Welt anwesend war. Gleich im Anschluß präsentiert uns Johannes symbolisch eine neue Schöpfung in sieben Tagen. Das fleischgewordene Wort schafft ein neues Volk, das nicht aus der Welt ist, sondern aus dem Geist. In dieser ersten Woche des Dienstes Jesu sammelt er eine Gemeinschaft um sich, indem er die ersten Jünger dazu beruft, an ihn und den Vater zu glauben.

Das Johannesevangelium ist voller Symbolik, die den tieferen Sinn ausdrückt, den der Evangelist den beschriebenen Ereignissen beimißt, und die den Leser oder die Leserin durch Gebet und Dienst zu demselben tiefen Verständnis führen soll. Das ist ein weiterer Grund dafür, daß das Johannesevangelium vielfach das theologischste und am wenigsten historische der vier Evangelien ist.

Am ersten Tag der neuen Schöpfung werden wir beispielsweise mit Johannes dem Täufer bekannt gemacht; am zweiten Tag sieht er, wie Jesus auf ihn zukommt, und sagt: „Seht, das Lamm Gottes, das die Sünde der Welt hinwegnimmt" (Johannes 1,29).

In keinem der anderen Evangelien benutzt Johannes diese Worte, aber der Evangelist verwendet sie, um zwei Gedanken zu vermitteln: daß Jesus der leidende Knecht ist, der demütig ist wie ein Lamm (Jesaja 53,6–7), und daß er zugleich das Pascha-Lamm ist, das geopfert wird, damit andere aus der Sklaverei der Sünde befreit werden können (Exodus 12,1–14). Fast jeder Satz dieses Evangeliums enthält etwas Symbolisches, dem man eine Weile nachsinnen muß.

Am dritten und vierten Tag begegnet Jesus den ersten Jüngern und lädt sie ein, ihm nachzufolgen. Die Beschreibung davon unterscheidet sich fundamental von dem, was wir in den anderen Evangelien finden, und dennoch ist es ganz genau dieselbe Geschichte und ganz genau dasselbe Thema: alles zu verlassen, um sich auf eine persönliche Beziehung mit dem Herrn einzulassen.

Johannes überläßt es seiner Leserschaft, sich die Geschichte von der Berufung der restlichen Jünger selbst auszumalen; jedenfalls sind am Ende der Woche alle zwölf bei ihm. Schließlich beginnt Jesus am siebten Tag, seine Herrlichkeit als Sohn Gottes zu offenbaren, indem er das erste seiner Wunder vollbringt.

In diesem Evangelium werden die wunderhaften Taten Jesu immer „Zeichen" genannt, da sie Zeichen der Mission Jesu sind, Signale seiner Göttlichkeit und Symbole des Heils, das er bringt. Bibeltheologen nennen die ersten zwölf Kapitel des Evangeliums das „Buch der Zeichen", da sie all die Wundergeschichten enthalten. Die Zeichen führen einige zum Glauben an Jesus, während andere im Unglauben verharren. In der zweiten Hälfte des Evangeliums vollführt Jesus keine Zeichen mehr, sondern unterrichtet diejenigen, die bereits an ihn glauben, über seinen Heilsweg.

Ein weiteres Kennzeichen dieses Evangeliums ist seine Angewohnheit, Ungläubige „die Juden" zu nennen. Vielfach ist der Gegensatz zwischen Jesus und den Juden derart groß, daß das Evangelium geradezu antisemitisch wirkt, bis wir uns wieder klarmachen, daß Jesus selbst und alle, die an ihn glauben, ebenfalls Juden sind. Wer aber sind dann jene „Juden", von denen das Evangelium redet?

Bei gründlicher Lektüre des Textes zeigt sich, daß überall da, wo zwischen Jesus und den Juden Animosität herrscht, mit den „Juden" Menschen gemeint sind, die nicht glauben. Die „Juden" sind deshalb im Johannesevangelium eine Chiffre. Sie stehen für den in sich verschlossenen menschlichen Unglauben, für die Zurückweisung des Herrn, für jene Selbstgerechtigkeit, die Christus ans Kreuz schlägt bis ans Ende der Zeiten.

Die ungläubigen Juden und ihre Führer, die Pharisäer, stehen zusätzlich für ritualisierte Religion. Für Johannes und seine Gemeinde steht der leere Formalismus religiöser Institutionen in schroffem Kontrast zu jenem erfüllten Leben, das aus einer persönlichen Christusbeziehung kommt. Eines der großen Themen, die dieses Evangelium durchziehen, ist der Unterschied zwischen *Religion* und *Relation* (Beziehung), zwischen leblosen religiösen Praktiken und einem Leben mit dem Herrn[1].

Das Zeichen des neuen Weins

Das wird gleich beim ersten Zeichen Jesu sichtbar, dem Wunder von Kana. Alle sind zum Hochzeitsfest geladen – das heißt, zur Vereinigung mit Gott. Aber die traditionelle Religion ist ausgetrocknet, und deshalb kommt Maria zu Jesus und sagt: „Sie haben keinen Wein mehr" (Johannes 2,3). Es ist kein Zufall, daß Jesus sie „Frau" nennt, denn sie erinnert an die Frau der Genesis, an die Frau der Apokalypse und die Frauen in den anderen Teilen des Johannesevangeliums. Die Frau ist das Symbol der Menschheit vor Gott, die für Gottes Initiative empfäng-

---

[1] *Anmerkung des Übersetzers:* Zur Kritik an der Haltung des Johannes siehe R. Rohr / A. Ebert, Das Enneagramm – die neun Gesichter der Seele, München 1989, S. 77: „(Johannes) zieht eine scharfe Trennungslinie zwischen *drinnen* und *draußen*. Der Begriff ‚Feindesliebe' existiert bei ihm nicht ... Vor allem das Volk der Juden, zu dem er selbst gehört, das aber den Christus nicht aufgenommen hat, beginnt er zu verteufeln. Hier dürfte eine der Wurzeln des christlichen Antisemitismus liegen."

lich ist und ihr Antwort gibt, indem sie Leben hervor-
bringt. In dieser Geschichte wendet sich die Menschheit
an Jesus und beklagt sich, daß die Religion leer geworden
ist, dem Leben keinen Sinn mehr gibt und das Dasein
nicht mehr mit Freude erfüllt.

Zunächst erwidert Jesus, daß für ihn noch nicht die
Zeit gekommen ist, etwas zu tun; aber die Frau weiß
bereits, daß die Stunde der Erlösung vor der Tür steht. Sie
befiehlt den Dienern zu tun, was Jesus sagt. Damit fordert
sie symbolisch alle auf, die das Heil erwarten, sich Jesus
zuzuwenden und zu tun, was er sagt. Wir wollen den
Wein des Lebens, wir wollen etwas Besseres als die
tagtägliche Schinderei, die uns die Welt und billige
Religion anbieten.

Das Unvermögen ritualisierter Religion, uns zu befriedigen, wird durch die leeren Wassergefäße symbolisiert,
die für jüdische Reinigungsrituale benutzt wurden. Aber
wenn wir wie die Diener tun, was Jesus sagt, gibt er uns
etwas, was das ersetzt, was die alten religiösen Praktiken
eigentlich bewirken sollten. Er gibt uns Wein anstatt
Wasser! Wir dachten, wir hätten etwas Gutes; aber das
stellt sich als billiger Wein heraus, wenn es mit dem
verglichen wird, was er uns anbietet. Die Beziehung, zu
der er uns einlädt, ist mehr, als wir je erwartet hätten. Da
dreht sich alles in unserem Kopf! Wir werden trunken
vor Freude! Das ist wie Fässer mit bestem Wein!

Ein Großteil des Johannesevangeliums richtet sich
gegen billige Religiosität. Wohlverwaltete Kirchen und
Predigten, denen man leicht zuhören kann, mögen uns
anfangs ansprechen, aber sie befriedigen unseren tiefen
geistlichen Hunger nicht wirklich. Sie sind hohl, und was
sie uns scheinbar bieten, wird sich schließlich als ge-
schmacklos erweisen wie abgestandenes Wasser.

Die nächste Szene verstärkt das noch. Jesus marschiert
in den Tempel, der für Johannes das Symbol dafür ist, wie
Gott gekauft und verschachert wird. Jesus jagt die Käufer

und Verkäufer des religiösen Seelenfriedens fort, er erschreckt sie mit demselben Eifer, der einst David und Salomo dazu getrieben hat, dieses Haus für Gott zu bauen. Als er aufgefordert wird, seinen Akt „bürgerlichen Ungehorsams" und seine gewaltsame Protesthandlung zu rechtfertigen, antwortet Jesus: „Reißt diesen Tempel nieder, in drei Tagen werde ich ihn wieder aufrichten" (Johannes 2,19). Er verwandelt die Religion von etwas, dessen Zentrum in Gebäuden lokalisierbar ist, zu etwas, was in seinem Leib, in seinem Volk, lokalisiert ist.

Johannes bezieht sich dabei nicht nur auf die Auferstehung. Dieses Evangelium wurde geschrieben, nachdem der Tempel von Jerusalem im Jahre 70 nach Christus zerstört worden war. Johannes spielt also zugleich auf die Tatsache an, daß aus der Asche des Judentums christliche Gemeinden auferstehen. Die Symbolik im Johannesevangelium ist sehr reichhaltig, weil Symbole, wie die eben beschriebenen, eine vielschichtige Bedeutung haben.

Zeichen in Geburt, Wind und Wasser

Eine andere Weise, wie Johannes den tieferen Sinn seines Evangeliums enthüllt, besteht in kunstvoll gestalteten Dialogen. Oftmals kommt jemand zu Jesus und stellt eine Frage, aber Jesus verwickelt die betreffende Person in ein Gespräch. Im Hin und Her des Dialogs bewegt sich Jesus auf eine tiefere Ebene zu, auf der er einen Zusammenhang aufdecken kann, den die andere Person nicht ganz begreift, den aber die Leserin oder der Leser des Evangeliums meditieren soll.

In Kapitel 3 beispielsweise kommt ein Führer der Juden namens Nikodemus heimlich in der Nacht zu Jesus, weil er wohl Angst hat vor dem, was andere denken könnten, wenn sie die beiden zusammen sehen würden. Nachdem er ein paar Worte gesagt hat, erklärt ihm Jesus, daß niemand das Reich Gottes sehen kann, ohne „von oben geboren" zu sein. Aber was heißt das? Nikodemus wendet ein, daß doch ein alter Mann nicht noch einmal zur Welt kommen kann, woraufhin Jesus antwortet:

> Amen, amen, ich sage dir: Wenn jemand nicht aus Wasser und Geist geboren wird, kann er nicht in das Reich Gottes kommen. Was aus dem Fleisch geboren ist, das ist Fleisch; was aber aus dem Geist geboren ist, das ist Geist. Wundere dich nicht, daß ich dir sagte: Ihr müßt von neuem geboren werden (Johannes 3,5–7).

Wir sehen sofort, daß Jesus nicht von physischer Wiedergeburt spricht, sondern von geistlicher Wiedergeburt. Er spricht von einer Erneuerung im Geist, die darin besteht, daß uns der Geist Gottes führt anstatt der Geist der Welt. Um zu erklären, was er meint, fährt Jesus fort:

> Der Wind weht, wo er will; du hörst sein Brausen, weißt aber nicht, woher er kommt und wohin er geht. So ist es mit jedem, der aus dem Geist geboren ist (Johannes 3,8).

Aus weltlicher Perspektive betrachtet, sind geistgeleitete Menschen unvorhersagbar. Und doch sind sie in einem anderen Sinne völlig vorhersagbar: Sie versuchen immer, Gottes Willen zu tun. Sie versuchen immer das zu tun, was offensichtlich gut ist – unabhängig von gesellschaftlichen Konventionen, unabhängig von dem, was andere denken. Genau das ist die Freiheit der Söhne und Töchter Gottes. Das ist jene Freiheit, die man im Gottesreich findet. Aber die meisten Menschen wollen nicht derartig frei sein. Sie haben sich bereits an ihre alten Geleise gewöhnt. Sie haben sich in ihrem Lebensstil bereits allzu häuslich niedergelassen.

In mancher Hinsicht sind sie wie jene Frau am Brunnen, die im nächsten Dialog mit Jesus redet. Sie möchte mehr vom Leben, deshalb bietet ihr Jesus „lebendiges

Wasser" an. Wieder so ein rätselhafter Begriff! Sie fragt ihn, wie er dieses Wasser aus dem Brunnen schöpfen will. Aber er erwidert:

> Wer von diesem Wasser trinkt, wird wieder Durst bekommen; wer aber von dem Wasser trinkt, das ich ihm geben werde, wird niemals mehr Durst haben; vielmehr wird das Wasser, das ich ihm gebe, in ihm zur sprudelnden Quelle werden, deren Wasser ewiges Leben schenkt (Johannes 4,13b–14).

Jesus bietet der Frau etwas völlig Neues an, etwas ganz anderes. Er bietet ihr ein Leben an, das seine Kraft von innen her bezieht, anstatt ständig auf Stimulation von außen angewiesen zu sein. Er bietet ihr – das sehen wir im späteren Verlauf des Gesprächs – die Freiheit an, immer und überall in Kontakt mit Gott zu sein – und nicht nur in der einen Kirche oder in der anderen. Er bietet ihr die Chance an, eine Glücksquelle für andere zu sein, anstatt völlig von anderen abhängig zu sein, um ein bißchen Glück zu erleben.

Im gesamten Gespräch ist die Frau – wie schon im vorherigen Dialog Nikodemus – nicht ganz sicher, wohin Jesus sie führen will. Aber sie läßt zu, daß sie geführt wird, sie ist vor ihm weiblich und empfänglich, wie wir alle es sein müssen. Als sie einmal ausweichen will, holt Jesus sie sanft zum Thema zurück: die Freiheit des Geistes, die sich einstellt, wenn wir ihn als Herrn anerkennen. Er ruft sie zu einer tieferen Seinsweise, wo sie ihre Illusionen, ihre Abhängigkeit und ihre Scheinheiligkeit loslassen kann. Er liebt sie genau so, wie und wo sie gerade ist; aber dennoch fordert er sie kontinuierlich zu mehr heraus.

Mitunter vergessen wir die fordernde Seite der Liebe. Liebe ist nicht dasselbe wie Zustimmung. Wenn wir andere wahrhaftig lieben, wollen wir, daß sie all das werden, was sie sein können und sein sollen. Wir wagen es, Menschen, die wir lieben, aus ihrer Oberflächlichkeit herauszurufen in ihre Tiefe. Diejenigen, die uns wahrhaftig lieben, fordern uns ebenso heraus, indem sie das Beste in uns hervorrufen. Sie bestehen darauf, daß mehr in uns steckt als das, was wir bisher gelebt haben; sie laden uns ein, die Möglichkeit des Wachstums ins Auge zu fassen und zu ergreifen, und sie unterstützen uns, wenn wir uns auf Terrain wagen, das uns nicht vertraut ist. Die Liebe Jesu hat auch diese fordernde Qualität.

In Kapitel 6 findet sich ein hervorragendes Beispiel dafür. Jesus trifft auf einen Gelähmten; und obwohl ihm der Kranke zu Herzen geht, heilt er ihn nicht auf der Stelle. Statt dessen fragt er den Mann, ob er gesund werden will; erst als der die Frage bejaht, ist Jesus bereit, ihn zu heilen.

Manchmal ziehen wir die Bequemlichkeit unserer Gelähmtheit vor, anstatt das Risiko der Gesundheit einzugehen. Es ist leichter, mit unseren Abwehrmechanismen und Illusionen zu leben, als sie niederzureißen und sich den Forderungen des Lebens direkt zu stellen. Wir wollen lieber bemitleidet werden als geheilt. Der Herr will uns nicht in diesem Zustand belassen, aber er wird uns nicht das Wachsen abnehmen. Er wird uns nicht heilen ohne unsere Zustimmung. Wir müssen seine fordernde Liebe bejahen und zulassen, daß wir von der Sünde zur Gnade geführt werden und vom Tod zum Leben. Nur so werden wir im nachhinein erfahren, daß seine Liebe schon immer gnädig war.

Das Zeichen des lebenspendenden Brotes

Es lohnt sich letzten Endes immer, der Einladung des Herrn zu einem neuen Leben Folge zu leisten, aber das ist anfänglich nicht offenkundig. In Kapitel 6 fordert Jesus das Fassungsvermögen derjenigen heraus, die ihm nachfolgen wollen, indem er ihnen mitteilt:

> Amen, amen, das sage ich euch: Wenn ihr das Fleisch des Menschensohnes nicht eßt und sein Blut nicht trinkt, habt ihr das Leben nicht in euch. Wer mein Fleisch ißt und mein Blut trinkt, hat das ewige Leben, und ich werde ihn auferwecken am Letzten Tag (Johannes 6,53–54).

Diese lange Abhandlung über Jesus als Brot des Lebens ist eine jener Evangelien-Passagen, die wohl eher ein Anliegen der frühen Kirche widerspiegeln als ein tatsächliches Ereignis im Leben Jesu. Aber Johannes kennt die Lehre seines Herrn. Er weiß, daß es hier um das Verständnis der Eucharistie geht, das Jesus den Seinen nahebringen will. Er weiß, daß es sich um die Lehre der Kirche, des Leibes Christi, handelt, wie sie in seiner eigenen Zeit vorherrschte. Und da er weiß, daß es die Lehre des Herrn ist, stellt er in seinem Evangelium den Herrn als denjenigen dar, der dies selbst lehrt.

Wenn wir also diesen Abschnitt lesen, sollten wir die Figuren der Handlung als Menschen betrachten, die zur Zeit des Johannes Anstoß nahmen an der kirchlichen Lehre von der Eucharistie. Wir müssen den Blick freilich nicht auf diese Gruppe beschränken; auch Christen unserer Zeit müssen sich dieser Lehre Jesu stellen und sie entweder annehmen oder ablehnen. Unter Umständen identifizieren sie sich mit denjenigen Jüngern in der Geschichte, die sagen: „Was er sagt, ist unerträglich. Wer kann das anhören?" (Johannes 6,60).

Jesus weiß ganz genau, was sie stört. Aber was tut er?

Versucht er, ihnen das Geheimnis zu erklären? Bietet er ihnen eine theologische Interpretation an? Nein, er sagt einfach:

> Der Geist ist es, der lebendig macht; das Fleisch nützt nichts. Die Worte, die ich zu euch gesprochen habe, sind Geist und sind Leben (Johannes 6,63).

Jesus fordert mit anderen Worten von seinen Nachfolgerinnen und Nachfolgern nichts weniger, als daß sie ihn beim Wort nehmen. Nur indem sie das, was er sagt, als Geheimnis annehmen, können sie die Wirklichkeit dessen erfahren, worüber er redet.

Jesus hätte ebensogut sagen können: „Ihr seid nicht in der Lage, dieses Geheimnis zu begreifen! Nehmt es einfach an, weil ich euch darum bitte. Ich will, daß ihr glaubt, daß ich euch mit diesem Brot und mit diesem Wein mich selbst schenke. Wenn ihr das tut, werdet ihr erleben, daß ich im Abendmahl wirklich da bin, egal, ob ihr euch das erklären könnt oder nicht."

Zu oft in der christlichen Geschichte haben wir Zeit verschwendet beim Versuch, die Eucharistie zu erklären. Aber niemand kann ein Geheimnis jemals ganz erklären. Wer kann das menschliche Geheimnis vollständig erklären, daß man sich in eine andere Person verliebt? Weshalb aber gehen wir dann davon aus, wir sollten in der Lage sein, ein göttliches Geheimnis zu erklären?

Zu verstehen, wie Christus in der Eucharistie bei uns anwesend sein kann, ist nicht unser, sondern Gottes Problem. Aber wir müssen Gottes Probleme nicht lösen. Wir brauchen nur sein Versprechen zu akzeptieren, daß er bei uns gegenwärtig ist, wenn wir das Brot brechen und den Wein teilen. Sobald wir das tun und sein Versprechen der Selbsthingabe bejahen, öffnen wir uns der Möglichkeit, die göttliche Gegenwart zu erfahren.

Anders als die Menschen des Ostens hat sich die westliche Kultur schon immer schwer damit getan, mit dem Geheimnis umzugehen. Wir haben eine philosophische Sperre gegenüber allem, bis wir es erklären können. Wir wollen nicht wahrhaben, daß es Geheimnisse geben könnte, die wir nicht verstehen, und Probleme, die wir nicht lösen können.

Gott ist aber kein Problem, das der Lösung harrt, sondern ein Geheimnis, das gelebt werden will. Und ein Geheimnis ist kein Puzzle, das man auseinandernehmen und wieder zusammenstecken kann, sondern eine Wahrheit, die so groß ist, daß wir jeweils nur immer einen Teil von ihr berühren können. Wir müssen zulassen, daß wir ihr Stück für Stück begegnen und einige Aspekte davon erkennen, indem wir uns in das Geheimnis hineinbegeben – ohne zu meinen, daß wir je das Gesamtbild erfassen könnten. Wir können ein Geheimnis nie packen; wir können nur zulassen, daß wir von ihm gepackt werden.

Diese Art von Hingabe und Loslassen ist nötig, wenn wir das Geschenk der Gegenwart Jesu in der Eucharistie je empfangen wollen. Denn wir können die Gegenwart Jesu bei uns nicht „machen". Wir können den Herrn nicht manipulieren. Wir können nur sagen: Ja, wir sind offen dafür, wenn Gott es uns geben will. Wie Jesus zu den Seinen sagt: „Niemand kann zu mir kommen, wenn es ihm nicht vom Vater gegeben ist" (Johannes 6,65).

Jesus blickt sich um und sieht, daß einige von denen, die gern seine Jünger wären, zu solch einem Maß von Hingabe noch nicht bereit sind. Sie sind auf diese Glaubenstiefe nicht vorbereitet, denn sie beginnen, ihn zu verlassen. Andere schließen sich ihnen an. Man kann geradezu die Traurigkeit in seinen Augen sehen, als er zusehen muß, wie sie sich ohne ihn auf den Weg machen.

Da fragte Jesus die Zwölf: Wollt auch ihr weggehen? Simon Petrus antwortete ihm: Herr, zu wem sollen wir gehen? Du hast Worte des ewigen Lebens (Johannes 6,67–68).

Das ist ein Gebet, mit dem sich viele von uns identifizieren können. Manchmal sind wir nicht sicher, welchen Sinn unser Leben hat. Manchmal können wir nicht gerade behaupten, daß unser Weg irgendeine erkennbare Richtung hat. In solchen Zeiten mögen wir im Blick auf den Herrn zugeben, daß er uns nicht als real erscheint. Wir mögen bekennen, daß wir unsere Zweifel haben und am liebsten alles hinschmeißen würden. Und dennoch müssen wir ihm zugleich ganz ehrlich sagen: Wohin sollten wir gehen? Wir haben seine Güte in der Vergangenheit erlebt. Seine Worte haben uns früher einmal zum Leben geführt. Die Erinnerung an vergangene Gnadenerweise gibt uns den Mut, weiterzugehen, selbst wenn keine Wunder passieren – nicht einmal dann, wenn wir sie dringend bräuchten.

Erinnerst du dich, wie Jesus der Frau am Brunnen in Kapitel 4 lebendiges Wasser versprach? Damals hat der Evangelist das rätselhafte „lebendige Wasser" nicht erklärt. Aber jetzt in Kapitel 7 wird ganz klar, daß das lebendige Wasser der Heilige Geist ist. Jesus ruft im Tempel aus:

Wer Durst hat, komme zu mir, und es trinke, wer an mich glaubt. Wie die Schrift sagt: Aus seinem Inneren werden Ströme von lebendigem Wasser fließen (Johannes 7,37b–38).

Wenn wir vom Geist erfüllt werden, ist das ein herrliches Erlebnis. Aber sobald wir an Jesus glauben und den Geist empfangen, ist er auch dann bei uns, wenn wir es nicht spüren. Wir müssen nur nach ihm dürsten und ihn lieben, und er wird uns den Mut schenken, weiterzumachen. Der Geist wird uns Leben schenken, wenn wir es brauchen, er wird uns erfülltes Leben schenken, wenn wir fähig sind, es zu empfangen.

Für den Evangelisten ist Jesus das Paradebeispiel für ein Leben im Geist. Er ist immer mutig. Er ist immer selbstsicher. Er ist sich seiner Göttlichkeit und seiner Mission stets gewiß. Wenn wir nichts hätten als das Johannesevangelium, kämen wir kaum auf den Gedanken, Jesus sei womöglich erst allmählich in sein Selbstbewußtsein hineingewachsen. Wir würden kaum vermuten, daß Jesus erst nach und nach begriffen hätte, worin sein Ursprung und seine Bestimmung liegt. Der Jesus des Johannesevangeliums ist der verherrlichte Jesus. Es ist der Jesus der nachösterlichen Wirklichkeit. Es ist der Herr, wie man ihm im Gebet begegnet und wie man ihn in der Eucharistie empfängt. Von daher ist das Evangelium angefüllt mit überlebensgroßen Bildern Jesu.

Zeichen und Bilder Jesu

Wie wir im Prolog gesehen haben, ist Jesus das Wort Gottes. In den soeben diskutierten Kapiteln des Evangeliums ist er das Brot des Lebens und die Quelle des Geistes für alle Gläubigen. In den folgenden Kapiteln wird Jesus in weiteren Bildern dargestellt, die uns im Laufe der Zeit sehr geläufig geworden sind.

In Kapitel 8 wird Jesus als das „Licht der Welt" verkündet:

> Ich bin das Licht der Welt. Wer mir nachfolgt, wird nicht in der Finsternis umhergehen, sondern wird das Licht des Lebens haben (Johannes 8,12b).

Hier erklärt Jesus frei heraus, wer er ist. Johannes benutzt solche Aussagen, um den Gegensatz zwischen Jesus und den ungläubigen Juden aufzubauen. Johannes weiß, daß diese religiösen Führer letztlich für den Tod Jesu verantwortlich waren; und wie alle Evangelien muß auch er zeigen, wie Unglaube und Ablehnung unausweichlich zur Kreuzigung führten. In diesem Kapitel führt diese Selbstbezeichnung Jesu zu einem Disput zwischen ihm und den Pharisäern.

Der Disput setzt sich im nächsten Kapitel fort. Jesus sagt nicht nur, daß er das Licht der Welt ist, sondern er setzt ein Zeichen, das dies unterstreicht. Er stellt die Sehkraft eines Mannes wieder her, der von Geburt an blind war, er vertreibt die Finsternis und schenkt ihm Licht. Aber da Jesus den Blinden an einem Sabbat geheilt hat, sind die Pharisäer außer sich.

Johannes erzählt diese wundervolle Geschichte auf eine Weise, daß sie zu einem Gleichnis des Glaubens wird. Der Blinde kommt zu Jesus und wird geheilt. Er jubelt über das wiedererlangte Augenlicht, aber andere weigern sich, die Tatsache zu akzeptieren, daß es Jesus war, der neues Licht in sein Leben gebracht hat.

Aufgrund ihrer eigenen Verblendung stoßen sie den ehemals Blinden aus; aber als er Jesus abermals begegnet, fällt er auf die Knie und betet ihn als Herrn an.

Auf *einer* Ebene erklärt Johannes seiner Gemeinde, daß sie darauf gefaßt sein muß, wegen des Lichtes, das Jesus in ihr Leben gebracht hat, verfolgt zu werden, und daß sie den Mächten der Finsternis nicht nachgeben sollte. Auf einer *anderen* Ebene jedoch lehrt Johannes die Leserinnen und Leser seines Evangeliums, daß wir alle Blindgeborene sind. Wir stehen alle in der Gefahr, wie die Pharisäer im Dunkel zu verharren, wenn wir in selbstgenügsamem Stolz verharren. Und wenn wir zu sicher sind, daß wir „es" haben, haben wir es gewiß nicht.

Im weiteren Verlauf des Evangeliums baut jedes Kapitel auf das vorhergehende auf. Jedes Kapitel präsentiert ein neues Bild davon, wer Jesus für diejenigen ist, die an ihn glauben und ihn als ihren Herrn kennen.

In Kapitel 10 beschreibt sich Jesus selbst als „guten Hirten", der all diejenigen persönlich kennt, die sich seiner Fürsorge anvertraut haben. Im Gegensatz zu einem „Mietling" rennt der gute Hirte nicht davon, wenn Gefahr naht, sondern setzt sein Leben um der Herde willen aufs Spiel. Er führt die Herde auf satte Weide und gibt ihr alles, was sie braucht; umgekehrt kennen und lieben die Schafe ihren Hirten.

Johannes stellt die Beziehung zwischen Christus und seinem Volk in einem Bild gegenseitiger Hingabe und beidseitigen „Kennens" dar. Offensichtlich liebt der auferstandene Christus die Kirche und jede einzelne Person, die zu ihr gehört. Offensichtlich hat der irdische Christus sein Leben geopfert, damit andere leben können. Aber es ist nicht immer ebenso offensichtlich, daß die Mitglieder der Kirche gute Schafe sind! Jesus geht davon aus, daß jedes Schaf den Hirten persönlich kennt und all das zu schätzen weiß, was er für das Schaf tut. Insofern handelt es sich tatsächlich um eine *wechselseitige* Beziehung: Sie kennen und lieben sich gegenseitig.

Aber gilt das auch in unseren Kirchen? Können wir ehrlich behaupten, daß alle Mitglieder unserer Pfarreien Jesus erlauben, ihr Herr zu sein? Nennen sie ihn nur den „guten Hirten" – oder haben sie seine Führung tatsächlich in ihrem Leben erfahren? Jesus betont an dieser Stelle, daß unsere Beziehung zu ihm ebenso persönlich sein muß wie seine Beziehung zu uns. Die Tatsache, daß wir Schafe sind, heißt noch lange nicht, daß wir zu seiner Herde gehören!

Ein weiteres Bild, das an späterer Stelle im Evangelium entworfen wird, hebt die Gegenseitigkeit zwischen Christus und der Kirche noch lebhafter hervor:

Ich bin der Weinstock, ihr seid die Reben. Wer in mir bleibt und in wem ich bleibe, der bringt reiche Frucht; denn getrennt von mir könnt ihr nichts vollbringen (Johannes 15,5).

Hier wird klar, daß die Verbindung zwischen Christus und jeder Christin/jedem Christen geradezu intim sein muß, um Leben zu schaffen. Wenn wir nicht im Gebet eine enge Beziehung zu Christus kultivieren und pflegen, können wir nicht behaupten, persönlich mit ihm verbunden zu sein. Die Tatsache, daß wir Reben sind, besagt noch lange nicht, daß wir mit dem Weinstock verbunden sind!

Das Zeichen der Auferstehung

Im gesamten ersten Teil des Evangeliums, dem Buch der Zeichen, hat Johannes aufgezeigt, daß Christus ein siegreicher Herr ist: Er überwindet Finsternis und Blindheit, Ignoranz und Mißverstehen, Haß und Furcht, Hunger und Durst, Elend und Krankheit. Schließlich zeigt Johannes in Kapitel 11, daß Christus auch über den letzten Stolperstein triumphiert, der unser aller Sehnsucht nach Leben im Wege steht. Christus besiegt sogar den Tod: Er ist die Auferstehung und das Leben in Person.

Die Geschichte von der Auferweckung des Lazarus findet sich in keinem anderen Evangelium. Sie ist typisch für Johannes, da sie das typisch johanneische Verständnis von der universalen Herrschaft Christi beleuchtet. Sie porträtiert Johannes zugleich als sehr menschlich und dennoch als göttlich. Er hat Freunde, an denen er sehr hängt. Sein Herz wird von den Tränen angerührt, die Marta und Maria um ihren toten Bruder weinen, und ihm selbst kommen die Tränen, als er das Grab des Lazarus sieht. Aber gleichzeitig weiß er, weshalb er zu diesem Grab gekommen ist. Er weiß, daß er gekommen ist, um den Vater zu verherrlichen und um zu zeigen, daß Gottes Kraft in ihm ist. Und er weiß, daß er gekommen ist, um das äußerste Zeichen seiner Herrschaft zu setzen.

Auch dieser Dialog dringt – ebenso wie frühere Gespräche – in immer tiefere Offenbarungen des Geheimnisses Christi vor. Schließlich sagt Marta zu Jesus:

Herr, wärst du hier gewesen, dann wäre mein Bruder nicht gestorben. Aber auch jetzt weiß ich: Alles, worum du Gott bittest, wird Gott dir geben. Jesus sagte zu ihr: Dein Bruder wird auferstehen. Marta sagte zu ihm: Ich weiß, daß er auferstehen wird bei der Auferstehung am Letzten Tag. Jesus erwiderte ihr: Ich bin die Auferstehung und das Leben. Wer an mich glaubt, wird leben, auch wenn er stirbt, und jeder, der lebt und an mich glaubt, wird auf ewig nicht sterben. Glaubst du das? (Johannes 11,21–26).

Jesus sagt, daß „Leben in ihm" bedeutet, ein derart starkes Leben zu erfahren, daß es uns niemals mehr genommen werden kann, nicht einmal vom Tod. Dieses Leben in sich zu tragen bedeutet zu wissen, daß es weitergehen wird, selbst nach dem Tod. Aber das zu glauben ist nicht leicht, wenn man dem scheinbar endgültigen Tod Auge in Auge gegenübersteht. Deshalb fragt Jesus Marta, ob sie das wirklich glaubt, und sie antwortet auf eine Weise, die enthüllt, wie tief ihr Vertrauen ist:

Ja, Herr, ich glaube, daß du der Messias bist, der Sohn Gottes, der in die Welt kommen soll (Johannes 11,27).

Maria schließt sich den beiden an, und die beiden Schwestern führen Jesus an die Stelle, an der man Lazarus hingelegt hat. Das Grab steht für all das Abgestorbene, Kalte und Schwere in jedem Leben, das mitunter das Gefühl vermittelt, man sei lebendig begraben. Dies ist die Sünde, der Jesus begegnet, wenn er um Zugang zum Herzen eines Menschen bittet. Dies ist die Sünde der Welt, die das Lamm Gottes wegnehmen will. Deshalb bittet Jesus die Herumstehenden, den Stein vor dem Eingang der Grabhöhle wegzurollen. Er ist gekommen, um sein Licht in die Finsternis leuchten zu lassen, um Todesstarre durch sein Leben zu überwinden.

Man beachte, daß Jesus den Grabstein nicht eigenhändig wegrollt. Er wäre zweifellos dazu in der Lage gewesen; aber er lädt andere ein, sich am Wunder zu beteiligen,

Leben zu schaffen. Als ob er das besonders unterstreichen will, wiederholt er es in just dem Augenblick, als er das stärkste Zeichen seiner Göttlichkeit setzt. Er ruft dem Mann in der Grabhöhle zu:

> Lazarus, komm heraus! Da kam der Verstorbene heraus; seine Füße und Hände waren mit Binden umwikkelt, und sein Gesicht war mit einem Schweißtuch verhüllt. Jesus sagte zu ihnen: Löst ihm die Binden, und laßt ihn weggehen! (Johannes 11,43–44).

Die Lehre des Johannes, die er anhand dieser Symbolhandlung Jesu am Grabe meisterhaft beschreibt, lautet: Der Herr allein schenkt Leben – und doch benötigt er unsere Mithilfe. Der auferstandene Herr kann keine Wunder wirken, wenn da keine Gemeinschaft von Glaubenden ist, die ihm bei der Arbeit hilft, Steine beiseite zu räumen, die Menschen niederdrücken und ihr Menschsein behindern. Dies ist der Sinn und Zweck der Kirche: mit Jesus daran teilzuhaben, die Finsternis der Welt zu überwinden und die Menschheit für die Wahrheit Gottes freizusetzen.

Nach dem johanneischen Verständnis der guten Nachricht sind Christen nicht nur zu einer individuellen Jesusbeziehung berufen. Es reicht nicht, wenn wir als einzelne mit dem Herrn verbunden sind. Unsere persönliche Jesusbeziehung muß auch andere einschließen. Obschon Jesus jedes Grab betreten will, können nur wir den Stein für ihn wegrollen. Obschon er allen Menschen Leben schenken will, können nur wir die Binden lösen, die ihre Freiheit beeinträchtigen.

Gemeinschaft ist kein Zusatz zum christlichen Leben; sie gehört zum Wesen dieses Lebens. Christentum ist ein Weg, wie Menschen Gemeinschaft leben können. Die Kraft des Evangeliums läßt sich vor allem in wechselseitigen Beziehungen erfahren, die auf Kooperation beruhen anstatt auf Unterdrückung, auf Verwundbarkeit anstatt auf Rechthaberei. Die heilende Kraft Jesu wird am überwältigendsten in Beziehungen erlebt, in denen die Gebrochenheit von Einzelpersonen geheilt wird, die voneinander isoliert sind.

Mit Kapitel 12 endet das Buch der Zeichen; es endet nicht mit Gemeinschaft, sondern mit Isolation. Die Gegner Jesu haben den Zeichen nicht geglaubt, die er in ihrer Mitte gewirkt hat. Sie weigern sich, sich in jenes Leben hineinziehen zu lassen, das Jesus mit ihnen teilen möchte und das sie nach seinem Willen auch mit anderen teilen könnten. Wie all jene, die die gute Nachricht hören, aber nicht annehmen, wählen auch sie den Glanz der Welt anstatt der Herrlichkeit des Herrn. Sie wählen es, allein zu sein, anstatt sich mit dem Leben selbst zu verbünden. Sie stehen in hoffnungsloser Einsamkeit auf der Seite der Finsternis, während Jesus dabei ist, sich all jenen als Licht der Welt zu zeigen, die zu ihm kommen wollen:

> Jetzt wird Gericht gehalten über diese Welt; jetzt wird der Herrscher dieser Welt hinausgeworfen werden. Und ich, wenn ich über die Erde erhöht bin, werde alle zu mir ziehen. Ich bin das Licht, das in die Welt gekommen ist, damit jeder, der an mich glaubt, nicht in der Finsternis bleibt (Johannes 12,31–32.46).

Das Buch der Herrlichkeit: Die offenbarte Herrschaft

In der ersten Hälfte des Johannesevangeliums erfahren wir immer wieder, daß „die Stunde noch nicht gekommen ist" (Johannes 2,4; 7,30; 8,20). Was hat es mit dieser ominösen „Stunde" auf sich?

Jetzt, zu Beginn der zweiten Hälfte, erfahren wir:

> Es war vor dem Paschafest. Jesus wußte, daß seine Stunde gekommen war, um aus dieser Welt zum Vater hinüberzugehen (Johannes 13,1).

Schon vier Tage zuvor hatte Jesus sie kommen sehen, denn er hatte gesagt:

Die Stunde ist gekommen, daß der Menschensohn verherrlicht wird (Johannes 12,23).

Die „Stunde" ist demzufolge der Zeitpunkt, zu dem Jesus in seine Herrlichkeit eingehen soll. Aber im Johannesevangelium vollzieht sich dieser Schritt alles andere als strahlend. Es gibt keine triumphale Prozession nach Jerusalem. Es gibt keine Paschafeier mit den Jüngern. Statt dessen nimmt er die letzte Abendmahlzeit mit den Seinen am Tag vor dem Paschafest ein, an jenem Tag, an dem die Paschalämmer für das Fest geschlachtet wurden. All das hat im Johannesevangelium symbolische Bedeutung, und doch bezeichnet es dieselbe Wirklichkeit, die alle Evangelien offenbaren: Der Weg ins Reich des Vaters führt durch den Dienst für andere hindurch, der sogar einschließen kann, für sie zu leiden und zu sterben.

Herrlichkeit im Dienst

Die erste Szene im Buch der Herrlichkeit zeigt daher einen Jesus, der sich eine Schürze umbindet, vor seinen eigenen Jüngern niederkniet und ihnen die Füße wäscht: „Was soll das?" könnten wir mit den Jüngern fragen. Und doch wissen wir es bereits. Er zeigt den Jüngern den wahren Weg zur Herrlichkeit. Er besteht nicht darin, Wunder zu wirken; er besteht nicht darin, öffentlichen Applaus anzustreben; er besteht im demütigen Dienst, in der Fürsorge für andere; er besteht darin, das Werk des Vaters dort zu tun, wo nur der Vater es sehen kann.

Es ist typisch, daß gerade Petrus all dies nicht versteht! Er weigert sich, sich von Jesus die Füße waschen zu lassen; deshalb muß ihm Jesus verdeutlichen, worum es geht. Er sagt ihm klipp und klar: „Wenn ich dich nicht wasche, hast du keinen Anteil an mir!" Schließlich fällt bei Petrus der Groschen, und wie üblich nimmt er die Botschaft mit überschwenglichem Herzen an: „Herr, dann nicht nur meine Füße, sondern auch die Hände und das Haupt" (Johannes 13,8–9).

Dennoch versteht Petrus noch immer nicht alles. Das ist zunächst auch nicht nötig. Zunächst reicht es, daß er das versteht, was Jesus seinen Jüngern als nächstes sagt:

Wenn nun ich, der Herr und Meister, euch die Füße gewaschen habe, dann müßt auch ihr einander die Füße waschen. Ich habe euch ein Beispiel gegeben, damit auch ihr so handelt, wie ich an euch gehandelt habe (Johannes 13,14–15).

Herrlichkeit in der Gemeinschaft

Und dann beginnt der johanneische Bericht vom letzten Mahl. Er ist ganz anders als die Abendmahlsberichte der anderen drei Evangelien. Zum einen ist er sehr lang: er umfaßt mehr als vier Kapitel, das heißt, ein Fünftel des gesamten Evangeliums. Die Synoptiker brauchen für das Abendmahl jeweils nur einen Teil eines Kapitels. Zum anderen nimmt Johannes keinerlei Bezug auf die Einset- zung der Eucharistie, die bei den Synoptikern den Haupt- inhalt des letzten Mahles Jesu mit seinen zwölf engsten Jüngern darstellt.

Gelehrte haben eine Reihe von Erklärungen dafür angeboten, weshalb das vierte Evangelium die Eucharistie wegläßt. Eine lautet, daß das Johannesevangelium als letztes geschrieben wurde und keine Veranlassung sah, das zu erwähnen, was die anderen drei Evangelien so eindeutig dargestellt hatten. Eine andere besagt, daß Johannes seine Theologie der Eucharistie bereits in der Brotrede des sechsten Kapitels so ausgiebig dargelegt hatte, daß er sie hier nicht nochmals wiederholen mußte. Aber wenn wir den Abendmahlsbericht des Johannesevangeliums lesen und die Worte Jesu auf uns wirken lassen, merken wir, daß die Eucharistie zwar nie ausdrücklich erwähnt wird, die ganze Szene aber dennoch eine einzige ausführliche Meditation über den Sinn der Eucharistie ist.

Die Übersetzung des griechischen Wortes *eucharistia* ist „Dankbarkeit" oder „Danksagung". Während seiner ganzen Rede dankt Jesus dem Vater, indem er ihm die Ehre zurückerstattet, die Gott Jesus erwiesen hat. Die Rede beginnt gleich so:

Jetzt ist der Menschensohn verherrlicht, und Gott ist in ihm verherrlicht. Wenn Gott in ihm verherrlicht ist, wird auch Gott ihn in sich verherrlichen, und er wird ihn bald verherrlichen (Johannes 13,31b–32).

Man bemerke, daß Johannes davon ausgeht, daß die Verherrlichung des Sohnes zugleich den Vater verherrlicht.

Eine weitere Bedeutung der Eucharistie liegt im Opfer – im Sinne von Selbsthingabe, Selbstentäußerung und Dienst an anderen. Wir haben bereits gesehen, daß das Thema der allerersten Szene des Abendmahls der Dienst an anderen ist. In dieser Rede befaßt sich Johannes fortwährend mit dem Opfer Jesu, mit dem Sinn seiner Hingabe an den Vater, zu dem zurückzukehren er im Begriffe steht. Mehr als einmal sagt Jesus zu seinen Jüngern, die angesichts des Gedankens an seinen Weggang traurig sind, sinngemäß: „Seid nicht traurig; denn ich gehe zum Vater!"

Eine dritte wesentliche Bedeutung der Eucharistie ist Einheit. Jesus spricht ständig von seinem Einssein mit dem Vater, und er erinnert die Jünger durch das Bild vom Weinstock und den Reben an seine Verbundenheit mit ihnen (Johannes 15,1–8).

Schließlich und endlich ist die allumfassende Bedeutung der Eucharistie Liebe, und Jesu Abschiedsrede ist mit Worten der Liebe angefüllt. Er spricht wortreich von der Liebe zwischen ihm und dem Vater, von seiner Liebe zu den Jüngern, von ihrer Liebe zueinander. Einer der schönsten Abschnitte dieser Rede zeigt, wie diese drei Dimensionen der Liebe aufeinander bezogen sind:

> Wie mich der Vater geliebt hat, so habe auch ich euch geliebt. Bleibt in meiner Liebe! Wenn ihr meine Gebote haltet, werdet ihr in meiner Liebe bleiben, so wie ich die Gebote meines Vaters gehalten habe und in seiner Liebe bleibe.
> Dies habe ich euch gesagt, damit meine Freude in euch ist und damit eure Freude vollkommen wird. Das ist mein Gebot: Liebt einander, so wie ich euch geliebt habe. Es gibt keine größere Liebe, als wenn einer sein Leben für seine Freunde hingibt (Johannes 15,9–13).

Was in den Kapiteln 18 und 19 folgt, ist wohlbekannt. Jesus gibt sein Leben für seine Freunde dahin und opfert sein Leben für den Vater. Aber zugleich läßt er sein Leben für alle Menschen, damit alle in ihm Leben finden. Was das bedeutet, wird unmittelbar sichtbar. Als äußerster Akt der Selbsthingabe setzt Jesus das eindrücklichste Zeichen dafür, daß alle Menschen seine Freunde sind, indem er am Kreuz die Arme ausbreitet, um alle zu umfangen und mit jedem und jeder von uns Frieden zu schließen. Jesus betete beim letzten Mahl:

> Aber ich bitte nicht nur für diese hier, sondern auch für alle, die durch ihr Wort an mich glauben. Alle sollen eins sein: Wie du, Vater, in mir bist und ich in dir bin, sollen auch sie in uns sein, damit die Welt glaubt, daß du mich gesandt hast (Johannes 17,20–21).

Herrlichkeit in der Vergebung

So wenig wie es im Johannesevangelium eine Einsetzung des Abendmahls gibt, so wenig findet sich eine Auferstehungsszene. Wieder ist es so, als ob Johannes das Ereignis beiseite läßt und statt dessen über seinen Sinn meditiert. In Kapitel 20 finden wir nichts als ein leeres Grab, aber kurz darauf stößt Jesus zu seinen Jüngern, um ihnen mitzuteilen, was seine Auferstehung für sie bedeutet:

> Friede sei mit euch! Wie mich der Vater gesandt hatte, so sende ich euch. Nachdem er das gesagt hatte, hauchte er sie an und sprach zu ihnen: Empfangt den Heiligen Geist! Wem ihr die Sünden vergebt, dem sind sie vergeben; wem ihr die Vergebung verweigert, dem ist sie verweigert (Johannes 20,21b–23).

Mit der Auferstehung kommt der Friede. Mit der Auferstehung kommt die erneute Bestätigung des göttlichen Auftrags. Mit der Auferstehung kommt die Kraft des Heiligen Geistes. Jesus schenkt seinen Jüngern eben den Geist, der ihn selbst von Anfang an bevollmächtigt hat. Nun haben sie denselben Auftrag, den er vom Vater her hatte. Sie haben Anteil an der stillen Gewißheit, daß sie Kinder Gottes sind. Ihr Auftrag ist es, diesen Frieden anderen weiterzugeben.

Und wie soll dieser Friede verbreitet werden? Durch Vergebung, Annahme und Versöhnung. Nicht durch Eroberung. Nicht durch Unterdrückung. Nicht durch Machtausübung. Vielmehr durch Ausübung der Kraft des Geistes, auch die zu lieben und denen zu vergeben, die nicht liebenswert sind und deren Schuld unvergebbar zu sein scheint – wie Jesus es getan hat. Das ist etwas völlig Neues. Wenn Gottes vergebende Liebe unsere Beziehungen zu anderen bestimmt, schenken wir ihnen denselben Frieden, den der fleischgewordene Herr seinen Jüngern anvertraut hat.

Im allerletzten Kapitel des Johannesevangeliums sehen wir, was Jesus mit „Frieden durch Vergebung" meint. Wenn es einen Jünger gab, der es nötig hatte, daß ihm die Liebe Jesu abermals bestätigt würde, dann war es Petrus. Wie wir bereits im Matthäusevangelium gesehen haben, bekannte Petrus seinen Glauben an Jesus, begann aber in den Wellen zu versinken, als sein Glaube schwach wurde. Im Johannesevangelium sagt Petrus, daß er den Herrn um nichts auf der Welt verlassen und in der Beziehung zu ihm von Kopf bis Fuß rein werden will. Als aber Jesus verhaftet wird, leugnet Petrus sogar, daß er den Mann kennt.

Die synoptischen Evangelien erzählen uns, Petrus habe über seine Tat bitterlich geweint; Johannes jedoch erwähnt nichts davon. Statt dessen setzt der auferstandene Jesus den Jüngern ein Frühstück vor. Im Anschluß daran fragt er Petrus, der ihn dreimal verleugnet hatte, wiederum dreimal: „Hast du mich lieb?" Man sieht geradezu die Reue in den Augen des Petrus, als er sagt: „Herr, du weißt alles; du weißt, daß ich dich liebhabe" (Johannes 21,17).

Petrus begreift, daß ihm vergeben ist, indem ihm Jesus genau das anvertraut, was er selbst soeben symbolisch an Petrus vollzogen hat. Jesus sagt zu ihm: „Weide meine Lämmer... weide meine Schafe!" Der Herr liebt Petrus in die Fähigkeit hinein, der Jünger zu sein, der er schon immer hatte sein wollen.

So ist Petrus schließlich bereit, den Auftrag, den Jesus vom Vater empfangen hatte, selber anzunehmen. Er ist bereit, in einer Welt, die sich vor der Liebe Christi fürchtet, anderen zum Christus zu werden. Als ihm vergeben ist, kann er Scham und Schuldgefühle loslassen, die ihn in ein Leben als unbekannter galiläischer Fischer zurückkatapultiert hätten.

Jesus sieht das und sagt zu Petrus:

Amen, amen, das sage ich dir: Als du noch jung warst,

hast du dich selbst gegürtet und konntest gehen, wohin du wolltest. Wenn du aber alt geworden bist, wirst du deine Hände ausstrecken, und ein anderer wird dich gürten und dich führen, wohin du nicht willst (Johannes 21,18).

Endlich versteht Petrus, was es mit der Herrschaft Jesu auf sich hat. Der Preis der Nachfolge ist das ganze Leben. Und der Lohn der Nachfolge ist das ganze Leben.

Drittes Kapitel

Lukas und die Apostelgeschichte: Das Geschenk des Geistes

Wenn wir heute an das Neue Testament denken, fallen uns vor allem die Evangelien und die Briefe ein. Wir nehmen es womöglich als selbstverständlich hin, daß ein christlicher Autor des ersten Jahrhunderts entweder das eine oder das andere geschrieben hat. Aber Lukas hat etwas anderes getan. Er hat eine lange Geschichte von den Ursprüngen des Christentums aufgezeichnet, die mit der Geburt Jesu in Palästina beginnt und mit der Verkündigung seiner Herrschaft in der Stadt Rom endet. Er wollte zeigen, wie sich das Heil von einem unbekannten Dorf am Rande der Zivilisation bis ins innerste Herz des römischen Imperiums ausgebreitet hat.

Die beiden Hauptteile dieses langen Werkes des Lukas wurden später voneinander getrennt. Der erste Teil wurde den synoptischen Evangelien zugeordnet; der zweite Teil bekam seinen Platz zwischen dem Johannesevangelium und den Paulusbriefen. Wenn wir die beiden Teile jedoch getrennt voneinander lesen, entgeht uns die dynamische Kontinuität des Gesamtwerks.

Die Gesamtschau, die Lukas im Sinn hatte, sah etwa folgendermaßen aus: Der Heilige Geist gelangt durch Marias Bereitschaft, die Mutter des Heilands zu sein, in die Menschheitsgeschichte. Als Jesus das Mannesalter erreicht hat, führt ihn der Geist in die Wüste, damit er versucht wird; dann rüstet ihn der Geist mit Kraft aus und sendet ihn aus, von Galiläa bis Judäa zu predigen und sich dabei immer näher auf Jerusalem zuzubewegen, auf das Herz Israels. Dort wird er von den jüdischen Führern abgelehnt, gekreuzigt und begraben; aber Gott weckt ihn auf, und der Heilige Geist ermutigt seine Jünger, die gute Nachricht von seiner Auferstehung auszubreiten. Bei jedem wichtigen Wendepunkt auf dem Weg der frühen Kirche ist der Geist zugegen, leitet die Gemeinde und bevollmächtigt ihre Mitglieder, die Botschaft von Christus allen Menschen zu bringen. Schließlich inspiriert der Geist Paulus, die gute Nachricht von Jesus zu den Heidenvölkern zu bringen; Paulus reist dreimal kreuz und quer durch das Imperium und schließlich nach Rom selbst.

Lukas hat diesem langen Werk keinen Namen gegeben, aber man hätte es leicht das Buch vom Heiligen Geist nennen können. Es ist das Buch vom Einzug des Geistes in die Menschheitsgeschichte und von seiner verwandelnden Gegenwart in der Welt. Jesus selbst ist von der Kraft des Geistes erfüllt. Am Ende dessen, was wir heute das Lukasevangelium nennen, sagt Jesus zu seinen Nachfolgern: „Bleibt in der Stadt, bis ihr mit der Kraft aus der Höhe erfüllt werdet" (Lukas 24,49). In dem Teil, der später Apostelgeschichte genannt wurde, kommt der Geist anläßlich des Pfingstfestes auf die versammelte Gemeinde herab. Plötzlich ist in der Kirche neue Vitalität da, eine neue Quelle der Kraft und des Wachstums, die dazu führt, daß es sie in die Welt hinaustreibt, um Gottes Heilsbotschaft weiterzusagen. Genauso wie Jesus vom Heiligen Geist bevollmächtigt worden war, werden nun seine Nachfolger vom selben Geist bevollmächtigt. Er lehrt sie, aus dem Geist heraus zu leben – und das zieht Menschen aus aller Welt zu diesem befreiten und befreienden Lebensstil hin.

Der Autor dieser frühen Chronik von der Kraft des Heiligen Geistes war keiner der ursprünglichen Jünger. Er war ein Konvertit zum Christentum, ein ehemaliger Heide, der offenbar während einiger der Missionsreisen des Paulus sein Reisebegleiter war. Paulus erwähnt ihn in einem seiner Briefe (Kolosser 4,14). In der Apostelgeschichte gibt es drei Abschnitte, an denen der Autor plötzlich vom „sie" ins „wir" verfällt, was die Vermutung nahelegt, daß Lukas hier von Dingen geschrieben hat, an die er sich persönlich erinnern konnte.

Verschiedene Hinweise in seinen Schriften deuten darauf hin, daß Lukas zwischen den Jahren 70 und 80 sein Quellenmaterial zusammengetragen und zusammengeschrieben hat. Andere Anhaltspunkte sagen uns, daß er für eine nicht-jüdische Leserschaft schrieb. Eine sehr alte Tradition stellt ihn als Arzt aus Antiochia in Syrien dar, und einige Bibelkommentatoren haben tatsächlich Abschnitte herausgefunden, in denen Lukas bestimmte Dinge aus medizinischem Blickwinkel zu beschreiben scheint.

Dem Schriftsteller Lukas ging es allerdings mehr um geistliche Heilung als um medizinisches Gesundwerden. Seine Perspektive könnte man als „Theologie des Heils" bezeichnen, als ein besonderes Gespür dafür, wie Menschen heil werden und wie die Welt durch die Botschaft Jesu und die Kraft des Heiligen Geistes erlöst wird.

Zusammen sind das Lukasevangelium und die Apostelgeschichte das längste Werk eines einzelnen Autors im Neuen Testament. Anstatt es Szene um Szene zu untersuchen, wie wir es mit den anderen Evangelien getan haben, wollen wir es von der Theologie des Lukas aus betrachten, von seinem Verständnis des Heils und der Erlösung aus. Wir werden mit seinem Bericht vom Wirken des Geistes im Leben Jesu beginnen und anschließend mit seiner Schilderung des Geistes in der frühen Kirche fortfahren.

Das Evangelium nach Lukas

Wie der Evangelist Matthäus eröffnet auch Lukas sein
Evangelium mit einem Bericht von der Geburt Jesu. Die
Kindheitsgeschichte des Lukas sagt allerdings eine Menge
über Maria, was besser gesondert behandelt werden sollte
(siehe Kapitel 4). Wir wollen deshalb hier mit dem Bericht
beginnen, den Lukas vom Wirken Jesu in der Kraft des
Geistes gibt.

Zu Beginn des öffentlichen Auftretens Jesu erwähnt
Lukas dreimal ausdrücklich den Heiligen Geist. Als Jesus
im Jordan getauft wird, kommt der Geist in Gestalt einer
Taube auf ihn herab (Lukas 3,22). Unmittelbar danach ist
Jesus vom Geist erfüllt und wird von ihm in die Wüste
geführt, um sich der Versuchung zu stellen (Lukas 4,1).
Dann kehrt Jesus in der Kraft des Geistes, die in ihm ist,
nach Galiläa zurück und verkündet die gute Nachricht
(Lukas 4,14).

Bei Matthäus und Markus besteht die gute Nachricht
darin, daß das Gottesreich nahe ist. Für Lukas beinhaltet
die gute Nachricht zwar dasselbe, aber er drückt es anders
aus. Er spricht nicht von Gottes Reich, sondern von
Gottes Gerechtigkeit, und er hebt besonders die privile-
gierte Stellung der Armen hervor. Das Lukasevangelium
wird manchmal „das Evangelium der Armen und Niedri-
gen" oder „das Evangelium der Barmherzigkeit" genannt.
Er betont, wie befreiend es sich auswirkt, wenn man
einfach und demütig lebt, in rechter Beziehung zu anderen und unter der Herrschaft Gottes. Er sieht Jesus als
denjenigen, der die Prophezeiung aus Jesaja 61 erfüllt:

Der Geist des Herrn ruht auf mir; denn der Herr hat
mich gesalbt. Er hat mich gesandt, damit ich den
Armen eine gute Nachricht bringe; damit ich den
Gefangenen die Entlassung verkünde und den Blinden
das Augenlicht; damit ich die Zerschlagenen in Freiheit

setze und ein Gnadenjahr des Herrn ausrufe (Lukas 4,18–19).

Die gute Nachricht von Gottes Gerechtigkeit

Wenn wir an Gerechtigkeit denken, denken wir für gewöhnlich an Ausgleich: Wenn sich die Waagschale zu sehr auf die falsche Seite neigt, ist Gerechtigkeit nötig, um die Dinge zurechtzurücken. Darüber hinaus wissen wir, daß wir nicht vollkommen sind; wir wissen, daß wir Fehler gemacht haben. Deshalb stellen wir uns Gottes Gerechtigkeit so vor, als ob sie daherkommt und das Durcheinander in Ordnung bringt, das wir angerichtet haben. Wir haben oft das Bild von irgendeiner Art von Vergeltung und projizieren es auf Gott: Wenn wir nach oben klettern, holt uns Gott ein paar Sprossen runter. Wenn wir uns zu Unrecht etwas angeeignet haben, sorgt Gott dafür, daß wir es zurückgeben. Wenn wir zu viel Spaß gehabt haben, wird Gott Ausgleich schaffen und uns leiden lassen. Dieses Konzept von Gottes Gerechtigkeit ist in Wirklichkeit eine *schlechte Nachricht*.

Aber das ist nicht das biblische Konzept von der göttlichen Gerechtigkeit. Nach Aussage der Schrift ist Gott dann gerecht, wenn er sich selbst treu bleibt. Gott selbst ist die Waage der Gerechtigkeit. Gottes Gerechtigkeit ist nicht das Gegenteil von Gottes Barmherzigkeit, wie wir mitunter gemeint haben. In Gott sind alle Dinge eins, sind alle Dinge versöhnt. Gottes Gerechtigkeit ist dasselbe wie seine Barmherzigkeit; sie ist identisch mit seiner Liebe. Und Gottes Liebe ist, wie wir im Alten Testament gesehen haben, vergebend, zuverlässig und bedingungslos. Daher besteht Gottes Gerechtigkeit darin, daß Gott im Einklang mit seinem Sein handelt, das Liebe ist.

Das Lukasevangelium ist voller Bilder von der Gerechtigkeit Gottes im biblischen Sinne. Jesus ißt mit

Sündern und mit den Ausgestoßenen der Gesellschaft, denn:

> Nicht die Gesunden brauchen den Arzt, sondern die Kranken. Ich bin gekommen, um die Sünder zur Umkehr zu rufen, nicht die Gerechten (Lukas 5,31–32).

Lukas erzählt die Geschichte von der bußfertigen Prostituierten, die mit ihren Tränen die Füße Jesu wäscht und sie mit den eigenen Haaren trocknet:

> Ihr sind ihre vielen Sünden vergeben, weil sie soviel Liebe gezeigt hat (Lukas 7,47).

Er erzählt vom skrupellosen Steuereintreiber Zachäus, der so dankbar dafür ist, daß ihn Jesus mit einem Besuch beehrt, daß er verspricht, ehrlich zu werden (Lukas 19,1–10). Wenn Menschen von der Gerechtigkeit und Liebe Gottes angerührt werden, werden sie ihrerseits gerecht und liebesfähig. Nur das Lukasevangelium enthält diese besonderen Geschichten von der vergebenden Gerechtigkeit Gottes.

In Kapitel 15 schenkt uns Lukas drei denkwürdige Gleichnisse über Gottes Barmherzigkeit. Jesus erzählt vom Hirten, der über das Auffinden eines verlorenen Schafes jubelt, von der Frau, die jubelt, weil sie eine verlorene Münze wiedergefunden hat (man beachte das weibliche Gottesbild!), und vom Vater, der sich über die Rückkehr seines verlorenen Sohnes freut. All das sind Bilder eines liebenden Gottes, der sich selbst treu ist. Es sind alles Bilder von Gottes Gerechtigkeit.

Wie wir aus diesen drei Beispielen sehen können, erfordert Gottes Gerechtigkeit, daß er aus sich herausgeht und sich selbst, seine Liebe, anderen zuwendet. Der Hirte wartet nicht nur darauf, daß das blöde Schaf zurückläuft. Die Frau vergißt die Münze nicht einfach, bis sie von selber zum Vorschein kommt. Der Vater geht nicht einfach seinen Geschäften nach; er beobachtet tagtäglich die Straße, bis sein Sohn heimkehrt, so daß er ihm entgegeneilen und ihn zu Hause willkommen heißen kann. Gottes Liebe ist unablässig gerecht: Er gibt diejenigen niemals auf, die seine Liebe vergessen haben.

Das Gleichnis vom verlorenen Sohn erinnert uns an ein anderes Bild von Gottes Gerechtigkeit, das sich sowohl in anderen Evangelien findet als auch bei Lukas. Es ist das Bild vom Festmahl, das der vergebende Vater veranstaltet, um die Heimkehr des Sohnes zu feiern. Seit den Tagen des Exils hatten sich die Juden die Erlösung Israels als üppiges Festbankett vorgestellt, das Jahwe seinem hungrigen Volk bereiten würde. Niemand würde ausgeschlossen werden; alle würden genug bekommen (Jesaja 55,1–2). Alle Evangelisten zeigen, wie sich das im Wirken Jesu bewahrheitet, als er mit ein paar Broten und Fischen fünftausend Menschen satt macht (Lukas 9,10–17).

Aber Lukas hebt auch hervor, daß es nicht damit getan ist, zum Festmahl geladen zu sein; wir müssen unsere sonstigen Sorgen fahren lassen und die Einladung annehmen. Zur Zeit des Lukas waren es die Juden, diejenigen, denen das messianische Festmahl eigentlich versprochen worden war, die das Fest durch ihre Ablehnung Jesu verpaßt hatten (Lukas 13,25–30). Er erzählt das Gleichnis von den Gästen, die zu einem Hochzeitsmahl eingeladen sind, die Einladung jedoch nicht annehmen, weil sie mit ihren eigenen Angelegenheiten zu sehr beschäftigt sind. Deshalb schickt der Hausherr seine Diener aus, alle hereinzuholen, die sie finden können: Bettler und Obdachlose, Krüppel und Blinde (Lukas 14,15–24). Wir sehen daran, daß es die kleinen Leute sind, die bereit sind, Gottes Geschenke zu erkennen und zu genießen.

Wir meinen oft, Gerechtigkeit bedeutet, daß wir das bekommen, was wir verdienen; aber die Evangelien heben hervor, daß uns Gott immer *mehr* gibt, als wir verdienen.

104

Ja, es geht überhaupt nicht um „Verdienst"! Matthäus erzählt das Gleichnis von einem Landbesitzer, der morgens, mittags und nachmittags Männer zur Arbeit auf seinen Feldern dingt. Als er am Abend allen einen vollen Tageslohn ausbezahlt, meckern diejenigen, die den ganzen Tag gearbeitet haben, daß ihnen mehr zustünde als denen, die nur ein paar Stunden gearbeitet haben. Aber der Landbesitzer sieht sie an und fragt: „Warum blickt ihr so neidisch drein, nur weil ich zu anderen gütig bin?" Gottes Gerechtigkeit ist in Wirklichkeit Großzügigkeit. Er ist zu allen *mehr als gerecht*, weil er sich selbst treu ist. Matthäus drückt es ein andermal so aus: „Gott läßt seine Sonne aufgehen über Bösen und Guten, und er läßt regnen über Gerechte und Ungerechte" (Matthäus 5,45). Mit anderen Worten: er gibt allen alles, was sie brauchen, um zu wachsen.

Wir kommen mit dieser Art von Gerechtigkeit schwer zurecht. Wir sind Kapitalisten, selbst im geistlichen Leben. Wir fühlen uns wohler mit Auge um Auge, Zahn um Zahn. Wir wissen nicht, was wir mit einem Gott anfangen sollen, der diese Regel bricht! Aber Gottes Gerechtigkeit ist nur eine andere Weise, über Gottes bedingungslose Liebe nachzudenken. Durch das gesamte Lukasevangelium hindurch bekommen Menschen etwas geschenkt, was sie nicht verdienen: Ein unbekanntes jüdisches Mädchen wird gebeten, die Mutter des Messias zu sein. Arbeiter werden eingeladen, die ersten Jünger des Herrn zu werden. Kranke werden gesund. Gebrochene Existenzen werden geheilt. Die Hungrigen werden gesättigt. Die Ausgestoßenen finden Aufnahme. Die Besessenen werden befreit. Die Toten werden zum Leben erweckt. Gottes Gerechtigkeit ist los!

Diese Art von rückhaltloser Großzügigkeit können wir nur schwer begreifen, geschweige denn praktizieren. Diese Art von bedingungsloser Gerechtigkeit übersteigt unsere menschliche Kraft. Aber Lukas zeigt, daß es möglich ist, ganz menschlich und zugleich göttlich gerecht zu sein. Es war für Jesus möglich, weil er in der Kraft des Heiligen Geistes lebte. Ebenso ist es für all diejenigen möglich, die wie Jesus erkennen, daß Gott ihr Vater ist, und die sich öffnen, um den Geist zu empfangen.

Die gute Nachricht von der Kraft des Geistes

Es ist dann auch die Gabe des Heiligen Geistes, die die Jünger Christi befähigt, gegenüber allen anderen Menschen derart „unmöglich gerecht" (in diesem gottähnlichen Sinne) zu sein. Durch ein Leben im Geist können sie tun, was Gott tut. Jesus drückt es so aus: „Seid barmherzig, wie es auch euer Vater ist" (Lukas 6,36). Durch die Kraft des Heiligen Geistes können sie tun, was andere nicht können:

> Liebt eure Feinde; tut denen Gutes, die euch hassen. Segnet die, die euch verfluchen; betet für die, die euch mißhandeln. Dem, der dich auf die eine Wange schlägt, halt auch die andere hin, und dem, der dir den Mantel wegnimmt, laß auch das Hemd. Gib jedem, der dich bittet; und wenn dir jemand etwas wegnimmt, verlang es nicht zurück (Lukas 6,27–30).

So ist der Geist also Gottes eigene Kraft, bedingungslos zu lieben – und die Welt durch diese Kraft zu verändern. Er ist die Kraft des Glaubens, Wunder zu erwarten und zu erleben (Lukas 17,5–6). Er ist die Vollmacht, an der die Jünger bereits während der Lebenszeit Jesu Anteil bekommen. Einmal sendet Jesus Dutzende von ihnen in die umliegenden Bergstädtchen aus, damit sie das tun, was auch er bisher getan hat, und sie entdecken dabei, daß auch sie die Vollmacht des Geistes haben:

Die Zweiundsiebzig kehrten zurück und berichteten voll Freude: Herr, sogar die Dämonen gehorchen uns, wenn wir deinen Namen aussprechen (Lukas 10,17).

Aber es geht nicht nur um Triumph und Herrlichkeit. Jesus weist die Seinen warnend darauf hin, daß sie um des Evangeliums willen die Heimat verlieren (Lukas 9,58) und von anderen abgelehnt (Lukas 10,10) werden und Widerstand hervorrufen könnten. Immer wenn alles so aussieht, als ob für Jesus alles bestens läuft, sagt er seinen Nachfolgern, daß er schließlich am Kreuz enden wird (Lukas 9,22; 9,44; 18,31–33), und er läßt keinen Zweifel daran, daß er von ihnen nicht weniger erwartet:

Wer mein Jünger sein will, der verleugne sich selbst, nehme täglich sein Kreuz auf sich und folge mir nach. Denn wer sein Leben retten will, wird es verlieren; wer aber sein Leben um meinetwillen verliert, der wird es retten (Lukas 9,23–24).

Deshalb ist die Gabe des Geistes nicht nur die Kraft bedingungsloser Liebe, sondern auch die Kraft bedingungslosen Vertrauens. Es ist die Kraft, die Jesus befähigt, an der Liebe seines Vaters auch inmitten des dunkelsten Abschnittes seines eigenen Dienstes festzuhalten. In der Nacht, bevor er sterben soll, hält er zusammen mit seinen engsten Freunden ein letztes Abendessen. Der Bericht des Lukas hebt hervor, wie Jesus seinem Vater vertraut, obwohl er sich völlig im klaren ist, was auf ihn zukommt:

Als die Stunde gekommen war, begab er sich mit den Aposteln zu Tisch. Und er sagte zu ihnen: Ich habe mich sehr danach gesehnt, vor meinem Leiden dieses Paschamahl mit euch zu essen. Denn ich sage euch: Ich werde es nicht mehr essen, bis das Mahl seine Erfüllung findet im Reich Gottes (Lukas 22,14–16).

Die Kraft, Leiden anzunehmen

Nach dieser ersten Eucharistie geht Jesus auf den Ölberg, um dort zu beten, und bittet seine Freunde, mit ihm zu beten. Wir kennen diese Szene so gut. Wir wissen, daß die Jünger alle eingeschlafen sind. Wir kennen die im Evangelium überlieferten Worte, mit denen er sein Leben in die Hände des Vaters legt. Wir können uns auch ausmalen, daß er in dieser langen Nacht des einsamen Gebets mehr gesagt hat als die wenigen Worte, die für uns aufbewahrt worden sind. Vielleicht hat er in etwa so gebetet:

Gott, wenn ich dein Freund bin, weshalb muß ich dann all das durchmachen? Herr, wenn ich dein Erwählter bin, warum werde ich dann so behandelt? Vater, wenn ich dein Sohn bin, gibt es dann keinen anderen Weg, ein Sohn Gottes zu sein?

Wenn es irgendeinen anderen Weg gibt, wie ich mir selbst und dir treu sein kann, wenn es irgendeinen anderen Weg gibt außer dem, den ich vor mir sehe, zeig ihn mir jetzt! Nimm den Schmerz und die Todesangst von mir! Nimm diese ganze Sinnlosigkeit von mir!

Ich verstehe nicht, wie dieses absurde Geschehen für irgend jemanden gut sein soll! Ich sehe nicht, wie mein Tod irgend jemandem Leben bringen soll! Darf ich nicht wenigstens erfahren, wie das alles ausgehen wird? Warum muß ich dir bis zum äußersten Ende vertrauen?

Aber wenn das der Weg ist, den du für mich gewählt hast, will ich ihn gehen. Wenn das der Kelch ist, den du mir zumutest, will ich ihn trinken. Wenn das der Sinn jenes Wortes ist, das du in meinem Innersten sprichst, soll es geschehen. Wenn das die Aufgabe ist, die du mir zugedacht hast, soll es geschehen. Auch wenn ich es nicht verstehe, soll es so sein. Ich begehre dich, mein Vater, mehr als ich mich selbst begehre.

Wir sehen im Garten einen sehr menschlichen Jesus. Der Herr war ganz Mensch, und er hat das gefühlt, was jeder Mann und jede Frau angesichts eines vermeidbaren Todes gefühlt hätte. So verbringt er eine Nacht absoluter Einsamkeit mit keinem anderen Beistand als mit der Kraft des Heiligen Geistes. Alles andere ist ihm genommen worden. Selbst seine Freunde stehen ihm nicht bei. Aus menschlicher Sicht gibt es für ihn in diesem Augenblick keinerlei Grund, sich für den Sohn Gottes, den Geliebten des Vaters, zu halten.

Und doch weiß er eines: Er weiß um die bedingungslose Liebe des Gottes, den er „Abba" zu nennen gewagt hat. Daran hält er jetzt fest. Und mit dem Beistand der Kraft des Geistes Gottes – und mit ihm allein – betritt er die Nacht des Glaubens.

Auch das können wir nachvollziehen, sobald wir einmal das Licht erlebt haben, das die Liebe des Vaters in unser Leben bringt. Gottes Liebe ist wie das Licht, das von der Sonne ausgestrahlt wird: Es scheint immer in alle Richtungen, es leuchtet immer herab auf unsere Welt. Aber manchmal sind Wolken da, manchmal ist es Nacht. Manchmal ist uns kalt, und wir fühlen uns ganz allein.

In solchen Zeiten neigen wir dazu zu sagen, daß die Sonne nicht scheint. Aber das ist unmöglich! Die Sonne kann nicht die Sonne sein und dennoch nicht scheinen! Selbst wenn wir die Wärme ihrer Strahlen nicht spüren, müssen wir zugeben, daß sie über den Wolken oder auf der anderen Seite des Globus immer noch scheint.

Genauso ist es mit Gottes Liebe. Es gibt keine Zeit und keinen Ort, wo Gott kein liebender Vater ist. Es geht nicht, daß Gott jemals aufhört zu lieben und dennoch Gott bleibt. Selbst wenn wir die Liebe nicht spüren, liebt uns Gott. Vielleicht hat sich etwas zwischen uns und die Wärme seiner Liebe geschoben. Vielleicht haben wir uns abgewandt und können daher das Licht dieser Liebe nicht mehr sehen. Aber Gott hat nicht aufgehört, Liebe zu sein.

In diesen Zeiten der Finsternis, in denen wir die Sonne nicht sehen, müssen wir weiterhin an sie glauben. Und in jenen Zeiten der Einsamkeit, in denen wir Gottes Liebe nicht spüren, müssen wir weiterhin auf sie vertrauen. Es gibt keinen anderen Weg. Jesus erkennt das mitten in seiner Todesangst im Garten, und deshalb läßt er sich von denen gefangennehmen, die ihn als ihren Feind betrachten.

Sie führen ihn dahin, wo er lieber nicht hingehen würde. Dennoch geht er bereitwillig mit. Seine Häscher meinen, sie führen ihn, aber in Wahrheit folgt er der Führung des Vaters. Er geht den einzigen Weg, den es gibt, um die Bosheit der Welt zu überwinden. Er überwindet sie auf die Weise, die Gott ihm zeigt; und er geht dabei einen schmerzvollen Schritt nach dem anderen. Er läßt zu, daß man ihm das Leben nimmt, weil er der Verheißung der Auferstehung traut.

Während er geschlagen wird, hält er sich unaufhörlich an der Wahrheit fest, daß Gott Liebe ist. Als man ihm alle Rechte verweigert, nimmt er sich das Recht zu lieben. Als man ihn zum Tode verurteilt, sagt er ja zu jener Liebe, die unzerstörbar ist. Er liebt mit der Liebe des Vaters; er tut das rückhaltlos und frei und überläßt sich nicht dem Haß, sondern überwindet das Böse, das versucht, ihn in Unglauben und Verzweiflung hinabzuziehen.

Kraft, in Freiheit zu lieben

Die wirkliche Ironie der Kreuzigung besteht nicht darin, daß Christus, der König, mit Dornen gekrönt wird. Sie besteht darin, daß Jesus in dem gesamten Geschehen der einzige Freie ist! Er ist der Gefangene, aber dennoch läßt er sich nicht von seiner Lage gefangennehmen. Er reagiert auf Gewalt vollkommen gewaltfrei und friedlich. In der Kraft des Heiligen Geistes erträgt er seinen Schmerz,

110

menschlich gesehen, in Finsternis, aber dennoch glaubt er ans Licht. Er vertreibt die menschliche Bosheit, die ihn umgibt, mit der göttlichen Güte, die in ihm leuchtet.

Als Mensch ist er schwach. Seine Arme sind aufs Holz gestreckt, und seine Hände sind ans Kreuz genagelt. Er ist für alle sichtbar aufgerichtet. Er hat keinerlei Schutz. Er ist in seiner Nacktheit allgemeiner Lächerlichkeit preisgegeben. Und doch ist er von allen Anwesenden die stärkste Persönlichkeit, weil er noch immer stark genug ist, um zu lieben. Er ist mit einer Kraft bekleidet, die die Welt in all ihrer Stärke niemals fassen kann.

Als Mensch hat er allen Grund der Welt, diejenigen zu hassen, die ihn kreuzigen. Und er könnte leicht diejenigen ablehnen, die ihn im Stich gelassen haben, zu denen er gepredigt und die er geheilt hat, die sich einst seine Jünger und Freunde genannt haben. Aber er widersteht der Versuchung zu hassen. Er weigert sich, ablehnend zu sein. Haß und Ablehnung würden die Dunkelheit nur vergrößern. Nur Licht kann die Dunkelheit überwinden. Nur Liebe kann das Böse überwinden.

Aber wie überwindet Liebe das Böse? Zuerst dadurch, daß sie sich ihm nicht unterwirft, daß sie nicht Gleiches mit Gleichem vergilt, daß sie Böses nicht mit noch mehr Bösem beantwortet. Indem sie sich weigert, sich an jenem Spiel zu beteiligen, das Hochmut und Habsucht, Furcht und Selbst-Absicherung, Wut und Ablehnung in zwischenmenschlichen Beziehungen in Gang setzen, bringt Liebe dieses Spiel zum Halt.

Zweitens überwindet Liebe das Böse, indem sie es absorbiert, indem sie es zu Tode liebt. Indem sie sich den Wirkungen des Bösen aussetzt, indem sie leidet, anstatt anderen Leid zuzufügen, indem sie geduldig den Schmerz erträgt, den der Haß menschlichen Beziehungen zufügt, absorbiert Liebe die Energie, die nötig ist, um die Spirale des Bösen in Gang zu halten. Liebe schafft den Raum, wo das Böse zur Ruhe kommen und sterben kann.

So versucht Jesus nicht, das Böse direkt anzugreifen. Er versucht nicht, die Aggressionen und die Furcht zu übertrumpfen, die ihn kreuzigen. Ein Frontalangriff aufs Böse funktioniert nie, weil wir uns die Waffen des Bösen aneignen müßten, um das zu tun. Den Sieg über das Böse überläßt er seinem Vater, während er sich selbst darbietet. Er will Gott das Werk der Erlösung überlassen. Er will dem Geist erlauben, die Welt zu erneuern. Er kann es nicht aus sich heraus allein tun. Er ist nur ein einzelner Mann, der am Kreuz hängt. Er kann nichts tun, als hier und jetzt zu lieben. Er kann nur so sehr lieben, wie es für einen einzelnen Mann möglich ist. Er kann nur mit all der Liebe, die ihm der Vater geschenkt hat, selber lieben und vergeben. Mit dieser Strategie schenkt er der Kirche auf immer die wirkmächtigste Form von Erneuerung und Revolution.

Seine Arme sind geöffnet, um die Welt zu umfangen, die ihn gehaßt hat, weil er sie liebte. Die Welt ist im Dunkel gefangen. Sie kann das Licht nicht sehen. Aber Jesus sieht überdeutlich, daß seine Folterer von der Finsternis der Welt verblendet sind. Deshalb sagt er: „Vater, vergib ihnen, denn sie wissen nicht, was sie tun" (Lukas 23,34).

Er versöhnt die Welt in seinem Inneren. Er nimmt die Dunkelheit der Welt auf und schenkt ihr sein Licht. Er setzt die ganze Schöpfung in Freiheit, so daß sie das Licht des Vaters sehen kann. Er wird aufgerichtet, damit alle sehen können, was Liebe Haß antun kann, was Güte Bosheit antun kann. Sein Menschsein ist ganz eins mit der Göttlichkeit, weil sein Menschenherz diejenigen liebt, die ihn töten – und zwar genau so, wie Gott sie liebt.

Und doch macht sein Menschengeist Todesängste durch, während er die Pein erduldet. Er hängt da und sagt gleichsam:

Vater, ich begreife nicht wirklich, was geschieht. Ich verstehe nicht wirklich, wie all das dein Wille für mich sein kann. Aber ich kenne deine Liebe, und an ihr habe ich festgehalten. Ich kenne dein Leben und bin ihm treu geblieben. Ich habe dir bis zu diesem Augenblick vertraut, und ich werde dir weiterhin vertrauen. Ich glaube, daß du aus diesem Tod Leben hervorbringen kannst. Ich bin zuversichtlich, daß du all das Häßliche in Schönheit verwandeln kannst, daß du diese ganze Absurdität mit Sinn füllen kannst. Jetzt hängt es ganz an dir. Ich habe getan, was ich tun konnte. Ich gebe ab. Ich lasse los. Ich ergebe mich.

Nachdem er also weiß, daß er bis zum letzten Ende den Willen des Vaters getan hat, ruft er mit lauter Stimme: „Vater, in deine Hände befehle ich meinen Geist!" (Lukas 23,46).

In diesem Augenblick ist die Erlösung vollendet. In diesem Augenblick kommen Jahrtausende der Vorbereitung ans Ziel, ein neues Zeitalter beginnt. Denn in diesem Augenblick wird ein kleines Stück der Menschheit ganz und gar hingegeben und ganz und gar hingenommen. Die Kluft ist überbrückt. Von nun an gibt es keine letzte Trennung mehr zwischen dem Menschlichen und dem Göttlichen. Der Älteste von vielen Geschwistern hat voll und ganz ja gesagt. Die Entfremdung der Welt von Gott ist zwar erst im Kleinen, aber doch unwiderruflich überwunden. Und der Herr wartet darauf, daß ihm der Rest in Freiheit folgt.

Kraft, die Menschheit zu erlösen

Wie Gottes erster Schöpfungsakt ist auch der Neu-Schöpfungsakt Christi Ausdruck völliger Freiheit. Es ist ein freiwilliges Werk der Liebe und Selbsthingabe. Dieser Akt überwindet die Dunkelheit. Es ist ein Werk des Lichtes.

Aber seither wissen wir als Teil der Menschheit, daß solche Freiheit tatsächlich möglich ist. Zuvor, allein aus menschlicher Kraft, war sie unmöglich. Jetzt aber ist sie durch die Kraft des Heiligen Geistes möglich geworden. Was einmal geschehen ist, kann immer wieder und wieder geschehen.

Aber es kann nur freiwillig geschehen. Es kann nur geschehen, wenn es in Freiheit gewählt wird. Eine freie Wahl kann nicht befohlen werden; man kann zu ihr nur einladen. Und so erreicht diese Einladung jetzt auch uns, die wir uns Nachfolger und Nachfolgerinnen Jesu nennen. Gott fragt uns, ob wir ihn auch unseren „Abba" sein lassen wollen, ob auch wir ihm durch die Finsternis hindurch vertrauen wollen, bis es Licht wird. Aber er wird uns diese Entscheidung nicht abnehmen. Wir können uns der freien Entscheidung Jesu nur anschließen, indem wir eine eigene freie Entscheidung treffen.

Und doch hat sich im Augenblick der totalen Selbsthingabe Jesu etwas verändert, und zwar unwiderruflich. Er hat sich anderen ganz hingegeben, sie als sein eigenes Fleisch und Blut angenommen, den Entschluß gefaßt, allen menschlichen Wesen Bruder zu sein. Aber er hat sich zugleich ganz und gar dem Vater hingegeben, und indem er das tat, hat er zugleich seine zahllosen Geschwister in diese Beziehung einbezogen. Einer unserer Menschenbrüder hat voll und ganz und auf einzigartige Weise ja dazu gesagt, Sohn zu sein; deshalb wird Gott jetzt auf einzigartige Weise unser aller Vater. Die universale Vaterschaft Gottes ist nicht mehr länger eine gedankliche Abstraktion, denn in Jesus hat sie begonnen, konkret und wirklich zu werden. Die Beziehung des Sohnes zum Vater hat menschliches Fleisch angenommen.

Die Auferweckung Jesu ist Gottes Bestätigung dieser Beziehung. Die Auferstehung Jesu ist Verheißung und Garantie für all diejenigen, die wie Jesus Gott als „Abba" annehmen. An Jesus wird vorbildlich sichtbar, was mit uns geschieht, wenn wir Gott ganz vertrauen. Jesus ist das Muster unseres Sieges, wenn wir leben und sterben wie er. Denn an ihm sehen wir, daß diejenigen, die ihr Vertrauen auf Gott setzen, niemals zuschanden werden.

Wir neigen oft zu der Vorstellung, Jesus sei von selbst von den Toten auferstanden; aber Lukas redet in der Apostelgeschichte anders davon. Als die Apostel die gute Nachricht verkündigen, sagen sie, daß *Gott* Jesus zum Leben und zur Herrlichkeit zur rechten Hand Gottes *auferweckt* hat (Apostelgeschichte 2,32; 4,10; 7,55). Auch die paulinischen Briefe sprechen von der Auferstehung meist auf diese Weise (Römer 8,11; 2 Korinther 13,4; Galater 1,1).

Johannes hingegen und einige andere Briefe reden auch davon, daß Jesus von den Toten aufersteht anstatt durch die Macht Gottes auferweckt zu werden (Johannes 2,19–22; Kolosser 1,18). Es handelt sich übrigens um dieselben Quellen, die uns das Bild vermitteln, daß Jesus bereits vor seiner Geburt als das „Wort" oder der „Herr" prä-existiert hat. Wir müssen also sagen, daß uns die Schriften unterschiedliche Bilder vom Mysterium Christi vermitteln, unterschiedliche Versuche, seine geheimnisvolle Wirklichkeit zu beschreiben. Keine von ihnen ist für sich genommen in der Lage, das auf den Punkt zu bringen, was Christinnen und Christen seit fast zweitausend Jahren zu begreifen versuchen.

Die Bibel teilt uns mit, daß die Auferstehung nicht nur für Jesus, sondern auch für uns wichtig ist. Wir wissen, daß unser Glaube an Gott nicht vergeblich ist, weil er denjenigen auferweckt hat, der ihm ganz vertraut hat. Er ist der Erstgeborene von vielen Brüdern und Schwestern, die sich durchs Nichts bewegen und auf die Auferstehung vom Vater her warten, die gegen alle menschliche Hoffnung auf das hoffen, was Gott allein schenken kann (Römer 8,11; 2 Korinther 4,14; Kolosser 1,18).

In jedem Leben ist ein Karfreitag unausweichlich. Sehr oft geht er nicht schnell vorüber, sondern zieht sich in den Karsamstag hinein. Aber wir wissen jetzt ebenso gewiß, daß der Ostersonntag kommen wird. Er ist so sicher wie der Sonnenaufgang nach der Nacht. Er ist so sicher wie die Auferstehung, deren Zeuge die Apostel wurden. Er ist so sicher wie das österliche Geheimnis, das wir im eigenen Leben entdecken, sobald wir aus der Bibel lernen, wonach wir suchen müssen, und sobald wir von Jesus lernen, wie man den Tod bis zur Auferstehung durchlebt.

Jedesmal, wenn wir das tun, wissen wir sofort, daß wir es nicht selbst tun. Wir lassen es nur zu. Wir lassen es nur geschehen. Wir können nichts tun, als uns selbst aus dem Weg zu schaffen (was sich immer wie Tod anfühlt). Danach liegt es nicht mehr in unserer Hand.

Durch diese Selbstergebung gelangen wir zu einer Freiheit, die wir nicht selbst gemacht haben. Es ist eine Freiheit, die uns geschenkt wird, sobald wir die eigene Freiheit aufgegeben haben, die wir festhalten oder loslassen können. Es ist die Freiheit, zu der Jesus endgültig gelangt ist, als ihn der Vater zur Herrlichkeit auferweckt hat. Durch die Kraft des Geistes gelangte Jesus von begrenztem Dasein zu totalem Dasein, von individueller Existenz zu grenzenloser und mitteilbarer Existenz. Durch die Kraft desselben Geistes gelangen auch wir zu dieser Freiheit des Geistes, die von menschlichen Begrenztheiten nicht aufgehalten werden kann. Jedesmal, wenn wir uns im österlichen Geheimnis dem Vater ausliefern, erfahren wir im Kleinen das, was Jesus in Fülle weiß.

116

Die Apostelgeschichte

Im Lukasevangelium, der ersten Hälfte des langen Werkes des Lukas, wird der Heilige Geist auf einen Einzelnen ausgegossen, der mit der Kraft Gottes handelt, mit der Vollmacht Gottes redet und mit Gottes Liebe liebt. Durch die Gabe des Geistes, die Jesus gegeben ist, verkündet und demonstriert Jesus Gottes Gerechtigkeit, indem er von Galiläa nach Jerusalem wandert und dabei die Kranken von ihren Gebrechen und die Gesunden von ihren Sünden befreit und die Armen mit der guten Nachricht reich macht, daß sie am messianischen Festmahl Anteil haben.

In der zweiten Hälfte wird nun derselbe Geist auf eine Gruppe, nämlich die Körperschaft der Söhne und Töchter Gottes, ausgegossen, die ihr Leben an den Vater ausliefern und sich füreinander und für das Heil der Welt hingeben. Sie setzen das Erlösungswerk fort, indem sie die gute Nachricht von dem verkündigen, was der Vater in Jesus getan hat – und indem sie diese gute Nachricht in ihrem Leben umsetzen. Bevollmächtigt vom Heiligen Geist, verbreiten sie die Worte und Taten Jesu erst in Jerusalem, sodann in Palästina, dann im gesamten römischen Imperium und schließlich in Rom selbst.

Der Geist belebt

Am Anfang der Apostelgeschichte greift Lukas nochmals die Anweisung des Herrn an seine Jünger auf, in Jerusalem zu bleiben, bis sie mit dem Heiligen Geist getauft und erfüllt sind:

Aber ihr werdet die Kraft des Heiligen Geistes empfangen, der auf euch herabkommen wird; und ihr werdet meine Zeugen sein in Jerusalem und in ganz Judäa und

117

Samarien und bis an die Grenzen der Erde (Apostelgeschichte 1,8).

Im lukanischen Bericht hören wir, daß Jesus verspricht,
der Geist würde ihnen einige Zeit nach seiner Himmelfahrt gegeben werden. Im Johannesevangelium wird uns
hingegen ein etwas anderes Bild gezeigt. Johannes 20,22
sehen wir, wie Jesus schon kurz nach der Auferstehung
den Geist weitergibt. Welches dieser Bilder ist richtig?
   Wir können uns über solche und ähnliche Fragen den
Kopf zerbrechen, bis wir uns erinnern, daß die Evangelisten nicht an historisch exakten Berichten von den
Ereignissen interessiert waren. Es ging ihnen um geistliche Wahrheit, und sie benutzten die Fakten der Geschichte so, wie sie sich vielleicht 30 oder 40 oder 50
Jahre später an sie erinnerten, um die geistliche Wahrheit
zu beschreiben, die in ihrer Mitte noch immer präsent
und lebendig war.
   Die geistliche Wahrheit lautet: Es gibt einen Unterschied zwischen *Wissen auf Eis* und *Wissen auf Feuer*. Es
ist ein Unterschied, ob man das Evangelium hört oder ob
man von ihm inspiriert wird. Es ist ein Unterschied, ob
man Fakten über Jesus kennt oder ob man Jesus selbst
kennt. Obwohl wir beides Glauben nennen, gibt es einen
Unterschied zwischen intellektuellem Glauben und wirk-
lichem Vertrauen. Es gibt einen Unterschied, ob man
gemütlich dasitzt und die gute Nachricht aufnimmt oder
ob man vertrauensvoll einen Schritt nach vorn macht,
um aufs Evangelium hin zu handeln. Nur das zweite ist
biblischer Glaube: wenn das, was wir *sagen*, mit dem, was
wir *wagen*, übereinstimmt.
   Der Geist läßt uns diesen neuen Weg wagen. Als Jesus
starb, hatten die Apostel den Geist noch nicht. Sie alle
verließen Jesus am Kreuz. Sie waren demoralisiert. Ihre
Überzeugung war schwach. Sie hatten kein Ziel und
keine Vision. Aber kurze Zeit später waren sie, wie wir

wissen, verwandelt. Sie waren von innen heraus verändert. Sie handelten und lebten (und redeten nicht nur) auf neue Weise. Diese lauen Nachfolger fingen an, wie Menschen zu handeln, die Feuer gefangen hatten. Oder wie sie die Apostelgeschichte beschreibt: „Diese Leute versetzen die ganze Welt in Aufruhr!" (Apostelgeschichte 17,6).

Wann hat sich das tatsächlich ereignet? Wir wissen es nicht genau. Aus der Sicht Jahrzehnte später muß es ausgesehen haben, als sei es ziemlich schnell passiert. Johannes setzt es kurz nach der Kreuzigung an. Lukas konzentriert das Ganze auf einen einzigen wunderbaren Vormittag etwa anderthalb Monate später. Aber historisch gesehen wissen wir es nicht genau. Wir können dem neutestamentlichen Bericht, wie er uns überliefert ist, nur ein paar Hinweise entnehmen.

Eins wissen wir gewiß: Nicht Gott war es, der sich verändert hat. Wie wir bereits bei unserer Untersuchung des Alten Testaments gesehen haben, sind es Menschen, die sich verändern, wenn sie die Anwesenheit Gottes wahrnehmen, Gottes Verheißung verstehen, Gottes Liebe erfahren, Gottes Treue vertrauen und die Kraft annehmen, die Gott ihnen anbietet.

Es muß zumindest eine gewisse Zeit gedauert haben, bis die Jünger jene neue Erfahrung mit Gott gemacht haben, die wir „der auferstandene Herr" nennen. Maria von Magdala war die erste, die den auferstandenen Herrn nahe beim leeren Grab erlebte; aber sie hielt ihn zunächst für den Gärtner (Johannes 20,11–17). Zwei Jünger wanderten mit ihm auf der Straße nach Emmaus, aber sie erkannten ihn nicht sofort (Lukas 24,13–32). Am dritten Tag erlebten mehrere Apostel die Anwesenheit des auferstandenen Christus in ihrer Mitte, aber sie begriffen das anfangs nicht und dachten sogar, es sei ein Gespenst (Lukas 24,36–37).

Irgendwie war es derselbe Jesus, den sie gekannt hatten,

aber irgendwie war er es auch wieder nicht. Es war eine wirkliche Anwesenheit, aber gewöhnliche Augen vermochten nicht, ihn zu erkennen. Sie mußten ihn mit den Augen des Glaubens sehen. Sie mußten im Glauben wachsen, bis die Erfahrung mit ihm so real war, daß sie ihn gleichsam mit Händen greifen konnten. Sie brauchten die Kraft des Heiligen Geistes, um in ihm den erstandenen Herrn zu erkennen. Sie waren auf das Geschenk der Gnade angewiesen, um seine Göttlichkeit zu erfassen und um zu glauben, daß er mit dem Vater vereint war.

Dieselbe Gabe brauchen wir heute. Wir sehen eine Welt, die drauf und dran ist, sich mit ihren Atomwaffen selbst in die Luft zu jagen; aber wie oft läßt uns das kalt! Wir hören von Kriegen und Hungersnöten; aber wie oft entschließen wir uns, das zu ignorieren! Wir sehen um uns herum Kirchengemeinden im Tiefschlaf, während die Menschen zu Tausenden der Kirche den Rücken kehren. Wir gehen in uns und merken, daß uns die eigene Heiligung letztlich egal ist. Wir wollen am liebsten in Ruhe gelassen und von niemandem – einschließlich Gott – belästigt werden, der was von uns will. All das sind Beweise dafür, daß in unserem Leben etwas fehlt. All das zeigt, daß wir den Heiligen Geist nicht wirklich kennen.

Wir sagen, wir glauben an den Heiligen Geist, aber unser Glaube ist oftmals gefrorenes Wissen. Es ist kein Wissen aus erster Hand, kein Erfahrungswissen, kein feuriges Wissen. Es stimmt zwar, daß uns die Gabe des Geistes in der Taufe geschenkt wird. Das Angebot dieser Gabe wird bei der Konfirmation oder Firmung erneuert. Das Angebot steht, wann immer wir die Bibel lesen, ein Gebet sprechen, zum Gottesdienst gehen. Doch diese Gabe ist wertlos – bis wir sie annehmen. Sie bewirkt nichts Gutes – bis wir sie akzeptieren. Bis wir ihn in unser Innerstes lassen und erlauben, daß er uns verändert, läßt uns dieser Glaube kalt.

Wenn wir diese eisige Lähmung in unserem Leben erfahren, unterscheiden wir uns kaum von den Jüngern, die sich nach der Himmelfahrt in jenem Obergemach befanden. Die eiskalte Furcht, die sie nach der Kreuzigung gepackt hatte, war durch die warme, persönliche Anwesenheit des auferstandenen Jesus hinweggeschmolzen. Vierzig Tage lang hatten sie die Gemeinschaft mit ihm genossen. Vierzig Tage lang hatte er ihnen gezeigt, was die Kraft des Geistes vermag. Aber nach einer gewissen Zeit spürten sie seine Nähe nicht mehr so deutlich. Nach einer Weile schien es so, als hätte er sie verlassen und sei zum Vater zurückgekehrt.

Diejenigen von uns, die von Anfang an in der „New-Jerusalem-Gemeinschaft" in Cincinnati dabei waren, können das nachvollziehen. Anfangs lernte eine Person nach der anderen den Herrn kennen, erfuhr seine Gegenwart, spürte seine Liebe und erkannte seine Kraft. Damals war es kinderleicht zu glauben, denn es war offenkundig, daß Jesus bei uns war. Er war bei uns, lehrte uns, erschloß uns den Sinn der Bibel. Er war um uns herum am Werk, berührte ein Leben nach dem anderen, öffnete Türen und beseitigte Hindernisse, die anzupacken wir selbst nie genug Glaube gehabt hätten. Wir hätten damals ein Buch mit unseren eigenen Auferstehungsberichten schreiben können, wie es die Evangelisten einst getan haben. Wir konnten sagen: Hier haben wir ihn gespürt, dort haben wir ihn am Werk gesehen! Wir erlebten die Gegenwart des auferstandenen Herrn.

Aber nach jenen anfänglichen Gnadentagen verblaßten diese intensiven Erfahrungen. Wir begannen uns zu fragen, ob das alles nur ein Traum gewesen war. Wir spürten die Anwesenheit Jesu in unserer Mitte nicht mehr so leicht oder so aufregend wie zu Beginn. Wir begannen, die eigenen Erinnerungen in Zweifel zu ziehen. Vielleicht hatten wir uns geirrt, hatten wir allzuviel erhofft. Vielleicht hatten wir uns all das nur eingebildet.

Lukas vergegenwärtigt dieses Gefühl von der Abwesenheit des Herrn in der Himmelfahrtsgeschichte. Er ist der einzige der Evangelisten, der beschreibt, wie es sich für die Apostel angefühlt haben muß, ins Weltall zu starren und sich zu fragen, wohin Jesus entschwunden ist (Apostelgeschichte 1,9–11).

In solchen Zeiten ist es ganz natürlich, daß man betet und sich mit anderen zusammentut, die ebenfalls im dunkeln tappen. Lukas zeigt, wie die Jünger genau dies tun. Sie versammeln sich in jenem Obergemach, wo sie ihn in ihrer Mitte gesehen und seine Liebe gespürt hatten. Wir können uns lebhaft vorstellen, wie sie genau dieselben Selbstzweifel durchgemacht haben wie wir so manches Mal. War er es wirklich? Vielleicht haben wir uns geirrt. Vielleicht haben wir uns so nach ihm gesehnt, daß wir uns das alles eingeredet haben. Wie können wir sicher sein, daß uns da nicht nur unsere Phantasie einen Streich gespielt hat? Es ist leicht möglich, daß sie sich solche Fragen gestellt haben, während sie warteten und beteten und auf die Rückkehr des Herrn hofften.

Die Kraft hatte, so schien es, ihr Leben verlassen, so wie sie manchmal unser Leben zu verlassen scheint. Deshalb taten sie das einzige, was sie tun konnten, das einzige, was wir tun können, wenn wir die Anwesenheit des Herrn nicht mehr wirklich spüren. Sie haben gebetet und gewartet, verwirrt und doch in der Hoffnung, daß etwas, irgend etwas passiert. In dieser Dunkelheit nahmen sie teil am Leiden Jesu am Kreuz, erlebten sie mit ihm die Todesangst und vertrauten sie dennoch auf den Vater, daß irgendeine Art von Auferstehung, irgendeine Art von Licht kommt.

Sie werden nicht enttäuscht.

Der Geist verändert

Die Kraft kommt; nicht, wie sie sie erwartet haben; aber
sie kommt. Die Kraft kommt; nicht in Gestalt eines Jesus,
der sofort in Herrlichkeit wiedererscheint; aber sie
kommt. Sie kommt auf neue Weise, die Lukas, der seine
Phantasie nach einem passenden Bild dafür durchsucht,
als „Feuerzungen" beschreibt:

> Als der Pfingsttag gekommen war, befanden sich alle
> am gleichen Ort. Da kam plötzlich vom Himmel her
> ein Brausen, wie wenn ein heftiger Sturm daherfährt,
> und erfüllte das ganze Haus, in dem sie waren. Und es
> erschienen ihnen Zungen wie von Feuer, die sich
> verteilten; auf jeden von ihnen ließ sich eine nieder.
> Alle wurden mit dem Heiligen Geist erfüllt und begannen, in fremden Sprachen zu reden, wie es der Geist
> ihnen eingab (Apostelgeschichte 2,1–4).

Sie werden verändert. Ohne eigene Kraftanstrengung
werden sie in überzeugte und handlungsfähige Menschen
verwandelt. Indem sie die Gabe des Heiligen Geistes
annehmen, bekommen sie Kraft. Indem sie sich für das
öffnen, was auch immer Gott ihnen geben will, gestatten
sie Gott, in ihr Leben zu kommen. Indem sie erlauben,
daß sie von aller eigenen Sicherheit entleert werden,
erlauben sie dem Geist Gottes, sie zu erfüllen.

Um mit dem Geist erfüllt zu werden, müssen wir um
den Geist bitten. Aber es genügt nicht, mit den Lippen zu
bitten. Wir müssen uns unserer Selbstzufriedenheit entledigen, wenn wir den Heiligen Geist empfangen wollen.
Wir müssen uns unserer Götzen entledigen, wenn wir
Platz schaffen wollen für den wahren Gott in uns. Wir
müssen wie die Apostel im Obergemach sein: uns der
eigenen Nichtigkeit bewußt sein, damit Gott, der Schöpfer, aus dem Nichts etwas machen kann.

Um den Geist zu erfahren, müssen wir uns nach dem

Geist ausstrecken. Wir müssen ihn suchen, ihn ersehnen, ihn wollen. Wir müssen uns bereit machen, Gottes Gabe zu empfangen, indem wir sie nicht nur mit dem Kopf erbitten, sondern auch mit Herz und Bauch. Jesus hat gesagt: „Bittet, so wird euch gegeben!" Aber wenn wir nicht wirklich bitten, wie sollen wir je wirklich empfangen?

Wenn wir dies getan haben, können wir nur noch zulassen, daß Gott uns liebt, daß Gott uns Gnade schenkt, daß Gott uns gnädig ist, daß Gott uns mit Gaben überhäuft. Wenn wir in stiller Hoffnung warten, wird der Herr kommen. Wenn wir nicht versuchen, „würdig" zu sein, wird uns der Geist geschenkt werden. Wenn wir auf Gottes Verheißung trauen, werden wir nicht enttäuscht.

Es gibt Leute, für die die Taufe des Geistes eine Erfahrung ist, die sie geistlich auslaugt. Sie werden so schnell so vollgefüllt, daß sie das Gefühl haben zu explodieren. Sie werden vom Geist so dramatisch eingenommen, daß sie ganz genau wissen, wann das geschehen ist, selbst Monate und Jahre später noch. In einigen protestantischen Kirchen ist dies das „normale" Bekehrungserlebnis. In der katholischen charismatischen Bewegung haben ebenfalls viele Menschen diese rapide Überflutung mit dem Heiligen Geist in ihrem Herzen erlebt. Auch in den frühen Tagen von „New Jerusalem" haben viele unserer jungen Leute den Herrn durch eine überwältigende Erfahrung seiner gnadenhaften Anwesenheit kennengelernt.

Für andere Menschen jedoch ist die Taufe des Geistes ein allmähliches Eintauchen, das sich langsam im Laufe von Wochen, Monaten oder sogar Jahren ereignet. Es fällt ihnen schwer zu sagen, wann sie den Herrn kennengelernt haben. Es sieht vielleicht sogar so aus, als hätten sie ihn niemals *nicht* gekannt, obwohl auch sie sich an besondere Gnadenzeiten entsinnen können, in denen er seine Anwesenheit für sie untrüglich spürbar gemacht hat. Oder es ist so, als ob man sich langsam in einen Menschen verliebt, den man schon lange gekannt hat und eines Tages entdeckt, daß aus der Freundschaft etwas Tieferes geworden ist. In der katholischen Kirche ist dies bisher die „normalere" Form von Bekehrung gewesen. Es ist ein Empfangen des Geistes, das sich eher im Laufe der Zeit ereignet als schlagartig.

Jede der Weisen, wie das geschehen kann, ist genauso echt und genauso gut wie jede andere. Der Herr holt uns immer da ab, wo wir sind, und läßt uns seine Anwesenheit auf die Weise erfahren, zu der wir am ehesten bereit sind. Der Geist weht, wo er will, und obwohl er sich danach sehnt, unser Innerstes ganz auszufüllen, wird er unser Innerstes auch schon in dem geringeren Maß füllen, in dem es für ihn offen ist.

Aber wie immer es geschehen mag – es geschieht nur, wenn wir darum bitten, wenn wir es wirklich wollen. Gott kann nur die Leere füllen, die wir ihm zur Verfügung stellen. Aber wenn wir den Herrn bitten, sie zu füllen, werden wir nie enttäuscht. Der Geist kann sich keinem Herzen versagen, das danach verlangt, die kraftvolle Anwesenheit Gottes zu erleben.

Wenn es geschieht, wissen wir, daß wir nichts getan haben, um es zu verdienen. Wir begreifen, daß es reines Geschenk ist. Es ist so großartig, daß wir einfach wissen, daß wir nichts dazu beitragen hätten können. Keine Erklärung ist möglich außer Gottes Gnade. Es ist ein neues Ganzes, das größer ist als die Summe aller Teile, die hineinpassen. Die Erfahrung des Geistes besteht in einer unverdienten Verwandlung. Sie besteht darin, daß man von Gott ergriffen und in eine neue Beziehung versetzt wird.

In diese Beziehung hineingezogen zu werden bedeutet, sich dem Vater auszuliefern, den Geist zu empfangen und Jesus zu erkennen. Es bedeutet, sich selbst ganz wegzugeben und unendlich mehr zurückzubekommen als das wenige, was man weggegeben hat. Deshalb zerstört die Auslieferung an Gott die Individualität nicht, sondern schafft und bevollmächtigt sie erst wirklich. Die höchste Form des Selbst-Besitzes besteht in der Fähigkeit, sich selbst herzugeben. Das ist die höchste Form von Freiheit; es ist die vollkommene Tat der Freiheit.

Jesus war im Augenblick seiner Kreuzigung vollkommen frei. Er nahm alles, was ihm als Mensch gehörte, und verschenkte es ganz an seinen Vater. Er nahm sein Menschsein und unser Menschsein, das er in sich trug, und lieferte es freiwillig an den Willen des Vaters für ihn und für uns aus. Die Macht dieser Hingabe war so gewaltig, daß sie auch uns bemächtigt, uns hinzugeben, wie er es getan hat. Es ist eine empfangene Macht. Es ist ein Geschenk. Es ist Gottes Macht.

Der Geist schafft Kirche

Uns zu öffnen, um die Gabe des Heiligen Geistes zu empfangen, bedeutet, in eine neue Beziehung mit Gott zu kommen. Das ist eine Beziehung, um die man nicht nur mit dem Kopf, sondern auch mit Herz und Bauch weiß. Wir erfahren sie, spüren sie. Diese Beziehung ist nicht auf den Vater begrenzt, sondern erstreckt sich auch auf Jesus und auf seinen Geist. Wir kennen nicht mehr nur ihre Namen, sondern sie selbst als Personen. Diese Beziehung findet nicht nur zwischen uns und Gott statt, sondern schließt alle ein, die sich dem Vater ausliefern, Jesus als Herrn anerkennen und die Kraft des Heiligen Geistes empfangen. Es ist die Beziehung, die wir „Kirche" nennen.

All dies ist in der dramatischen Darstellung enthalten, die Lukas von den Aposteln im Obergemach gibt. Die Pfingsterfahrung ist der Anfang der Kirche. Sie ist der Zündfunke jener Explosion, die in der Apostelgeschichte

Kapitel für Kapitel weitergeht. Jetzt sind sich die Apostel der Treue des Vaters ganz sicher. Jetzt kennen sie die Kraft des Geistes aus erster Hand. Jetzt wissen sie mit Gewißheit, daß Jesus Herr ist.

Natürlich können wir das nicht alles jenen wenigen Versen über das Pfingstereignis selbst entnehmen (Apostelgeschichte 2,1–4). Wir sehen es vielmehr an der Veränderung im Leben der Apostel. Wir lesen davon, wenn sie der Geist wieder und wieder befähigt, das zu tun, was, menschlich gesehen, nicht möglich ist. Der Rest der Apostelgeschichte ist ein ausführlicher Kommentar zu jenen Versen.

Im unmittelbaren Anschluß erfahren wir durch die Predigt des Petrus vor der Menge, die sich voller Staunen in der Nähe des Hauses versammelt, was die Pfingsterfahrung für die frühe Kirche bedeutet hat. Zunächst spricht er über den Heiligen Geist:

... jetzt geschieht, was durch den Propheten Joël gesagt worden ist: In den letzten Tagen wird es geschehen, so spricht Gott: Ich werde von meinem Geist ausgießen über alles Fleisch. Eure Söhne und eure Töchter werden Propheten sein, eure jungen Männer werden Visionen haben, und eure Alten werden Träume haben. Auch über meine Knechte und Mägde werde ich von meinem Geist ausgießen in jenen Tagen, und sie werden Propheten sein. Ich werde Wunder erscheinen lassen droben am Himmel und Zeichen unten auf der Erde: Blut und Feuer und qualmenden Rauch (Apostelgeschichte 2,16–19).

Nachdem er das gesagt hat, fährt Petrus fort und redet von Jesus:

Jesus, den Nazoräer, den Gott vor euch beglaubigt hat durch machtvolle Taten, Wunder und Zeichen, die er durch ihn in eurer Mitte getan hat, wie ihr selbst wißt

– ihn, der nach Gottes beschlossenem Willen und Vorauswissen hingegeben wurde, habt ihr durch die Hand von Gesetzlosen ans Kreuz geschlagen und umgebracht. Gott aber hat ihn von den Wehen des Todes befreit und auferweckt; denn es war unmöglich, daß er vom Tod festgehalten wurde (Apostelgeschichte 2,22–24).

Petrus und die anderen mit ihm stehen als Zeugen vor dem Volk von Jerusalem. Er sagt es selbst: „Dieser Mann Jesus wurde von Gott auferweckt, und wir alle sind Zeugen davon" (Apostelgeschichte 2,32). Er gibt ihnen dafür keine philosophische Erklärung. Er bietet ihnen keinen logischen Beweis an. Letztlich sagt er einfach sinngemäß: „Unser Leben ist der Beweis. Irgendeine Macht hat uns alle angerührt. Wie sollen wir erklären, was uns widerfahren ist? Wir können nur sagen, daß wir begonnen haben, auf Christus als unseren Herrn zu vertrauen; und durch die Kraft Gottes, der ihn auferweckt hat, hat er uns zu einer neuen Schöpfung gemacht. So stehen wir jetzt vor euch und schämen uns nicht, seine Zeugen zu sein. Er ist der Herr! Glaubt an ihn!"

Dann geschieht nach Lukas das zweite große Wunder von Pfingsten (Apostelgeschichte 2,37–41). Die Menge, die dem Wort zuhört, das ihr verkündigt, wird vom Wort im Herzen getroffen; die Menschen nehmen Jesus als Herrn an, und ihr Leben ändert sich. Und es handelt sich dabei nicht um eine Menge von 30 oder 300, sondern um 3000 Leute!

In gewisser Weise wirkt das alles ein bißchen an den Haaren herbeigezogen. Die besten Prediger der Welt würden sich schwertun, im Freien zu so vielen Menschen zu reden, und sie würden kaum erwarten, daß ihre Worte so total einschlagen würden. Doch hier steht dieser Fischer und schafft es beim allerersten Versuch!

Aber an dem, was Lukas sagt, ist etwas Wahres dran.

Wenn ich Jesus predige und dabei beiseite trete, so daß Menschen ihm begegnen können anstatt mir, lehrt er sie selbst. Ich muß sie nicht lehren. Ich habe als Prediger meine Aufgabe erledigt. Sofort macht sich der Geist ans Werk, sagt dem einen ein Wort des Trostes, der anderen ein Wort der Vergebung, ein Wort der Erkenntnis dem dritten, ein Wort der Weisheit dem vierten. Sie begegnen Jesus im Geist, und sie brauchen mich nicht länger. Sie haben bereits mehr empfangen, als ich ihnen je hätte geben können.

Der Geist ist immer ein Gratisgeschenk. Er ist immer eine unverdiente Zuwendung. Er ist immer reine Gnade. Er ist unsichtbar wie der Wind. Er ist unverfügbar wie der Rauch. Der Geist ist nicht zu greifen und weht, wo er will. Aber der Geist ist spürbar wie Feuer. Der Geist ist als die Wärme der Liebe Gottes erfahrbar. Und wie Blut wird auch er als innere Vitalität erlebt. Der Geist ist äußerst intim und zugleich äußerst transzendent.

In einer transzendenten Erfahrung, die uns von außerhalb unser selbst widerfährt, gelangen wir zu einer neuen Beziehung mit dem Herrn. Das ist vor allem eine Gebetsbeziehung, eine Zweierbeziehung. Es ist eine persönliche Erfahrung des auferstandenen Christus. Es bedeutet, Jesus zu kennen, mit ihm zu reden, auf ihn zu hören, und einfach im Geist füreinander dazusein. Diese Beziehung ist die Grundlage eines echten Christentums.

Traurigerweise erleben so viele diese Beziehung nie. Sie lernen den Herrn nie kennen, obwohl sie eine Menge über ihn gehört haben. Sie können nie zu einem anderen Menschen sagen: „Ich bin mit Gott zusammen gewesen. Ich habe seine Stimme gehört. Ich habe seine Liebe erfahren." Sie haben eigentlich nichts, was Nicht-Gläubige nicht auch haben. Sie haben nichts Besonderes, wonach sich andere sehnen könnten. Ihr Leben als Christen ist kraftlos. Sie unterscheiden sich von niemand sonst.

Um in diese Beziehung hineinzukommen, müssen wir

uns selbst loslassen. Wir müssen die Kontrolle über unser Leben aufgeben und uns den Geist schenken lassen. Wir denken, wir könnten dabei unsere Individualität einbüßen; aber die Auslieferung an Gott steigert in Wirklichkeit unsere Individualität. Denn zum ersten Mal im Leben haben wir wirklich die Freiheit, wir selbst zu werden, anstatt so zu sein, wie andere uns wollen. Die höchste Form des Selbst-Besitzes ist die Fähigkeit, sich wegzugeben. Indem wir uns selbst ganz an Gott verschenken, geschieht es, daß wir von ihm besessen werden und *zugleich* uns selbst voll in Besitz nehmen.

Wir merken in unserem Leben den Unterschied, und oft merken es uns auch andere an. Wir haben etwas, wonach sie sich sehnen; und doch wissen wir, daß wir es nicht hergeben können. In Wirklichkeit *haben* wir es ja nicht; in gewisser Weise hat es *uns.* Und das ist etwas, was sie nur empfangen können, indem sie sich selbst weggeben und zulassen, daß der Heilige Geist von ihnen Besitz ergreift.

Unsere neue Beziehung zum Herrn ist aber nicht nur eine Zweierbeziehung. Es ist nicht nur eine Beziehung „im Geist", sondern zugleich eine Beziehung „im Fleisch". Es ist eine fleischgewordene Beziehung mit einem fleischgewordenen Herrn, der in seinem Leib, der Kirche, auferstanden ist. Es ist eine neue Beziehung zu einer neuen Gemeinschaft mit anderen, die den Herrn ebenfalls persönlich kennengelernt haben. Es ist eine Teilhabe an einem völlig neuen Leben, ein Geben und Nehmen untereinander, das etwas sehr Bodenständig-Erdnahes hat.

Die letzten Verse des zweiten Kapitels der Apostelgeschichte vermitteln uns ein Bild von der christlichen Urgemeinde:

Und alle, die gläubig geworden waren, bildeten eine Gemeinschaft und hatten alles gemeinsam. Sie verkauften Hab und Gut und gaben davon allen, jedem so viel, wie er nötig hatte. Tag für Tag verharrten sie einmütig im Tempel, brachen in ihren Häusern das Brot und hielten miteinander Mahl in Freude und Einfalt des Herzens. Sie lobten Gott und waren beim ganzen Volk beliebt. Und der Herr fügte täglich ihrer Gemeinschaft die hinzu, die gerettet werden sollten (Apostelgeschichte 2,44–47).

Wir sehen hier eine Gemeinschaft frischgebackener Jesusjüngerinnen und -jünger, die in der Vitalität seines Geistes als Kinder des Vaters leben. Sie leben, wie Jesus es tat, vertrauen auf Gottes Fürsorge und danken ihm für seine Gaben. Einzeln und gemeinsam leben sie wie Jesus, teilen sie alles, was ihnen geschenkt ist, und geben sie das Leben füreinander hin.

Das christliche Leben ist als Gemeinschaftsleben gemeint. Es ist keine Ich-und-Jesus-Religion. Es ist die Teilhabe am Geist im Leib Christi. Es ist eine Beziehung zum Herrn, die in der Beziehung zu anderen Menschen entdeckt und genährt wird. Durch ihre Liebe und Treue zu uns erfahren wir die Liebe und Treue Christi. Und durch die Annahme, die Fürsorge und den Dienst, die wir ihnen zuwenden, kann die Vergebung, Heilung und Erlösung Christi Gestalt annehmen. Wir realisieren Christus in der Welt, indem wir in seinem Geist in Beziehung zueinander leben.

Aber das neue Leben der christlichen Gemeinde ist nicht dazu da, auf die Kirche beschränkt zu bleiben, genausowenig, wie Christus sein Leben für sich selbst behalten hat. Es ist dazu da, mitgeteilt zu werden, genauso freigebig weggegeben zu werden, wie es empfangen wurde. Der Rest der Apostelgeschichte erzählt von den Aktivitäten der Apostel, das heißt, derjenigen, die aus der Gemeinde hinausgegangen sind, um anderen das Leben Christi zu bringen.

Sofort zu Beginn von Kapitel 3 gibt uns Lukas das erste von vielen Beispielen für die apostolische Aktivität der Kirche. Als Petrus und Johannes zum Nachmittagsgottesdienst in den Tempel gehen, bittet sie ein verkrüppelter Bettler am Tempeltor um eine milde Gabe. Auf sein Flehen hin machen sie halt und sehen ihn an:

> Petrus aber sagte: Silber und Gold besitze ich nicht. Doch was ich habe, das gebe ich dir: Im Namen Jesu Christi, des Nazoräers, geh umher! Und er faßte ihn an der rechten Hand und richtete ihn auf. Sogleich kam Kraft in seine Füße und Gelenke; er sprang auf, konnte stehen und ging umher. Dann ging er mit ihnen in den Tempel, lief und sprang umher und lobte Gott. Alle Leute sahen ihn umhergehen und Gott loben. Sie erkannten ihn als den, der gewöhnlich an der Schönen Pforte des Tempels saß und bettelte. Und sie waren voll Verwunderung und Staunen über das, was mit ihm geschehen war (Apostelgeschichte 3,6–10).

Die Armen und die Krüppel der Welt wenden sich noch immer an die Christen und blicken uns erwartungsvoll an, wie der Bettler Petrus und Johannes angeblickt hat. Sie hoffen, etwas von uns zu bekommen. Aber was sagen wir häufig zu ihnen? Wir sagen: „Komm zu uns in die Pfarrei! Wir haben genug Geld, sogar eigene Kirchenbanken. Die Caritas wird dir auch helfen, wenn du es brauchst. Wir haben einen Kirchengemeinderat, und bei uns geht alles ganz demokratisch zu. Wir haben schöne liturgische Gottesdienste und sogar einen Jugendgottesdienst mit Band, wenn dir das mehr liegt. Wenn du willst, kannst du auch deine Kinder in unsere Pfadfindergruppe schicken."
Wir müssen heute mehr denn je das tun, was Petrus an jenem ersten Pfingstnachmittag getan hat. Wir müssen zuerst Jesus predigen, nicht die Kirche. Wir müssen den Mut haben, uns vor andere hinzustellen und zu sagen, daß er unser Herr ist, daß er der Grund ist, weshalb unser

Leben verwandelt ist. Wir müssen uns an die Kraft des Geistes halten, uns über das freuen, was Gott in unserem Leben getan hat, ihn loben und ihm danken und bereit sein, das Leben des Geistes mit anderen zu teilen.

Wenn wir das tun, wird sich Kirche ereignen. Gemeinschaften werden entstehen. Gottesdienste voller Dank und Lobpreis wird es plötzlich geben. Menschen werden die Freiheit haben, ihre individualistischen und selbstzentrierten Angewohnheiten in Frage zu stellen. Güter werden miteinander geteilt werden, es wird Heilung und Sündenvergebung geben. Wir werden aufhören, Feindbilder zu schaffen. Denn Gott wird in unserer Mitte sein, wie er in jedem Leib Christi ist, der seine Kraft aus dem Geist bezieht.

Wenn wir das tun, werden die Armen der Welt über die Maßen reich werden. Sinnentleertes Leben wird mit neuem Sinn erfüllt werden. Wenn wir das tun, werden die Gelähmten in unserer Gesellschaft aufstehen und gehen. Menschen, die durch Almosen von Tag zu Tag dahinvegetiert haben, werden zum allgemeinen Erstaunen fröhlich umherspringen.

Letztlich ist das alles nicht unsere Tat, sonst wäre Gnade nicht Gnade. Es ist Gottes Gabe, keine Belohnung für eine gelungene Leistung. Es ist nichts, wofür wir uns rühmen könnten. Wir sind Gottes Kunstwerk, erschaffen in Christus Jesus. Wir können nur das sein, wozu Gottes Geist uns macht, und Gott für die Reichtümer dankbar sein, mit denen er uns beschenkt hat. Demut, Dankbarkeit und liebevoller Dienst an anderen sind wahrscheinlich die angemessensten Arten, darauf zu reagieren.

Viertes Kapitel

Maria, Gebet, Kirche: LET IT BE!

Wir begreifen heute, daß Gott weder männlich noch weiblich ist. In der Bibel jedoch wird von Gott immer in männlichen Kategorien gesprochen. Jahwe ist in großen Teilen des Alten Testaments ein Krieger und König. Der Gott des Neuen Testamentes wird als „unser Vater" angeredet. Aber Jahwe hat auch viele Züge, die traditionellerweise als weiblich gelten: zärtliche Liebe, ausdauernde Geduld, Sanftmut, starke Gefühle, Vergebungsbereitschaft. Und der Gott Jesu ist in vielerlei Hinsicht mütterlich. Die Androgynität (Zweigeschlechtlichkeit) des biblischen Gottesbildes läuft auf eine *männliche* Gestalt hinaus, die zahlreiche *weibliche* Eigenschaften hat. Die Menschheit, die nach Gottes Ebenbild erschaffen ist, ist ebenfalls männlich und weiblich.

Die Menschheit ist wesenhaft weiblich

Biblisch gesprochen ist Gott Geber und die Schöpfung die Empfangende. Im ersten Schöpfungsbericht gebietet Gott dem gestaltlosen Chaos, das daraufhin die Formen der Natur annimmt, die die Welt *gut* machen. Im zweiten Kapitel der Genesis schenkt Gott lebloser Erde Leben und bringt abermals ausschließlich Gutes zustande – einschließlich Mann und Frau. Wir reden manchmal von „Mutter Erde" und „Mutter Natur", was daran erinnert, wie sogar nichtbiblische Religionen die Notwendigkeit erkannten, daß ein „Vatergott" befruchtend wirkt, um das Wunder des Lebens zu schaffen.

134

Ebenso wissen wir aus unserer eigenen religiösen Erfahrung, daß wir vor Gott allesamt weiblich sind. Der Moment der Bekehrung ist die Hingabe an eine höhere Macht, die uns den Samen des geistlichen Lebens einpflanzt. Und während wir den Weg des Glaubens wandern, sind wir fortwährend auf Gottes Stärke und Leitung angewiesen, genauso wie damals die Frau im Rahmen ihrer fixierten Rolle auf den Mann angewiesen war.

Daher ist das Bild des Menschengeschlechts in seiner Beziehung zu Gott oft weiblich gewesen. In der erotischen Bildersprache des Hohenliedes sahen frühchristliche Schriftsteller die Kirche, die von ihrem Herrn und Liebhaber umworben und verführt wird. In den Schriften der Propheten wird Israel als Hure dargestellt, die von ihrem treuen Ehemann Jahwe geliebt wird, obwohl sie ihm davonläuft und andere Götter anbetet. In den Psalmen wird Gott meist als männlich-machtvoll beschrieben, während der Psalmist oder das Volk angesichts seiner Kraft weiblich-abhängig sind. Diese Eigenschaften, die wir männlich und weiblich nennen, sind oft gesellschaftlich definiert; aber das war eine Weise, wie Menschen in der Vergangenheit versucht haben, das tiefe Geheimnis Gottes in seiner Beziehung zur Menschheit auszudrükken.

Am Anfang des Alten Testamentes begegnet uns Eva, die Mutter des Menschengeschlechts, als der Leib, aus dem die ganze Menschheit entspringen wird. Nach dem Fall jedoch ist sie nackt und hilflos und völlig auf Gottes Gnade angewiesen. Aber Jahwe läßt sie nicht ohne Hoffnung. Im folgenden Vers, der mitunter die erste Ankündigung der Guten Nachricht („Protoevangelium") genannt worden ist, blickt Jahwe die Schlange an, die Eva in Versuchung geführt hat, und sagt zu ihr:

Feindschaft setze ich zwischen dich und die Frau, zwischen deinen Nachwuchs und ihren Nachwuchs. Er

135

trifft dich am Kopf, und du triffst ihn an der Ferse
(Genesis 3,15).

Gott verspricht den Menschen, daß sie zwar immer gegen
das Böse werden kämpfen müssen, daß aber am Ende das
Menschliche über das Satanische triumphieren wird.
Durch all die bitteren Irrungen und Wirrungen der
Geschichte hindurch wird sich Gott mit menschlichem
Streben vereinen und ihm die Kraft verleihen, die er
braucht, um die dämonischen Kräfte in der Welt zu
überwinden.

Zu Beginn des Neuen Testamentes begegnet uns Maria,
die dem Einen das Leben schenkt, der die Weissagung der
Genesis ganz und gar erfüllen wird. Sie ist für das Wort,
das zu ihr kommt, ganz und gar offen. Dieses Wort
Gottes ist der Same, der zum Sohn Gottes wird, zum
größten Geschenk des Vaters an eine bedürftige und
hilflose Menschheit.

Schließlich erscheint am Ende der Bibel Maria abermals
im Buch der Offenbarung. Die Frau der Apokalypse trägt
einen Knaben, der dazu bestimmt ist, die Welt vom
Thron Gottes aus zu regieren. Der Teufel folgt ihr in die
Wüste und versucht, sie zu verschlingen, indem er die
Gestalt eines Drachens annimmt, der gegen alle ihre
Kinder Krieg beginnt (Offenbarung 12,1–17). Aber am
Ende triumphieren ihr Sohn und ihre Kinder, nachdem
ihnen Gott den Sieg geschenkt hat.

Marias Rolle als Frau – und damit als *Menschheit vor
Gott* – wird im Johannesevangelium unterstrichen, wenn
der Evangelist nicht ihren Namen, sondern ihre Funktion
nennt. Wenn er sie anläßlich der Hochzeit zu Kana von
Jesus als „Frau" anreden läßt, will Johannes damit sagen,
daß sie nicht nur Maria ist, sondern stellvertretend für
uns alle vor dem Herrn steht. Sie kommt zu Jesus als
Bittende, denn nur er kann geben. Zunächst scheint er
taub für sie zu sein; aber sie ist zuversichtlich, daß Jesus

für alles sorgen wird, was nötig ist. Wir entnehmen das daraus, wie sie den Dienern sogleich Anweisung gibt, den Anordnungen ihres Sohnes Folge zu leisten (Johannes 2,5).

Die sechs großen Wasserkrüge in der Geschichte warten darauf, gefüllt zu werden, und sind in diesem Sinne auch Symbole für das Weibliche. Das Wasser, mit dem die Diener die Krüge füllen, versinnbildlicht ein Leben, dem es an festlicher Vitalität fehlt. Wir können uns ausmalen, wie Maria dafür eintritt, daß die Menschheit mit mehr erfüllt wird als mit unfruchtbarem Leben; daß sie mit dem Geist erfüllt wird, den nur der Herr geben kann. Und der Herr enttäuscht sie nicht. Er geht auf ihre Bitte ein und läßt für die versammelten Gäste in verschwenderischer Weise vierhundert Liter edelsten Wein fließen. Das ist ein wunderbares Symbol für die Fülle des Geistes, für den trunken machenden Wein des Heils, der das Alltagsleben in ein Fest verwandelt. Aber der Herr kann kein neues Leben schenken, bis nicht die ewig weibliche Menschheit kommt und darum bittet.

Am Ende des Johannesevangeliums begegnet uns Maria abermals, diesmal am Fuße des Kreuzes. Wieder redet Jesus sie als „Frau" an und zeigt, daß *in ihr* die ganze Menschheit nach Golgota kommen muß, um beim Herrn und seiner Kreuzigung zu sein. So wie sie unter ihrer absurden Lage leidet, müssen auch wir leiden, weil das Böse so oft zu triumphieren scheint. In und durch Maria stehen wir alle unter dem Kreuz. Das Kreuzigungsbild ist nicht vollständig, bevor wir nicht selbst dort bei ihm sind – *in ihr.*

Maria im Lukasevangelium

Von allen Büchern des Neuen Testaments enthält das Lukasevangelium die ausführlichste Darstellung Marias – sowohl als Mutter Jesu als auch als Symbol der Menschheit. Sie ist eine echte Mutter und ganz und gar menschlich, keine kitschige Gipsstatue oder kunstvolle Madonna. Sie ist ein jüdisches Mädchen, das im Umgang mit einem Sohn, der ihr so rätselhaft ist, wie es ein Kind nur sein kann, zum Frausein heranreift. Das ist etwas ganz Konkretes, was jede Mutter von heute bezeugen kann. Und doch ist sie eine Frau mit außerordentlichem Glauben, der sie heraushebt und zum Vorbild für uns übrige macht. Obwohl sie nicht ganz versteht, was Gott von ihr will, glaubt sie von ganzem Herzen, daß es geschehen kann und geschehen wird – und handelt entsprechend.

Obwohl uns Lukas kein glorifiziertes und unrealistisches Bild von Maria vermittelt, zeigt er uns auch keine unretuschierte Photographie. Man erinnere sich, daß die Evangelien keine Zeitungsreportagen sind, sondern Glaubensdokumente, die den Glauben der Kirche im ersten Jahrhundert bezeugen. Wir lesen daher in den ersten drei Kapiteln weniger eine historische als eine theologische Erzählung. Sie ist gespickt mit Anspielungen auf Genesis und Exodus, Judit und Rut, Jesaja und Daniel, die Psalmen und viele andere Bücher des Alten Testaments. Indem er das tut, setzt Lukas sein Werk nicht nur mit der gesamten Schrift in Beziehung; er gibt ihm auch eine weiter reichende Bedeutung. Er spricht nicht so sehr von konkreten Einzelpersonen, sondern von exemplarischen Gestalten. Er beschreibt nicht so sehr Einzelereignisse, sondern stellt vor allem die universale Bedeutung dieser Ereignisse dar.

Wenn wir also damit beginnen, die Ereignisse im Leben der Maria zu Beginn des Lukasevangeliums zu untersuchen, dürfen wir Maria nicht nur als geschichtliche Person betrachten, sondern müssen sie zugleich als Vorbild für alle Menschen sehen. Sie ist eine konkrete Frau, aber sie ist auch ein Modell des Glaubens für alle Frauen und Männer. Und die Ereignisse, die Lukas beschreibt, sind nicht nur Ereignisse im Leben einer Frau; sie stellen vielmehr die ewige Bedeutung jedes Glaubenslebens dar.

Verkündigung

Das erste Ereignis ist die „Verkündigung": Maria erfährt, daß sie die Mutter des Messias sein soll. Die vielen Künstler, die dieses Ereignis dargestellt haben, haben es zu einer vertrauten Szene gemacht, in der der Engel die Frau begrüßt, die noch nicht weiß, was mit ihr geschieht:

Sei gegrüßt, du Begnadete, der Herr ist mit dir. Sie erschrak über die Anrede und überlegte, was dieser Gruß zu bedeuten habe (Lukas 1,28–29).

Der Engel nennt Maria „Begnadete", denn es ist immer eine gute Nachricht, wenn Gott zu uns redet. Aber oft können wir nicht gleich unterscheiden, ob wir etwas von Gott hören oder ob es nur aus der eigenen Phantasie kommt. Deshalb ist die Frau verwundert und horcht weiter:

Da sagte der Engel zu ihr: Fürchte dich nicht, Maria; denn du hast bei Gott Gnade gefunden (Lukas 1,30).

Gott ruft sie auf den Weg des Glaubens, der kein Weg der Furcht ist. Wenn Gott anwesend ist, gibt es keinen Grund zur Furcht. Wenn Gott ruft, ist nichts nötig als Vertrauen. Die Frau soll Gottes Zuwendung, das Geschenk der göttlichen Liebe, nicht bezweifeln. Das griechische Wort für „Zuwendung" ist *charis*, was man auch mit „Gnade" übersetzen kann. Für Maria handelt es sich also um eine Gnadenerfahrung. Wie jede menschliche Gnadenerfahrung ist es eine Erfahrung der Zuwendung und Annahme Gottes.

Jede und jeder von uns hat eine eigene Berufung von Gott, etwas, was Gott nur von uns ganz allein will. Die Berufung kommt persönlich und individuell auf uns zu. Sie spricht uns da an, wo wir gerade sind, und so, daß wir es begreifen können. So hört auch Maria, wie ihr der Engel mitteilt, was Gott in diesem Augenblick von ihr fordert:

> Du wirst ein Kind empfangen, einen Sohn wirst du gebären: dem sollst du den Namen Jesus geben. Er wird groß sein und Sohn des Höchsten genannt werden. Gott, der Herr, wird ihm den Thron seines Vaters David geben. Er wird über das Haus Jakob in Ewigkeit herrschen, und seine Herrschaft wird kein Ende haben (Lukas 1,31–33).

Die Frau hört genau hin. Wieder ist sie verwundert. Wie ist das möglich? Sie versucht, es herauszufinden. Sie fragt: Wie soll das geschehen, da ich keinen Mann erkenne? (Lukas 1,34).

Die Frage ist doppelbödig. Vordergründig fragt Maria nach dem, was offenkundig ist, da sie mit ihrem Verlobten keine sexuellen Beziehungen gehabt hat. Aber auf einer tieferen Schicht spricht sie für uns alle. Die biblische Bedeutung von Jungfräulichkeit besteht nicht nur in physischer Unberührtheit. Es handelt sich um ein Symbol für geistliche Leere. Wenn der Herr nicht seinen Samen in uns legt, können wir keine Frucht hervorbringen. Wenn wir Gott nicht erlauben, in uns hineinzukommen und uns den Geist zu schenken, sind wir spirituell unfruchtbar. Und so erläutert der Engel der Frau, wie ihre Unfruchtbarkeit überwunden werden kann:

140

Der Heilige Geist wird über dich kommen, und die Kraft des Höchsten wird dich überschatten. Deshalb wird auch das Kind heilig und Sohn Gottes genannt werden. Auch Elisabet, deine Verwandte, hat noch in ihrem Alter einen Sohn empfangen; obwohl sie als unfruchtbar galt, ist sie jetzt schon im sechsten Monat. Denn für Gott ist nichts unmöglich (Lukas 1,35–37).

Durch Maria eröffnet uns Lukas einen neuen Raum voller Möglichkeiten. Er sagt seiner Leserschaft, daß der Weg des Glaubens der Weg unerhörter Möglichkeiten ist. Selbst das Unerträumte kann geträumt werden – und solche Träume können sich verwirklichen. Aber das widerfährt nicht allen. Es ereignet sich nicht automatisch. Es geschieht nur jenen, die ihr Vertrauen ganz auf den Herrn setzen. Deshalb fährt Lukas fort:

Da sagte Maria: Ich bin die Magd des Herrn; mir geschehe, wie du es gesagt hast (Lukas 1,38).

Mit diesen Worten faßt Maria den Glauben Abrahams zusammen, der dem Ruf Jahwes durch die Wüste folgte, den Glauben des Mose, der vor dem brennenden Dornbusch niederfiel, den Glauben der Propheten, die auf das Wort hörten, das sie traf, den Glauben des Ijob, der inmitten des Orkans standhaft blieb. Sie sagt sinngemäß: „Ich bin nur ein Mensch, aber Gott ist Herr. Ich weiß nicht, wie das zugehen soll. Ich verstehe nicht ganz, was das alles bedeuten soll. Aber ich weiß, daß das Wort des Herrn nicht lügt. Also: *Let It Be!* Laß es geschehen! Ich bin in Gottes Händen, und ich weiß, er wird mich nicht fallenlassen."

Maria antwortet in einer Haltung auf Gott, die zeigt, daß sie auf die wirkliche Wirklichkeit hört. Sie stellt sich auf das Wort ein, das zu ihr kommt, und sie vertraut darauf, daß es ihr die Wahrheit sagt. Indem sie sich auf diesen Dialog mit der Wirklichkeit einläßt, erlaubt sie der ausgesprochenen Wahrheit, sich zu verwirklichen. Sie versteckt sich nicht vor der Wahrheit; sie stellt sich ihr. Sie läuft vor der Wahrheit nicht davon; sie nimmt sie an. Sie sieht die Wahrheit und läßt sie zu.

Maria ist deshalb Vorbild für das Beten aller Christen. Gebet bedeutet, die Wirklichkeit zu berühren, sie zu uns reden zu lassen und das Wort, das zu uns kommt, Fleisch werden zu lassen. Wir *lassen* das geschehen; wir sorgen nicht selbst dafür, daß es geschieht. Denn im Gebet ja zu sagen zu Gott bedeutet nicht nur zu bestätigen, daß wir es gehört haben. Es bedeutet, das Leben mit diesem Wort in Einklang zu bringen. Es bedeutet, unser ganzes Sein dem Wort auszusetzen und ihm zu erlauben, unsere Existenz zu verändern. Denn Gebet ist ein Dialog zwischen Leben und Leben, zwischen dem Leben des Geistes und dem Leben des Fleisches. Bis wir das Wort Gottes nicht Fleisch werden und sich in uns inkarnieren lassen, kann es in der Welt nicht Wirklichkeit werden[2].

Besuch

Deshalb zieht sich die Frau auch nicht in sich selbst zurück, nachdem sie das Wort des Herrn empfangen hat. Sie geht vielmehr auf andere zu. Und so macht sich Maria auf den Weg zu Elisabet, die – wie der Engel gesagt hat – bereits seit sechs Monaten schwanger ist. Als sie sich begegnen, echot die alternde Verwandte die Worte des Engels:

Gesegnet bist du mehr als alle anderen Frauen, und gesegnet ist die Frucht deines Leibes!... Selig ist die, die

---

[2] Das Konzept des „inkarnatorischen Glaubens" wird ausführlicher erklärt in Richard Rohr, „Das entfesselte Buch. Die Lebenskraft des Alten Testaments", S. 176ff.

geglaubt hat, daß sich erfüllt, was der Herr ihr sagen ließ (Lukas 1,42.45).

So bestätigt Lukas durch die Worte der Elisabet nochmals, daß der größte Segen für eine Glaubende oder einen Glaubenden darin besteht, daß sie oder er weiß, daß Gottes Wort ausgesät ist, und darauf vertraut, daß es Frucht bringen wird. Die „Armen Jahwes" (im Hebräischen: die *anawim*) haben das immer gewußt. Sie sind es, die in der Sklaverei in Ägypten gelitten und auf das rettende Handeln des Herrn gewartet haben. Sie sind es, die die Knechtschaft in Babylon ausgehalten haben und von den Propheten getröstet wurden, die mit ihnen im Exil waren. Sie sind es, die jahrhundertelang auf den Messias gewartet haben – in der Hoffnung, durch ihn von der Fremdherrschaft befreit zu werden. Sie sind es, die bis heute keine eigene Macht haben und deshalb völlig abhängig sind von Gottes Macht.

Die Ehre der *anawim* besteht darin, daß Gott sie rettet. Ihr größter Segen liegt nicht in ihrer eigenen Leistung, sondern in dem, was Gott für sie tut. Für Lukas ist Maria die exemplarische „Arme" Jahwes; denn das, was in ihr vollbracht wird, übersteigt ihre eigenen Fähigkeiten bei weitem. Nachdem es der Engel gesagt hat, nachdem es Elisabet gesagt hat, kann nun Maria auch selbst verkünden, wie gesegnet sie ist:

Meine Seele preist die Größe des Herrn, und mein Geist jubelt über Gott, meinen Retter. Denn auf die Niedrigkeit seiner Magd hat er geschaut. Siehe, von nun an preisen mich selig alle Geschlechter. Denn der Mächtige hat Großes an mir getan (Lukas 1,46–49a).

In Marias Lobgesang[3] faßt Lukas die gesamte Wahrheit des Alten und Neuen Testaments zusammen. Manche

---

[3] Vgl. „Das entfesselte Buch", S. 183f.

nennen das „Magnifikat" die bündigste und vollkommen-
ste Zusammenfassung biblischer Spiritualität. Die Entwicklung Israels führt genau bis an diesen Punkt; und das
geistliche Wachstum der Kirche nimmt von hier seinen
Ausgang. Es ist die Grundeinstellung jeder Christin und
jedes Christen, aller wahren Jüngerinnen und Jünger Jesu,
jedes Menschen, der Gott so völlig vertraut, daß Gottes
Wort in der Welt Gestalt annehmen kann.

Aber dieser göttliche Weg, diese totale Auslieferung an
den Geist, ist ein Leidensweg. Jesus wußte das und lebte
es in letzter Konsequenz. In den Evangelien versucht Jesus
immer wieder, es den Jüngern nahezubringen, obwohl sie
es bis nach der Auferstehung nicht ganz begreifen. Hier
zu Beginn des Lukasevangeliums spricht der Evangelist
dieses Wort jeder Jüngerin und jedem Jünger zu, indem er
es Maria zuspricht, der vollkommenen Jüngerin.

Darstellung im Tempel

Nach der Geburt Jesu bringen Maria und Josef das Kind
zum jüdischen Beschneidungsritus in den Tempel. Dort
begegnen sie dem Propheten Simeon, der das Baby auf
den Arm nimmt und zu seiner Mutter sagt:

> Dieser ist dazu bestimmt, daß in Israel viele durch ihn
> zu Fall kommen und viele aufgerichtet werden, und er
> wird ein Zeichen sein, dem widersprochen wird. Da-
> durch sollen die Gedanken vieler Menschen offenbar
> werden. Dir selbst aber wird ein Schwert durch die
> Seele dringen (Lukas 2,34–35).

Kurz danach gestaltet Lukas eine kleine Szene, die das
illustriert, was Simeon zu Maria gesagt hat. Die Szene
spielt zwölf Jahre später, als Jesus nach jüdischem Reife-
verständnis das Alter erwachsener Verantwortung erlangt
hat. Es ist das Alter, in dem heutzutage ein jüdisches Kind

Bar (oder *Bat*) *Mitzwah* wird, ein „Sohn" (oder eine „Tochter") „des Gebotes". Die Familie begibt sich zum Paschafest nach Jerusalem, aber auf der Heimreise entdecken die Eltern Jesu, daß ihr Sohn nicht in der Pilgergruppe ist. Sie kehren nach Jerusalem zurück und entdecken ihn schließlich im Tempel, wo er mit den Gesetzeslehrern über die heiligen Schriften debattiert. Natürlich sind die beiden aufgebracht, und Maria sagt zu ihrem Sohn:

> Kind, wie konntest du uns das antun? Dein Vater und ich haben dich voll Angst gesucht. Da sagte Jesus zu ihnen: Warum habt ihr mich gesucht? Wußtet ihr nicht, daß ich in dem sein muß, was meinem Vater gehört? Doch sie verstanden nicht, was er damit sagen wollte (Lukas 2,48b–50).

An diesem Punkt versteht Maria nichts. Sie hat sich selbst völlig an Gott ausgeliefert, obwohl sie nicht verstand, was das alles bedeuten würde. Sie versteht nicht, und doch ist sie bereit, sich dem Geheimnis und der Gnade Gottes auszusetzen. Sie ist eine Frau des Glaubens – und nicht jene Frau des Wissens, die Eva hatte sein wollen. Sie ist Vorbild des Glaubens für jede Frau und für jeden Mann, die glauben, daß man Gottes Wort trauen kann. Sie ist bereit, die Finsternis durchzustehen, wie lange sie auch währen mag. Und so fügt Lukas hinzu:

> Dann kehrte er mit ihnen nach Nazaret zurück und war ihnen gehorsam. Seine Mutter bewahrte alles, was geschehen war, in ihrem Herzen. Jesus aber wuchs heran, und seine Weisheit nahm zu, und er fand Gefallen bei Gott und den Menschen (Lukas 2,51–52).

Maria, Modell der Jüngerschaft

Wir sehen Maria im Lukasevangelium nur noch einmal
ganz kurz, bevor wir ihr erst wieder in der Pfingstge-
schichte der Apostelgeschichte begegnen, zusammen mit
den anderen Jüngern. Lukas' vorletztes Wort über sie
lautet, daß sie alles, was geschehen ist, im Inneren bewegt
und darauf wartet, daß sich die Verheißung des Herrn
erfüllt. Sie versteht nicht, was es mit diesem ihrem Sohn
auf sich hat. Dennoch bezweifelt sie nie, daß sie irgendwie und auf irgendeine Weise die Erfüllung des Wortes
sehen wird, das ihr gegeben wurde. Aber sie ist unsicher,
was das im einzelnen heißt – und sie ist bereit, unsicher
zu sein. Sie hat die Kontrolle abgegeben. Sie stellt keine
Forderungen – weder an die Wirklichkeit noch an Gott,
noch an andere.

In den nächsten achtzehn Jahren war Marias Leben
ereignisarm. Es muß ein ganz gewöhnliches Leben gewesen sein. Das Leben einer Jüngerin oder eines Jüngers ist
oft ganz gewöhnlich, selbst wenn es ein Leben von
außerordentlichem Glauben ist. Vielleicht hat sie sogar ab
und an gedacht, daß dieser ihr Sohn, wenn er wirklich
etwas Besonderes sein sollte, doch endlich etwas Besonderes tun müßte. Aber sie wartete still weiter. Sie wartete,
und er wurde fünfzehn, er wurde zwanzig, er wurde
fünfundzwanzig, und er erreichte die Reife eines Dreißig-
jährigen. Sie wartete das göttliche Timing ab. Sie wartete
auf die Stunde, die kommen sollte. Sie versuchte nicht,
sie herbeizuzwingen. Sie vertraute darauf, daß das, was
Gott wollte, geschehen würde. Sie brauchte nur treu zu
sein, denn sie wußte, daß Gott treu ist.

Jüngerschaft ist oft so geartet. Wir machen alles,
wovon wir meinen, daß Gott es von uns will – aber nichts
passiert. Wir beten und lesen die Bibel, aber wir fühlen
uns weder heiliger noch gescheiter. Wir engagieren uns in
unserer Kirchengemeinde oder im Hauskreis, aber dort

scheint sich Jahr für Jahr nichts zu bessern. Wir setzen uns in unserem Stadtteil für Gerechtigkeit ein oder arbeiten für den Weltfrieden, aber alles scheint im großen und ganzen beim alten zu bleiben.

Durch sein Schweigen über Maria erinnert Lukas alle Jüngerinnen und Jünger daran, daß schweigendes Warten manchmal genau das ist, was Gott von uns will. Gott ist darauf angewiesen, daß *wir* Gottes Werk tun, aber am Ende ist es doch *Gottes* Werk. Gott wird es Früchte tragen lassen, nicht wir.

Und doch geschieht etwas, während wir warten. Währenddessen ist der Geist am Werk. Im Lukasevangelium kommt das dadurch zum Ausdruck, daß Jesus langsam zum Mannesalter heranwächst und auf das göttliche Timing für den Beginn des Werkes wartet, zu dem er berufen ist.

Schließlich ist die Zeit da. Als Jesus etwa dreißig ist, wird er von Johannes im Jordan getauft, und er empfängt die Salbung mit dem Geist, der ihn in die Öffentlichkeit losschickt. Er predigt das Wort, das ihm gegeben ist; aber wie Simeon es vorhergesagt hat, wird es zwar von einigen angenommen, aber von vielen abgelehnt. Er wird keine große oder ruhmreiche Gestalt. Für die meisten sieht er aus wie ein Wanderprediger unter vielen.

Weshalb hält diese Frau durch all diese Monate und Jahre hindurch am Glauben fest? Menschlich betrachtet, scheint nicht viel zu passieren. Die meisten, die gehen, um Jesus zu sehen, sind bloß Schaulustige. Sie haben gehört, daß dieser Wanderprediger ein bißchen anders ist als die anderen. Manchmal tut er erstaunliche Dinge; er heilt zum Beispiel Kranke und treibt Dämonen aus. Aber sie hören nicht wirklich zu, was er sagt. Sie gehen bloß gucken und wollen ein Wunder sehen.

Manchmal zieht Jesus sogar große Menschenmassen an. Lukas' letzte Erwähnung der Maria spielt bei solch einer Gelegenheit:

Eines Tages kamen seine Mutter und seine Brüder zu
ihm; sie konnten aber wegen der vielen Leute nicht zu
ihm gelangen. Da sagte man ihm: Deine Mutter und
deine Brüder stehen draußen und möchten dich sehen.
Er erwiderte: Meine Mutter und meine Brüder sind die,
die das Wort Gottes hören und danach handeln (Lukas
8,19–21).

In jener Version dieser Szene, die Matthäus und Markus
liefern, stellt Jesus einen Gegensatz zwischen seiner
Familie und denjenigen her, die Gottes Wort hören und
praktizieren. In der Deutung des Lukas hingegen bestätigt
Jesus, daß seine Mutter und seine Brüder selbst Jünger
sind, das heißt, daß sie Gottes Wort hören und tun. Und
das paßt ganz in das Bild, das Lukas von der ersten
Gemeinde zeichnet: Sie besteht aus den elf Aposteln
(minus Judas), mehreren Frauen, Maria und anderen
Verwandten Jesu (Apostelgeschichte 1,14). Maria ist die
erste und wichtigste von allen Jüngerinnen und Jüngern.
Dreißig Jahre lang hatte sie ja gesagt zum Wort Gottes,
lange bevor die anderen es überhaupt gehört hatten. Sie
war die erste, die dieses Wort Fleisch werden ließ und zur
Welt brachte. Und jetzt ist sie nicht allein, sondern
Mitglied der Glaubensgemeinschaft, die im Obergemach
versammelt ist. Insofern ist sie Prototyp einer wahren
Jüngerin.

Maria ist auch die Erste unter den Jüngern und Jüngerinnen, weil sie alles durchgemacht hat, wozu Gott einen
Jünger oder eine Jüngerin um des Gottesreiches willen
berufen kann. Tag für Tag hat sie erneut ja gesagt zu Gott,
obwohl sie nicht wußte, wohin sie geführt werden würde.
Sie wurde zu der Sinnlosigkeit der Kreuzigung ihres
Sohnes geführt, zu der Absurdität, ansehen zu müssen,
wie er von jenen Leuten ermordet wurde, die sie selbst
hochachtete. Aber ihr Glaube verließ sie nicht, und so
wurde sie drei Tage später auch Zeugin der Auferstehung.

148

Maria ist die einzigartige Zeugin des gesamten Lebens Christi in der Welt, von der Verkündigung an bis zu seiner Verklärung und seinem Fortleben in der Kirche. Sie ist die Jüngerin schlechthin, indem sie nicht nur Mutter des Erlösers ist, sondern – als Mittelpunkt der ersten Gemeinde – auch Mutter der Kirche.

Jungfrau und Mutter

In der katholischen Tradition wurde Maria ebenso die Mutter der Kirche genannt wie die Mutter Christi. Es ist klar, daß sie nicht die leibliche Mutter aller Mitglieder der Urgemeinde war. Aber aufgrund ihrer Haltung völligen Vertrauens und völliger Hingabe an Gott, die das Vertrauen und die Hingabe der Urgemeinde vorwegnahm und zugleich ihr Vorbild war, war sie die geistliche Mutter aller Jüngerinnen und Jünger. Ihre ursprüngliche Empfänglichkeit für den Geist war eine Vorwegnahme der Empfänglichkeit für den Geist an Pfingsten. Wie sie Jesus zur Welt gebracht hat, das war Vorbild für die Fleischwerdung Christi in der Urgemeinde.

Außer Mutter ist Maria jedoch auch Jungfrau. Die Kirche hat keinen irdischen Vater. Der Vater der Kirche ist der Vater unseres Herrn, der *Abba*, zu dem Jesus gebetet und in den er all sein Vertrauen gesetzt hat. Der Geist der Kirche ist der Geist des Vaters, der die Kirche mit Mut und Überzeugung, Fürsorge und Engagement erfüllt. Der Geist überschattet an Pfingsten die Jünger und füllt sie aus und macht sie so zum neuen Leib Christi in der Welt.

Im Blick auf die Geburt Jesu ist Maria ebenfalls sowohl Jungfrau als auch Mutter genannt worden. In der christlichen Geschichte ist das zeitweilig so verstanden worden, als ginge es dabei um rein physische Jungfräulichkeit – vor allem in Zeiten, in denen die biblische Bedeutung von

Jungfräulichkeit nicht verstanden wurde. Aber um Marias Jungfräulichkeit in bezug auf Jesus recht zu verstehen, müssen wir die biblische Bedeutung der Jungfräulichkeit verstehen. Indem wir biblische Jungfräulichkeit verstehen, können wir eine neue Wertschätzung für die geistliche Jungfräulichkeit jedes Menschen vor Gott erlangen. Ebenso können wir dadurch, daß wir biblische Mutterschaft verstehen, die Mutterschaft jedes Christenmenschen – und der Kirche selbst – tiefer achten.

Zunächst müssen wir verstehen, daß die Israeliten für physische Jungfräulichkeit nicht viel übrig hatten, außer, daß es der angemessene Zustand einer jungen unverheirateten Frau war. Man erwartete von einem jüdischen Mädchen, daß es ziemlich früh heiratete, was gewöhnlich von der Familie arrangiert wurde, und daß es sich auf die Mutterschaft freute. Als glücklich galt eine Frau dann, wenn sie mit einem liebenden Ehemann verheiratet und mit vielen Kindern gesegnet war.

Eine Ehefrau, die keine Kinder kriegen konnte, war die unglücklichste aller Frauen. Sie war unfruchtbar und unerfüllt. Sie war sozusagen eine überfällige Jungfrau. Sie war unfähig, Leben hervorzubringen, und insofern nicht besser dran als eine Jungfrau. Leer und empfänglich wie sie war, befand sie sich in einem Zustand völliger Abhängigkeit von Kräften außerhalb ihrer selbst.

Eine Mutter hingegen galt als erfüllte und gesegnete Frau. Die Fruchtbarkeit war ihre Gottesgabe, ihre besondere Gnade. Seine Gunst zeigt sich in ihren Kindern, in dem neuen Leben, das sie hervorbrachte. Wenn aber die Frau Gottes Segen brauchte, damit ihre unerfüllte Jungfräulichkeit erfüllt würde, war es fast so, als ob umgekehrt Gott die Jungfräulichkeit der Frau brauchte, um seine schöpferische Kraft zu zeigen. Seine Gnade vermochte jene Leere zu füllen, die von der Potenz des Mannes allein nicht mit Leben gefüllt werden konnte.

Die Bibel enthält viele Geschichten von unfruchtbaren

150

Frauen, die durch Gottes Eingreifen doch noch fruchtbar werden. In Genesis 17 ist Sara unfruchtbar und zudem zu alt zum Kinderkriegen, aber sie empfängt von Gott das Wort, daß sie einen Sohn haben wird. Aus dieser Verheißung heraus kommt es zur Geburt Isaaks. In Kapitel 25 ist Rebekka unfruchtbar, bis Jahwe das Gebet ihres Mannes erhört. Durch Jahwes Macht schenkt sie Zwillingen das Leben, Esau und Jakob. In Kapitel 30 schließlich sehen wir Rahel, die trotz ihres starken Wunsches nach einem Sohn kinderlos ist, bis Gott ihre Leere ausfüllt und sie Josef gebiert.

Im ersten Samuelbuch wiederholt sich dasselbe Muster. Hanna fleht zu Jahwe, die Schande von ihr zu nehmen und ihr einen Sohn zu schenken. Eines Tages hört ein Tempelpriester ihr Gebet und versichert ihr, daß es erhört werden wird. Zuversichtlich geht sie noch am selben Abend mit ihrem Mann ins Bett und empfängt das Kind, das schließlich zum Propheten Samuel heranwachsen wird. Hannas Dankgebet in Kapitel 2 ist Marias Magnifikat im Lukasevangelium sehr ähnlich. Sie ist sozusagen die geistliche Vorfahrin Marias, was vielleicht der Grund dafür ist, daß die christliche Tradition Marias Mutter *Anna* genannt hat.

Auch im Neuen Testament finden wir das Motiv, wie Gott die Leere der empfängnisbereiten Frau mit Leben füllt. Zu Beginn des Lukasevangeliums befindet sich Marias Verwandte Elisabet in einer ähnlichen Situation wie Sara; sie ist unfruchtbar und hat die Jahre hinter sich, in denen Frauen normalerweise Kinder kriegen. Wie Hanna ist auch Elisabet die Frau eines frommen Mannes, der in den Tempel geht, um Opfer darzubringen. Schließlich wird Elisabets geduldiges Hoffen wie das der Sara und der Hanna erhört, und sie schenkt jenem Propheten das Leben, der das Kommen des Messias ankündigt: Johannes dem Täufer.

Wie wir gesehen haben, ist für Lukas Maria die Frau,

die all ihre biblischen Vorgängerinnen zusammenfaßt und über sie hinausgeht. Ihre Fruchtbarkeit ist völlig auf Gott angewiesen. Sie ist ganz offen, um ihn zu empfangen; und ihre totale Empfänglichkeit wird von Gottes Wort beantwortet, das zu ihr kommt und in ihrem Leib Fleisch wird. Sie, die ganz und gar Jungfrau ist, wird ganz und gar Mutter. Die biblischen Themen der Jungfräulichkeit und der Mutterschaft kommen in Maria zusammen.

Andererseits wird das biblische Thema des Sündenfalls und des Verlusts göttlicher Gunst auf den Kopf gestellt. Der Sohn, den Maria zur Welt bringt, ist ganz und gar Sohn Gottes. Jesus ist der Anfang einer neuen Menschheit. Nach Evas Nein zu Gott wird sie zur Mutter der gesamten *sündhaften* Menschheit. Aber nach Marias Ja zu Gott wird *sie* zur Mutter der gesamten *erlösten* Menschheit. Der biblische Sündenfall wird revidiert: Mit Jesus wird die gesamte Menschheit erhöht werden, denn wir alle haben teil an seiner Auferstehung.

In der gesamten Bibel sind, wie wir gesehen haben, die Jungfrau und die Unfruchtbare Symbole für die menschliche Unfähigkeit, aus eigener Kraft Leben hervorzubringen. Sie sind Bilder für das menschliche Unvermögen, ohne Gott irgend etwas Gutes zu schaffen. Doch wenn sich die Frau der Bibel erwartungsvoll Gott zuwendet, wenn sie sich danach sehnt, seinen Willen zu tun, wenn sie empfänglich ist für den Samen, den er in sie pflanzen will, dann wird ihre Leere erfüllt. Sie empfängt die Kraft, das zu tun, was sie aus sich selbst heraus nicht tun kann, und sie wird Mutter.

Maria ist daher Symbol dafür, wie menschliche Unfruchtbarkeit durch Empfänglichkeit für das Wort Gottes fruchtbar gemacht wird. Sie ist das Bild all jener Menschen, die im Glauben, der das Zeichen göttlicher Gunst ist, auf Gottes Timing warten. Sie fällt nicht von der Gnade ab, sondern wird aus ihrer Niedrigkeit hochgehoben und durch Gottes Kraft groß gemacht. Die katholische Lehre von der Aufnahme Marias in den Himmel ist eine theologische Reflexion dieses biblischen Bildes. Für *alle* Christinnen und Christen spiegelt sich dieses Bild in der Lehre von der leiblichen Auferstehung, die besagt, daß wir alle auferstehen werden, wie Jesus es tat: ganz menschlich und ganz lebendig.

Ein weiteres symbolisches Thema gibt es in der Bibel, das zum Thema der Jungfrau paßt, die zur Mutter wird. Es ist das Thema der Armen, der *anawim*, der „Kleinen", die sehnsüchtig auf Gottes rettendes Handeln warten. Vor allem während des babylonischen Exils griffen die Propheten dieses Thema auf, wenn sie den Rest Israels ansprachen, der hoffte, eines Tages nach Palästina zurückkehren zu dürfen.

Der Prophet Zefanja redet die Verbannten als „die Tochter Jerusalems" und „die Tochter Zions" an. (Der „Zion" ist einer der Hügel, auf denen die Stadt Jerusalem erbaut ist.) Das Bild der Tochter ist weiblich und jungfräulich, denn die Erniedrigten im Exil sind machtlos und leer:

> Juble, Tochter Zion! Jauchze, Israel! Freu dich, und frohlocke von ganzem Herzen, Tochter Jerusalem! Der Herr hat das Urteil gegen dich aufgehoben und deine Feinde zur Umkehr gezwungen. Der König Israels, der Herr, ist in deiner Mitte; du hast kein Unheil mehr zu fürchten (Zefanja 3,14–15).

Die hebräische Redewendung, die hier mit „in deiner Mitte" übersetzt ist, ist dieselbe, die an anderen Stellen mit „in deinem Leib" übersetzt wird. Es handelt sich um das Bild einer Frau, die den Retter Israels in sich trägt. Sie ist die Verkörperung des „demütigen und armen" Volkes, „das seine Zuflucht sucht beim Namen" Jahwes (Zefanja 3,12).

In der christlichen Tradition wurde schließlich Maria als „Tochter Zions" und „Tochter Jerusalems" angeredet.

Sie wurde nicht nur als diejenige gesehen, die den Heiland in sich trägt, sondern wurde zugleich mit den *anawim* in eins gesetzt. Sie ist das vollkommene Beispiel der vollkommenen Israelitin, der demütigen Armen, die in völliger Abhängigkeit vom Herrn lebt. Es sind die Geringen, von denen Jesus sagt, sie hätten das Geheimnis des Gottesreiches begriffen: daß es in ihrer Mitte ist, daß es in ihnen ist – in ihrem Leib. Sie sind es, die die Kirche zur Welt bringen. Sie sind es, die Christus in die Welt tragen. Aus diesem Grund ist Maria nicht nur die Mutter Christi, sondern zugleich Modell und Vorbild der Kirche.

Die Weiblichkeit der Kirche

Früher pflegten katholische Christen von der *Sancta Mater Ecclesia* zu sprechen, der Heiligen Mutter Kirche; und die Kirche war in mancherlei Hinsicht tatsächlich wie eine Mutter für uns. In den Tagen, als es noch keine modernen Verkehrsmittel gab, wuchsen viele Katholiken ausschließlich unter Katholiken auf. Als es das moderne Schulwesen noch nicht gab, glaubten viele von uns, die katholische Lehre sei die einzige christliche Doktrin, die es gibt. Bevor der Heilige Geist uns durch die moderne Bibelbewegung die Schönheit der Heiligen Schrift erschloß, waren viele von uns völlig von den Glaubensaussagen des katholischen Schulkatechismus abhängig. Katholisch sein war eine Erfahrung, die von der Wiege bis zur Bahre reichte; die Kirche war eine große Mutter, die uns geistliches, geistiges und sogar kulturelles Leben schenkte.

Und doch war die Kirche der Vergangenheit trotz ihrer sogenannten Mütterlichkeit oft sehr männlich. Die Leitung der Kirche bestand ausschließlich aus Männern. Das Lehramt der Kirche war, wenn es gutging, väterlich, und wenn es schlimm stand, paternalistisch. Deshalb haben

154

Katholiken oft nicht viel von der Weiblichkeit der Kirche gemerkt – und Nicht-Katholiken empfanden sie erst recht nicht.

Die Menschen des Mittelalters hatten einen ausgesprochen „marianischen" Sinn für die Weiblichkeit der Kirche. Mittelalterliche Künstler stellten Maria mitunter als eine Frau dar, die einen riesigen Schutzmantel anhat. Unter dem Schutzmantel fanden alle Mitglieder der Kirche Platz, Reiche wie Arme. Sie waren wie kleine Kinder dargestellt, die sich an ihre Mutter hängen und sich mit ihr identifizieren. Sie waren wie sie und wollten es sein. Sie war eine von ihnen und würde es immer sein. Sie waren vereint in ihrer Abhängigkeit von Gott und in ihrem Vertrauen zu Gott. Gemeinsam waren sie weiblich vor Gott.

Dieses mittelalterliche Bild steht der biblischen Vorstellung näher, daß die Menschheit ohne Gott jungfräulich – sprich unfruchtbar – ist und nur Frucht bringt, wenn sie Gott gestattet, ihren Mangel auszufüllen. Es ist auch näher am biblischen Bild Marias als der ewigen Frau, die in ihrer Leere ewig jungfräulich ist und doch zugleich in der Fülle, die Gott ihr geschenkt hat, ewig Mutter. Es gestattet uns, zu sehen, daß Maria als Modell und Vorbild der Kirche, wie es das Zweite Vatikanische Konzil erklärt hat, gleichzeitig Jungfrau *und* Mutter sein muß.

Es kommt zu jener oben erwähnten Maskulinität und bevormundenden Paternalität, wenn die Kirche versucht, Mutter zu sein, ohne zugleich Jungfrau zu sein. Sie spielt das Spiel: „Mama weiß alles am besten" und vergißt dabei, daß Bemutterung immer auch eine negative, manipulative Tendenz in sich birgt. Sie bringt die eigene Mütterlichkeit autoritär ins Spiel und hält auf diese Weise die Kinder oftmals schwach und unmündig. Wenn sie das tut, vergißt sie die eigene Jungfräulichkeit, das heißt, die Bereitschaft, auf Gott zu warten und eine demütige Magd zu sein; sie vergißt die eigene Berufung, für die ganze Welt dazusein und nicht nur für sich selbst.

Maria wurde erwählt, Christus in die Welt zu bringen, weil sie – wie der Engel sagte – Gottes Gunst gefunden hatte oder – wie es ältere Übersetzungen ausdrücken – „voller Gnade" war. Ihre Gnade aber bestand in ihrer Jungfräulichkeit, in ihrer Leere und Bereitschaft, den eigenen Mangel einzugestehen. Sie erlangte Gottes Zuwendung, weil sie angesichts der Größe Gottes die eigene Nichtigkeit zugeben konnte. Sie wußte, daß sie nicht die Retterin ist und daß nur Gott die rettenden Taten vollbringen kann, die sie selbst und die Welt nötig hatten.

Dieses Eingeständnis war Marias Ruhm. Wie der Mond wußte auch sie, daß sie kein eigenes Licht besitzt außer dem, das sie von der Sonne empfängt. Ihre Ehre war und ist eine Spiegelung, die ihrerseits Gottes Licht auf eine verdunkelte Welt ausstrahlen kann. Wenn aber Maria Vorbild der Kirche ist, dann liegt auch die Ehre der Kirche in ihrer Jungfräulichkeit. Wenn sie die eigene Abhängigkeit von Gott anerkennt, wird auch die Kirche gerade dadurch Mutter, daß sie Gott erlaubt, sie mit seinem Geist zu füllen, damit sie Christus zur Welt bringen kann. Indem sie dem Vater gehorsam ist und indem sie für das Wort und den Geist empfänglich ist, findet die Kirche Gottes Gunst – wie einst Maria.

Maria ist nicht nur Vorbild für die Kirche insgesamt; sie ist zugleich Vorbild für jedes individuelle Menschenleben. Marias Gottesbeziehung ist von Abhängigkeit und Zuwendung gekennzeichnet. In allem, was sie braucht, ist sie abhängig von Gott; in allem, was sie empfängt, wendet sich Gott ihr zu. Wenn Maria unser Vorbild ist, müssen auch wir fortwährend die eigene Leere eingestehen und dem Herrn erlauben, uns zu füllen. Die Bibel verspricht, daß wir nicht enttäuscht werden, wenn wir das tun, wie sie es getan hat. Gott wird uns immer mit viel mehr füllen, als wir aufgeben.

156

Es ist wichtig, diesen Punkt so zu verstehen, wie die Bibel ihn vermittelt. Allzuoft hat katholische Frömmigkeit eine geradezu masochistische Art von Selbstverleugnung und Selbstlosigkeit gefördert. Einige geistliche Autoren der Vergangenheit haben uns zu der Auffassung verleitet, daß es an und für sich gut ist, sich selber niederzumachen. Es war fast, als würde von uns nichts erwartet, als alles mögliche aufzugeben und auf eigene Rechte zu verzichten – als würde das allein Gott zufriedenstellen.

Dieser Typ von christlicher Frömmigkeit ist jedoch nur die eine Hälfte biblischer Spiritualität, nur der erste Teil einer echten marianischen Frömmigkeit. Der zweite Teil besteht darin, aufmerksam auf Gottes Wort zu hören, ja dazu zu sagen, wenn es kommt, und zuzulassen, daß wir mit dem Geist erfüllt werden, damit wir Christus zur Welt bringen können. Dieser zweite Schritt ist wesentlich für das, was wir bereits weiter oben „inkarnatorischen Glauben" genannt haben.

Biblischer Glaube und biblische Spiritualität sind ein und dasselbe: Es ist eine Spiritualität der Treue, eines ausdauernden Gottvertrauens. Deshalb können wir sagen, daß Maria exemplarisch ist für biblischen Glauben: Ihr Glaube ist genau das, worauf bereits das gesamte Alte Testament zielt und was Inhalt des gesamten Neuen Testaments ist. Marianische Spiritualität ist ein Glaube, der Gott erlaubt, in unserem Leben Gestalt anzunehmen.

Eine Spiritualität, bei der es um bloße Selbstverleugnung geht, ist nicht nur halb-biblisch; sie ist auch nur halb-menschlich. Von dieser Art von Christentum fühlen sich heutzutage viele Menschen abgestoßen, weil es zu sagen scheint: „Gott will, daß ihr euch kleiner macht, als ihr eigentlich seid!" Aus genau diesem Grund verstehen selbst ernsthafte Christen oft den Ruf zur Selbstverleugnung nicht mehr, wenn er während der Fastenzeit und im Advent laut wird. Selbstverleugnung um ihrer selbst willen wirkt nicht lohnenswert und deshalb unverständlich.

Biblischer Glaube und marianische Spiritualität hingegen gehen einen Schritt über die Selbstverleugnung hinaus: Es geht um Gottes Zuwendung und darum, Christus in unser Leben zu empfangen. Sobald Maria Gott ihr Jawort gibt, erfüllt Gott sie mit mehr, als sie je hätte erwarten können. Sie vollbringt mehr, als sie in ihren kühnsten Träumen je von sich aus hätte vollbringen können. Die Wende, die sich hier ereignet, ist bereits Jahrhunderte vorher im Jesajabuch prophezeit worden:

> Freu dich, du Unfruchtbare, die nie gebar, du, die nie in Wehen lag, brich in Jubel aus und jauchze! Denn die Einsame hat jetzt viel mehr Söhne als die Vermählte, spricht der Herr (Jesaja 54,1).

Gott stellt unsere menschliche Denkweise auf den Kopf. Wir meinen, wir müßten alles selbst schaffen, aber Gott will alles *in uns* schaffen. Er möchte in uns mehr vollbringen, als wir je selbst vollbringen könnten; aber damit Gott das tun kann, müssen wir zunächst die eigene Leere eingestehen. Es ist wirklich besser, die Sache so auszudrücken als zu sagen, wir müßten uns selbst „entäußern". Es geht nicht so sehr darum, sich selbst leer zu machen, sondern vielmehr darum, in uns selbst hineinzublicken und anzuerkennen, daß alles, was wir haben, Geschenk ist. Es geht weniger um Selbstverleugnung als um das Eingeständnis, daß wir nichts sind – abgesehen von dem, was uns geschenkt ist. Sobald wir das tun, sind wir davon befreit, uns an das zu klammern, was wir haben, befreit davon, auf irgendeine Weise an uns selbst zu kleben. Sobald wir das tun, können wir das wenige loslassen, das wir für unser Eigentum halten, um statt dessen die Reichtümer zu empfangen, die Gott uns zugedacht hat.

Diese Weisheit ist schwer zu verstehen, vor allem für

die von uns, die mit einem Wertesystem groß geworden sind, in dem Erfolg und Leistung großgeschrieben wurden. Aber es handelt sich um biblische Weisheit. Der Psalmist sagt:

Wenn nicht der Herr das Haus baut,
müht sich jeder umsonst, der daran baut.
Wenn nicht der Herr die Stadt bewacht,
wacht der Wächter umsonst.
Es ist umsonst, daß ihr früh aufsteht
und euch spät erst niedersetzt,
um das Brot der Mühsal zu essen;
denn der Herr gibt es den Seinen im Schlaf
(Psalm 127,1–2).

„Tu nicht einfach etwas, sondern sei da!" Das ist eine Weisheit, die sich sehr von der unterscheidet, die wir gewöhnt sind. Es ist die Weisheit des Glaubens, die Weisheit marianischer Frömmigkeit. Über diese Weisheit kann man in einem Buch nachlesen, aber man erwirbt sie nicht durch Lesen. Diese Weisheit kann nur Gott selbst schenken, und sie kann nur im Gebet empfangen werden.

Die Weiblichkeit des Gebets

Im Lukasevangelium begegnet uns eine weitere Maria. Wie die Mutter Jesu und alle anderen Frauen im Lukasevangelium ist sie ein Beispiel für jene empfangende Einstellung, die wir alle vor Gott einnehmen müssen. Sie ist Modell einer betenden Haltung.

In der folgenden Geschichte von Maria und ihrer Schwester Marta stellt der Evangelist diejenigen, die ständig ihre Sache *für Gott* machen müssen, denjenigen gegenüber, die Gott Gottes Sache *für sie* machen lassen:

Sie zogen zusammen weiter, und Jesus kam in ein Dorf.

159

> Eine Frau namens Marta nahm ihn freundlich auf. Sie hatte eine Schwester, die Maria hieß. Maria setzte sich dem Herrn zu Füßen und hörte seinen Worten zu. Marta aber war ganz davon in Anspruch genommen, für ihn zu sorgen. Sie kam zu ihm und sagte: Herr, kümmert es dich nicht, daß meine Schwester die ganze Arbeit mir allein überläßt? Sag ihr doch, sie soll mir helfen! Der Herr antwortete: Marta, Marta, du machst dir viele Sorgen und Mühen. Aber nur eines ist notwendig. Maria hat das Bessere gewählt, das soll ihr nicht genommen werden (Lukas 10,38–42).

Wie Marta stehen wir alle in der Gefahr, Gottes Betriebsnudeln zu werden. Wir denken ständig daran, wie wir etwas für Gott tun können. Aber Lukas stellt klar, daß Maria diejenige ist, die die rechte Einstellung zu Jesus hat. Äußerlich betrachtet, wirkt sie ganz nutzlos, uneffektiv und bei all dem, was getan werden muß, gar nicht bei der Sache. Dennoch tut sie das, was letztlich das einzig Nützliche und Effektive ist: Sie ist ganz bei der Sache, wenn es darum geht, Beziehung zu Jesus aufzunehmen und ihm zuzuhören.

Diese Präsenz und dieses Hören sind das Wesen des Gebets. Gebet ist ein Dialog zwischen zwei Herzen, dem menschlichen und dem göttlichen. Es ist ein Dialog, der manchmal mit Worten geschieht, aber genausooft ohne Worte – wie das Geben und Nehmen in einer engen Beziehung. Eine Frau oder ein Mann des Gebets zu sein bedeutet, ständig in diesem Dialog zu sein. Wenn wir aus dieser Beziehung des Gebens und Empfangens herausfallen, sind wir keine betenden Menschen mehr.

Diese Beziehung ist eine Art Liebesverhältnis. Wenn wir jemanden sehr lieb haben, brauchen wir keine Worte, um uns verständlich zu machen. Die Vereinigung unserer Herzen befähigt uns, auf einer tieferen Ebene zu kommunizieren, wo aus Kommunikation Kommunion wird. Wir

160

freuen uns einfach, in der Nähe des geliebten Menschen zu sein, weil wir spüren können, wie die Liebesenergie zwischen uns fließt. Die Energie, die wir beim Gebet erfahren, ist sehr ähnlich. Die Kraft, die wir beim Gebet empfangen, ist die Liebe, für die wir uns öffnen, wenn wir auf Gott warten und uns von ihm lieben lassen.

Wer liebt, hat sich irgendwann einmal *verliebt*. Wer je geliebt hat, weiß: Das habe ich nicht selbst gemacht. Irgendwie ist es just in dem Augenblick passiert, wo du dich selber gar nicht bemüht hast. Es ist ein bißchen so, wie wenn man schwimmen lernt. Der Lehrer sagt einem, man soll ruhig sein und sich tragen lassen, aber statt dessen schlägt man um sich und geht unter. Endlich lernt man, sich zu entspannen, und wird zur eigenen Überraschung nach oben getragen. Das Wasser trägt dich – aber nur, wenn du stillhältst und nichts tust. Sich zu verlieben ist ähnlich – und ebenso beginnt es mit dem Beten. Es ist etwas, was du nicht machen kannst; aber es wird sich ereignen, sobald du den eigenen Tatendrang aufgibst und dich einfach hineinfallen läßt.

Schwimmen ist eine Art Dialog zwischen uns und dem Wasser. Indem wir uns ruhig verhalten, sagen wir dem Wasser, daß wir ihm vertrauen, und wir erlauben ihm, uns zu sagen, daß es uns tragen will. Gebet ist dieselbe Art von Vertrauensbeziehung zwischen uns und Gott. Sobald wir aufhören, unser Leben selbst im Griff haben zu wollen, können wir erleben, wie Gottes Kraft uns trägt. Sehr oft verhält es sich mit dem Gebet ebenso, vor allem, nachdem uns Gott gesagt hat: „Also gut! Nachdem du jetzt weißt, wer dich trägt, möchte ich, daß du anfängst zu schwimmen!" Bei jeder Schwimmbewegung merken wir, daß der Herr bei uns ist, selbst wenn wir wieder einmal zu strampeln beginnen.

Manchmal dagegen lassen wir uns einfach treiben und tragen. Manchmal sind wir einfach still und erleben im Gebet die Kraft, die uns trägt. Oder, um zum Bild der

Verliebten zurückzukehren: Es ist, als ob wir der geliebten Person in die Augen schauen und in diesem Anblick Ruhe finden. Zu sehen, daß uns jemand liebevoll ansieht – das ist eine Erfahrung, nach der wir Menschen alle hungern; und wenn es geschieht, vergessen wir es nie.

Ich weiß, daß ich nie vergessen werde, wie es mir zum erstenmal widerfahren ist. Ich war bereits ein Jahr in der Klosterschule von zu Hause weg. Es war mein erstes Jahr im Seminar der Franziskaner gewesen. Damals gingen viele Jungs gleich nach der achten Klasse aufs Seminar; für mich war es das erste Mal, daß ich von daheim weg war. Es versteht sich von selbst, daß das auch ein Jahr weg von den Mädchen gewesen war.

Als sich herumsprach, daß ich in den Sommerferien heimkomme, beschloß meine alte Clique, eine Party zu schmeißen – und Dickie (wie ich seinerzeit genannt wurde) sollte der Ehrengast sein. Da waren wir also beisammen, Jungs und Mädchen, und alle ein bißchen schüchtern. Die Jungs drängelten sich auf der einen Seite des Zimmers, und die Mädchen standen auf der anderen Seite.

Ich erinnere mich ganz besonders an *ein* Mädchen. Sie hieß Bonnie. Sie war mit mir in die achte Klasse gegangen, und ich dachte, ich würde gern mit ihr tanzen, aber vermutete zugleich, daß sie mich mittlerweile längst vergessen hat. Schließlich faßte ich mir ein Herz und sah zur anderen Zimmerseite hinüber, wo sie stand – und da war sie und sah mir direkt in die Augen!

Ich wußte nicht, was ich machen soll! Ich senkte sofort den Blick und musterte meine Füße; ich war hocherfreut und gleichzeitig völlig durcheinander. Mein Atem ging schwer, mein Mund war trocken, und meine Handflächen schwitzten. „Hat sie wirklich *mich* angeschaut?" fragte ich mich. Ich konnte nicht glauben, daß das wahr ist. Sie mußte einfach in der Gegend umhergeschaut und dabei zufällig meinen Blick erwischt haben.

Aber wenn sie mich nun *doch* angeschaut hat? Das Herz schlug mir bis zum Hals. Was sollte ich tun? Schließlich, hoffend gegen alle Hoffnung, sah ich wieder hoch – und sie schaute mich immer noch an! Ich fühlte mich so lebendig und glücklich, daß ich mich selbst vergaß und hinüberging und mit ihr redete. Dieser Blick der Liebe hatte meine Angst zum Schmelzen gebracht, und nach einer Weile forderte ich sie sogar zum Tanz auf.

Den ganzen Sommer lang lebte ich nur von diesem *einen* Blick der Liebe. Dinge, die sonst schmerzhaft gewesen wären, machten mir überhaupt nichts aus. Weil mich jemand mit liebevollen Augen angesehen hatte, konnte ich alles andere locker hinnehmen.

Wenn du weißt, daß dich jemand liebt, weißt du auch, daß du liebenswert bist. Dein Leben hat Sinn. Du hast etwas, wofür du leben kannst. Und nichts, was auch geschehen mag, kann dir das nehmen. Das gibt dir eine Kraft, die dich trägt und befreit.

Im Gebet entdecken wir, daß uns Gott mit genau diesem Blick der Liebe ansieht. Vielleicht glauben wir das anfangs nicht. Wir sehen nicht ein, weshalb er uns lieben sollte; aber immer, wenn wir den Blick heben, merken wir, daß er uns immer noch liebt. Und schließlich begreifen wir, daß es wahr ist. Diese Erkenntnis ist Freude und Freiheit und Energie. Sie erfüllt uns mit einer Kraft, die nicht nur einen Sommer ausfüllt, sondern ein ganzes Leben.

Und doch reicht ein einziger Blick von Gott nicht aus, um uns für immer zu tragen. Wir sind vergeßlich. Unsere Erfahrung der Vereinigung mit Gott im Gebet mag uns eine Weile Energie geben, aber langfristig muß Gebet ein fortwährender Dialog sein, damit wir mit der Quelle unserer Kraft in Verbindung bleiben. Unsere Gottesbeziehung im Gebet muß konstant sein, wie es bei Maria der Fall war.

Wie aber gelangt man ganz praktisch zu dieser Gebetsbeziehung? Der heilige Franz von Assisi fand heraus, daß die beste Art des Betens Lobpreis ist. Finde etwas, wofür du danken kannst, und laß dich darauf ein! Franz ging Tag für Tag durchs Leben und fand immer neue Gründe, um Gott zu loben. Was immer geschah, Gutes oder Schlechtes, Wichtiges oder Unwichtiges – er lobte Gott dafür. Was immer er sah, Schönes oder Häßliches, Einmaliges oder Gewöhnliches – er lobte Gott dafür. Er lobte Gott für die Sonne, wenn sie schien, und für den Regen, wenn sie nicht schien. Er lobte Gott für die Menschen, die ihn liebten, und für die, die ihn verachteten. Er lobte Gott für die Feldtiere und für die Vögel, für die Bäume und für die Blumen, sogar für das Gras und die Steine auf dem Acker. Er versuchte nicht, Gottes Liebe zu verdienen. Er versuchte nicht einmal, sie zu finden. Statt dessen feierte er sie einfach, indem er in allem, was ihn umgab, Gründe zum Feiern suchte. Indem er das tat, wurde ihm die Liebe, die er feierte, noch bewußter und trieb ihn wiederum ins Gebet.

Die Liturgie enthält jede Menge Lobpreis – oder zumindest Restbestände davon. Das „Ehre sei Gott in der Höhe", das „Heilig, heilig, heilig" und viele andere Gebete waren ursprünglich Freudenjauchzer der Anbetung – und sind auch so gemeint. Aber Gott zu loben und zu danken muß nicht in einer Gruppe geschehen. Du kannst das mit nur einem anderen Menschen tun oder ganz alleine, zu Hause, bei der Arbeit, in der Schule, im Omnibus, beim Autofahren, beim Spazierengehen – eigentlich überall und immer.

Nach einer Weile schafft Lobpreis Raum für die Vereinigung mit jener Güte, die wir preisen. Es entwickelt sich nach und nach eine Art von Gebet, die ich so beschreiben würde: in der Gegenwart dessen Ruhe finden, der uns liebt – und aufmerksam lauschen auf das, was Gott uns lehren will. Diese Art von Gebet umfaßt die Freude an Gottes Liebe und das Vertrauen auf Gottes

Wort. Wir nehmen die liebende *Anwesenheit* Gottes wahr und werden uns nach und nach auch der liebevollen *Weisheit* bewußt, die Gott in unserem Herzen ausspricht.

Jetzt bedeutet Gebet vor allem Ausruhen und Warten. Maria, die Schwester der Marta, ist die Frau, die auf den Herrn wartet. Sie ist nicht geschäftig und muß sich nicht unbedingt nützlich machen. Gebet ist ebenso „unnütz" wie Verliebtsein. Es ist Sein, nicht Tun. Es ist Ausruhen, nicht Handeln. Es ist die Freude in der Gegenwart des Liebenden. Es bedeutet, einfach dasein zu wollen und zu wissen, daß dies der richtige Platz für mich ist. Es bedeutet, jene Anwesenheit zu erkennen und zu lieben, die von uns nichts will als – Anwesenheit.

Aber dann wird Gebet immer mehr ein *erwartungsvolles* Warten. Es wird zum aufmerksamen Horchen, zur Bereitschaft, ja zu sagen, wann immer Gott reden sollte. Es wird zu einer Art Unterscheidungsprozeß, weil es entdecken will, was der Liebende von uns will, und weil es bereit ist, Antwort zu geben. Hier ist Gebet ein Hören mit dem Herzen, ein Hören mit dem verborgenen Ohr, ein Lernen mit der Seele. Und wenn uns der Wille des Herrn offenbar wird, nehmen wir ihn als unseren eigenen Willen an. Wir bejahen ihn, weil wir nichts anderes wollen, als dem Liebenden zu gefallen. Wir glauben das Gehörte, weil Gottes Wort Wahrheit und Leben ist. Wir vertrauen darauf, weil wir wissen, daß Gott uns liebt und wirklich unser Bestes will. Wenn wir Gott vertrauen, werden wir niemals enttäuscht.

Vom *Gebet im Glauben* können wir sodann den Schritt zum *Handeln im Glauben* machen. Nachdem wir Gottes Willen gehört haben, müssen wir dem gehorsam sein, was wir gehört haben. Wir müssen im Glauben einen Schritt nach vorne machen, uns auf Gottes Verheißung verlassen, den Sieg reklamieren, wagen, was wir sagen, und Gottes Liebe feiern. Das heißt nicht, das zu machen, was wir selber wollen, und es von oben absegnen zu lassen, indem wir schnell noch hinterherschieben: „... wenn es dein Wille ist!" Es geht darum, wie Maria zu sagen: „Es soll geschehen, wie du es gesagt hast." Es bedeutet, wie Jesus in Getsemani *im voraus* zu sagen: „Dein Wille geschehe" – und dann im Einklang mit dem zu handeln, was Gott uns gesagt hat.

Solches Gebet und solches Handeln im Glauben kann auf Menschen, die das nicht erlebt haben, tollkühn und in falscher Weise selbstsicher wirken. Und es kann tatsächlich hochmütig und arrogant werden, wenn wir nicht im Dialog des Gebets bleiben. Wir können nicht einfach sagen: „Gott will es so!" – und dann unbekümmert unseres Weges ziehen und den lieben Gott einen guten Mann sein lassen. Wir dürfen uns niemals über andere Menschen hinwegsetzen, bloß um das durchzuführen, was uns Gott gestern aufgetragen hat. Gott ist immer in der Gegenwart bei uns, und Gott spricht zu uns nur im Hier und Jetzt. Deshalb müssen wir bei jedem Schritt aufs neue horchen, um Gottes Willen stets im gegenwärtigen Augenblick herauszufinden.

Die Weiblichkeit ständiger Offenheit erlöst uns von der Arroganz männlichen Handelns. Marias Ehre war ihre Jungfräulichkeit, ihre Gnade bestand in ihrer Offenheit. Die rettende Gnade für die Frau und für den Mann des Gebets ist das Wissen um die eigene Nichtigkeit. Das ständige Bewußtsein, daß Gott alles ist und wir nichts, ruft uns immer wieder zum Dialog mit jener Liebe, die uns die Kraft gibt, im Glauben vorwärtszuschreiten. Und die ständige Bereitschaft zum Risiko und zum Handeln sorgt dafür, daß unser Gebet nicht zu purer Einbildung oder Selbstbefriedigung verkommt.

Die betende Kirche

Gebet ist oft etwas *Privates*, ein persönlicher Dialog zwischen uns und Gott. Jesus empfahl seinen Jüngern privates Beten, indem er sie aufforderte, ihr Gebet nicht öffentlich zur Schau zu stellen, sondern dann zum Vater zu beten, wenn niemand zuschaut (Matthäus 6,5–6). Jesus lehrte den Wert des privaten Gebetes auch durch sein eigenes Vorbild, indem er oftmals in der Nacht aufstand oder allein ins Gebirge ging, um zu beten.

Aber Gebet ist zugleich etwas *Soziales*, die Erfahrung, als Söhne und Töchter Gottes zu einem gemeinsamen Vater zu beten. Gemeinsames Gebet ist wichtig, weil es gewöhnlich unsere erste Einführung ins Gebet überhaupt ist. Wir lernen das Beten oft dadurch, daß wir in eine betende Gemeinschaft kommen; und erst später entdekken wir, daß wir das auch alleine können, was wir einst in der Gruppe gemacht haben.

Der große Nachteil der Gebetsgemeinschaft besteht darin, daß sie tatsächlich oft zu jener heuchlerischen Show mißrät, vor der Jesus seine Jünger gewarnt hat. Man kann das äußere Gehabe des Betens vollziehen, ohne zu jenem inneren Dialog zu gelangen, der das Wesen des Gebets ist. In der Regel ist das eine unabsichtliche Heuchelei, die von Menschen begangen wird, die nie gelernt haben, für sich alleine zu beten, und deshalb zur gemeinsamen Anbetung nichts beizutragen haben. Aber das Ergebnis ist dasselbe: müde, abgestandene, nachgeplapperte Wörter, die niemals zu echtem Gebet werden.

Echtes Gebet ist das, was die Bibel „Beten im Geist" nennt. Paulus sagt, daß es die Gegenwart des Geistes ist, die unserem Beten Leben einhaucht. Wenn wir uns im Gebet Gott ausliefern, dann ist es, als ob sich der Heilige Geist in gewisser Weise unseres menschlichen Geistes bemächtigt und unser Unvermögen wettmacht:

So nimmt sich auch der Geist unserer Schwachheit an.
Denn wir wissen nicht, worum wir in rechter Weise
beten sollen; der Geist selber tritt jedoch für uns ein
mit Seufzen, das wir nicht in Worte fassen können.
Und Gott, der die Herzen erforscht, weiß, was die
Absicht des Geistes ist: Er tritt so, wie Gott es will, für
die Heiligen ein (Römer 8,26–27).

In der theologischen Lehre von der Dreifaltigkeit (Trini-
tät) sagen wir, daß der Heilige Geist vom Vater und vom
Sohn ausgeht. Das kann sich wie viele der anderen
Wörter anhören, die wir sonntags im Glaubensbekenntnis aufsagen. Aber der theologische Gedanke entstand
wahrscheinlich aus jener Gebetserfahrung, über die Paulus redet. Wenn wir uns als Leib Christi zum Gottesdienst
versammeln, ist der Geist jenes Gespräch, jenes Hin und
Her, jene Liebesbeziehung zwischen uns und dem Vater,
die gibt und empfängt. Es ist eine kraftvolle Energie, die
weder mit dem Vater noch mit der Gemeinde identisch
ist, sondern etwas, was zwischen ihnen fließt und sie
befähigt, Beziehung zueinander aufzunehmen. Das trini-
tarische Leben wiederholt sich jetzt in uns und durch
uns.

Diese Erfahrung kann berauschend sein. Paulus ermahnt eine seiner Gemeinden, sich nicht mit Wein zu
betrinken, sondern statt dessen eine neue Art von Trun-
kenheit zu erleben:

Berauscht euch nicht mit Wein – das macht zügellos –,
sondern laßt euch vom Geist erfüllen! Laßt in eurer
Mitte Psalmen, Hymnen und Lieder erklingen, wie der
Geist sie eingibt. Singt und jubelt aus vollem Herzen
zum Lob des Herrn! Sagt Gott, dem Vater, jederzeit
Dank für alles im Namen Jesu Christi, unseres Herrn!
(Epheser 5,18–20).

Ich hätte nie wirklich verstanden, wovon Paulus redet,

wenn ich nicht in unserer eigenen Gemeinschaft mit-erlebt hätte, wie das geschieht. Einmal haben 75 junge Frauen aus „New Jerusalem" in unserer „Villa" Einkehrta-ge gehalten. Jedesmal, wenn jemand die Tür zu einem der Räume öffnete, in dem sie waren, flutete ihr oder ihm Gesang entgegen. Stundenlang fanden diese Frauen neue Anlässe, Gott zu loben und Gottes Güte zu feiern. Mitunter wurde ihr Essen kalt, während sie begeistert sangen; aber wir wußten, das war egal. Wir Martas mußten an die Worte Jesu denken, die er an Maria gerichtet hat: „Nur eines ist notwendig!" Diese betenden Marias hatten das beste Teil erwählt, und wir wollten es ihnen nicht nehmen.

Aber auch Paulus erkannte, daß begeistertes Gebet entgleisen kann. Wenn das geschieht, übernimmt ein anderer Geist die Sache. Vielleicht ist es der Geist des Individualismus, wenn Einzelne der Gruppe ihre eigenen Wünsche und Bedürfnisse überstülpen. Es kann bei ande-ren ein Geist der Eifersucht, der Aggressivität, der Unge-duld oder sonst ein Geist sein. Es kann sogar der Geist eines überhitzten Enthusiasmus sein, so daß das Beten zwar weitergeht, aber keinerlei Ziel zu haben scheint.

Deshalb schlägt Paulus hin und wieder eine gewisse Ordnung für das gemeinschaftliche Gebet vor, denn „Gott ist nicht ein Gott der Verwirrung, sondern des Friedens" (1 Korinther 14,33). Der Grundgedanke ist nicht, daß alle Gebetsversammlungen genau der Ordnung folgen müssen, die Paulus beschreibt, sondern daß immer dann, wenn Christen als Gemeinschaft beten, von den Beteiligten eine gewisse Ordnung eingehalten werden sollte. Die Energie eines geisterfüllten Gebets muß ir-gendwie zu einer vereinenden, gemeinsamen Gebets-erfahrung verschmelzen.

Das Anliegen des Paulus scheint genau das Gegenteil von dem zu sein, was diejenigen unter uns Liturgikern und Zelebranten bewegt, die die Schlafmützen in den

Kirchenbänken aufwecken wollen und keinen Anlaß haben, überschäumenden Enthusiasmus zu bremsen. Unsere Gottesdienstordnungen sind so durchstrukturiert, daß wir kaum je erleben, wie sich der Geist Bahn bricht!

Aber das Problem ist nicht in erster Linie die Meßordnung. Ein tieferliegendes Problem besteht darin, daß Menschen, die nicht persönlich beten, wenig oder nichts haben, womit sie die formale Struktur der Liturgie füllen können. Wenn Christen nicht fortwährend im Gespräch mit Gott sind, können sie auch ihren persönlichen Dialog nicht mit dem Dialog anderer zur Erfahrung eines gemeinsamen Dialogs verbinden. Wenn sich die Beziehung der Hingabe und des Getragenwerdens nicht ständig im Privatleben der Menschen ereignet, können sie diese Beziehung auch nicht im gemeinsamen öffentlichen Gottesdienst erleben.

Wenn wir zusammenkommen, um als Kirche zu beten, müssen wir daher eine Versammlung betender Christen sein. Wir müssen als eine Gemeinschaft von Menschen zusammenkommen, die bereits geisterfüllt beten und im Geist leben, indem wir das tun, wohin uns der Vater im Alltagsleben führt. Dafür gibt es keinen Ersatz. Der Versuch, die Liturgie ohne diese Voraussetzung „funktionieren" zu lassen, heißt Brot zu backen ohne Teig. Unsere Eucharistie kann nicht zum Leib Christi werden, der dem Vater geopfert wird, wenn nicht die Weizenkörner, die da zusammenkommen, wissen, was es bedeutet, mit Jesus zu sterben und im Geist aufzuerstehen.

Allzuoft haben Menschen in ihren Familien, Priester in ihren Pfarrhäusern, Schwestern in ihren Konventen und sogar Mönche in ihren Klöstern das Leben noch nicht so füreinander hingegeben, wie es uns Jesus gelehrt hat. Sie haben noch nicht in ihren eigenen kleinen Gemeinschaften erlebt, was der gemeinsame Gottesdienst eigentlich feiern soll. Oder sie haben noch nicht die eigene vorhandene Erfahrung der Hingabe füreinander so reflektiert, daß sie sie mit dem Meßopfer in Verbindung bringen können.

Allzuoft haben Katholiken ihre Seele noch nie in einer betenden Kleingruppe vor anderen offengelegt. Wenn wir unseren Glauben nicht einmal einem kleinen Kreis von Freundinnen und Freunden offenbaren, die uns kennen, ist es sehr schwer, ihm in einer größeren Versammlung Ausdruck zu verleihen. Wenn wir Gott nicht laut für unsere Segnungen im Alltag danken, ist es schwierig, Gottes Lobpreis zu singen, wenn wir sonntags zusammenkommen.

Am Ende kehren wir deshalb zum Anfang zurück. Wir kehren zurück zum Bild der Maria, der unerfüllten Jungfrau, die darauf wartet, mit der Kraft des Heiligen Geistes erfüllt zu werden. Die „Frau" ist der Prototyp jeder Christin und jedes Christen, die alle weiblich sind vor Gott und nichts tun wollen als seinen Willen. Sie ist zugleich der Archetyp jeder christlichen Gemeinschaft, die darauf wartet, daß der Heilige Geist über sie kommt, wenn sie betet.

Die „Jungfrau" ist die Offene, deren Empfänglichkeit für Gott ihre Gnade und zugleich ihre Ehre ist. Sie ist die Maria, nicht die Marta, die Raum schafft, um auf den Herrn zu hören. Wir alle brauchen Räume der Stille in unserem Leben, damit wir hören können, was Gott uns sagt. Worte, die auf eine Buchseite gedruckt sind, sind sinnlos, wenn zwischen ihnen kein Abstand ist. Ein Leben voller Geschäftigkeit zerfasert, wenn es sich nicht im Gebet sammelt. Im Gebet finden wir den Sinn unseres Lebens – sowohl den Sinn, den es bereits hat, als auch den Sinn, den es haben sollte. Gebet schafft jenen jungfräulichen Raum, in dem der Herr zu uns reden und unserem Leben die Richtung weisen kann.

Die einzige Möglichkeit, *gut* zu beten, besteht darin, daß wir *viel* beten. Paulus sagt uns, wir sollten „ohne Unterlaß" beten (Epheser 6,18), wir sollten ständig im

Gespräch sein mit Gott. Maria, die Jungfrau und Mutter, ist die Personifizierung dieses Gesprächs. Als Jungfrau steht sie für seine Empfangsbereitschaft. Als Mutter ist sie das Modell seiner Fruchtbarkeit. Nur das Weibliche nimmt den Samen auf, der zum inkarnierten Christus wird.

Fünftes Kapitel

Paulus – Eine neue Schöpfung

Die Gestalt des großen Heidenapostels Paulus steht im Neuen Testament einzigartig da. Fast die Hälfte der neutestamentlichen Bücher tragen seinen Namen, weil er sie entweder selbst geschrieben hat oder weil andere frühe Christen wußten, daß der Name des Paulus in der Kirche so hochgeschätzt wurde, daß sie ihre Werke lieber in seinem Namen herausgaben als im eigenen. Selbst den Hebräerbrief, der keinerlei Autorennamen trägt, hielt man viele Jahrhunderte lang für ein Schreiben des Paulus.

Bibelwissenschaftler, die moderne linguistische Analysemethoden benutzen, identifizieren folgende Briefe als echt paulinisch, weil sie nachweislich von ein und derselben Person geschrieben wurden: Thessalonicherbriefe, Korintherbriefe, Römerbrief, Galaterbrief, Philipperbrief und Philemonbrief. Kolosser- und Epheserbrief könnten entweder beide oder zumindest einer von beiden von einem Paulusschüler stammen, der mit der Theologie und dem literarischen Stil des Paulus vertraut war. Die Briefe an Timotheus und Titus hingegen wurden wahrscheinlich lange nach dem Martyrium des Paulus in Rom (um 65 n. Chr.) geschrieben, vielleicht von einem Mitglied einer der Gemeinden, die Paulus gegründet hatte.

Paulus selbst war ein gebildeter Jude, der außerhalb Palästinas geboren und aufgewachsen war. Er benutzte seinen hebräischen Namen Saulus, wenn er sich im Kreis von Mitjuden bewegte, und seinen griechischen Namen Paulus, wenn er unter Nichtjuden (Heiden) arbeitete. Als Mitglied der pharisäischen Bewegung war er schon vor seiner Bekehrung zum Christentum ein hochreligiöser Mann gewesen. Die Pharisäer lebten streng nach der Tora und meinten, das Heil käme dadurch zustande, daß man jedes Detail des mosaischen Gesetzes peinlich genau erfüllt. Paulus war ein derart eifriger Pharisäer, daß er sich an der Verfolgung jener Jüdinnen und Juden beteiligte, die behaupteten, Jesus sei der Messias. In der Apostelgeschichte lesen wir von solch einer Verfolgung, die mit dem Martyrium des Stephanus endete. Während Stephanus wegen Gotteslästerung zu Tode gesteinigt wurde, stand Paulus dabei und betrachtete das Geschehen mit voller Zustimmung:

> Die Zeugen legten ihre Kleider zu Füßen eines jungen Mannes nieder, der Saulus hieß (Apostelgeschichte 7,58).

Kurz danach war Paulus auf dem Weg nach Damaskus, um in der dortigen jüdischen Gemeinde Jesusgläubige aufzustöbern. Zweifellos glaubte er, richtig zu handeln, aber völlig unerwartet wurden seine Pläne durchkreuzt:

> Unterwegs aber, als er sich bereits Damaskus näherte, geschah es, daß ihn plötzlich ein Licht vom Himmel umstrahlte. Er stürzte zu Boden und hörte, wie eine Stimme zu ihm sagte: Saul, Saul, warum verfolgst du mich? Er antwortete: Wer bist du, Herr? Dieser sagte: Ich bin Jesus, den du verfolgst (Apostelgeschichte 9,3–5).

Durch dieses einmalige Erlebnis lernte Paulus zweierlei, was sein Leben für alle Zeiten veränderte. Erstens begriff er, daß Gott zu uns kommt und uns genau da begegnet, wo wir sind, um uns Heil anzubieten. Gottes Liebe ist ein völlig freies und unerwartetes Geschenk. Heil wird niemals verdient, sondern ist immer Gnade. Zweitens lernte Paulus, daß zwischen Christen und ihrem Erlöser eine derart unauflösbare Einheit besteht, daß man, sobald man einen von beiden verfolgt, den anderen (bzw. die anderen) mitverfolgt. Paulus dachte, Jesus sei tot und zwischen ihm und seinen aufgescheuchten Anhängern gäbe es keine Verbindung mehr. Aber er begriff, daß Jesus lebendig und in der leiblichen Gemeinschaft der Glaubenden anwesend ist, wo sein Geist wohnt.

Es wäre unmöglich, all das, was in den Briefen des Paulus steht, auch nur summarisch zusammenzufassen – in jenen langen Schreiben also, die er an Christen in der frühen Kirche richtete. Wir können jedoch einen Großteil von dem, was er sagt, um zwei Grundthemen gruppieren – nämlich um genau die beiden Themen, die bereits in seiner eigenen Bekehrungserfahrung anklangen. Indem er in den Jahren seiner apostolischen Arbeit diese Erfahrung reflektierte, entwickelte er viele seiner theologischen Ideen. Sehr oft kreisen sie um das Themenbündel Gnade, Heil und Rechtfertigung aus Glaube und um das Thema der Kirche als Leib Christi, der durch den Heiligen Geist zusammengebracht und -gehalten wird.

Heil und Rechtfertigung

Katholische Gläubige stellen sich das Heil oft als etwas vor, was passieren wird, wenn sie einmal gestorben sind, vorausgesetzt, sie sind gut gewesen und haben die Gebote befolgt. Es ist wahr, daß sich im Neuen Testament einige Hinweise auf das künftige Heil befinden; aber der Hauptakzent in den Evangelien und in den Briefen liegt darauf, daß das Heil *schon jetzt* anbricht – und sich später in Ewigkeit fortsetzt.

Für Paulus ist Heil etwas Erfahrbares. Er hat auf viele verschiedene Weisen über diese Erfahrung geschrieben und dabei immer wieder versucht, sie begrifflich zu fassen, Worte für etwas zu finden, wofür er kein vorgefertigtes Vokabular hatte. Er benutzte Redewendungen wie *neue Schöpfung,* um sie zu beschreiben. An die Galater schreibt er an einer Stelle: „Das einzige, worauf es ankommt, ist es, eine neue Schöpfung zu sein" (vgl. Galater 6,15). Er selbst fühlte sich nach seiner Bekehrung wie ein neuer Mensch, der von einer neuen Kraft erfüllt war, die er nie zuvor gekannt hatte. Es war die Kraft, den *Geist* des jüdischen Gesetzes zu erfüllen, ohne sich ständig über jeden *Buchstaben* des Gesetzes den Kopf zu zerbrechen. Es war die Kraft des Geistes, der das Gesetz inspiriert hatte, der aber zugleich größer ist als das Gesetz.

Viele Christen von heute haben die Kraft dieses Geistes niemals an sich selbst erfahren und versuchen deshalb, das Heil zu verdienen, indem sie die Gesetze Gottes und der Kirche genauestens beachten – ganz ähnlich wie seinerzeit die Pharisäer. Diese Lebensweise ist nicht schlecht, aber dabei fehlt etwas. Es ist nicht der Weg der Propheten, nicht der Weg Jesu und nicht der Weg des Geistes. Es ist auch nicht der Weg, den Paulus erlebt und beschrieben hat.

Wenn wir Worte wie Heil, Erlösung oder Errettung erstmals in einem religiösen Zusammenhang hören, mögen wir uns sogar fragen, was sie zu bedeuten haben. Ich kann mich erinnern, daß ich als Junge immer dachte, ich müßte nicht „gerettet" werden. Schließlich war ich weder im Begriff zu ertrinken, noch befand ich mich in einem brennenden Haus! Ich fühlte mich bereits ziemlich sicher. Und Erwachsene von heute, die gemütlich in der Kirche sitzen, könnten sich mit Recht fragen, was all dies Gerede von „Rettung" oder „Befreiung" soll. Sie fühlen sich ganz zufrieden und ziemlich sicher. Wenn sie im religiösen Sinne an „Seelenheil" denken, fühlen sie sich womöglich obendrein sicher, weil sie das Moralgesetz befolgen. Weil sie die gewaltige Größe des Ozeans nie gesehen haben, sind sie mit ihrem netten kleinen Swimmingpool zufrieden.

Für Paulus war die Befolgung des Gesetzes der Anfang

seiner Einsicht in das, was „Heil" eigentlich bedeutet. Dem Volk Israel war „Heil" durch den Bund und durch die Beachtung der göttlichen Gebote widerfahren. Das gleiche widerfährt uns in unserem Leben. Am Anfang sagen uns die Eltern, was wir tun und lassen sollen. Wir begreifen nicht ganz, weshalb es richtig ist, gewisse Dinge zu tun, und warum es falsch ist, gewisse Dinge zu tun. Wir wissen nur, daß uns unsere Eltern lieben, und deshalb vertrauen wir ihnen und tun, was sie uns sagen.

Aber das Gesetz ist kein Selbstzweck. Es ist ein Mittel zum Zweck. Die Regeln, die uns die Eltern auferlegen, sind ein Mittel, das der Erhaltung unseres Lebens dient. Deshalb sagen sie zu uns: „Spiel nicht mit Streichhölzern!" oder: „Guck links und rechts, bevor du über die Straße gehst!" Viele Gesetze der Gesellschaft geben uns Mittel an die Hand, um gesichert und fair miteinander zu leben. Wie sähe unser Leben aus, wenn keiner die Verkehrszeichen beachten würde oder wenn sich alle die Freiheit nehmen würden, zu betrügen und zu stehlen? Das Gesetz ist bereits auf einer ganz vordergründigen zwischenmenschlichen Ebene eine Art „Heils-Mittel".

Das Gesetz kann jedoch nicht mehr leisten, als uns auf das Problem aufmerksam zu machen. Es gibt der Gesellschaft eine gewisse Grundordnung, einen Rahmen, in dem Menschen leben können. Aber was wäre, wenn die Menschen nur dem Gesetz folgen würden – und nichts darüber hinaus? Gibt es ein Gesetz, daß du Freundschaft schließen mußt? Gibt es ein Gesetz, daß du dich verlieben mußt? Gibt es ein Gesetz, daß du etwas schaffen oder erreichen mußt, daß du glücklich sein mußt? Gibt es ein Gesetz, daß sich Menschen um dich kümmern müssen, wenn du leidest? Natürlich nicht. Fast alles, was das Leben erfreulich und befriedigend macht, hat etwas damit zu tun, daß Menschen über die gesetzlichen Minimalforderungen hinausgehen. Gerade dadurch, daß man über den Buchstaben des Gesetzes hinausgeht, wird das Leben lebenswert: „Der Buchstabe tötet, aber der Geist macht lebendig" (2 Korinther 3,6).

Dasselbe gilt für unser geistliches Leben. Der Rahmen der Gebote schafft in unserem geistlichen Leben ein Grundgerüst, das wir brauchen, wenn wir jemals über die *Gebote* hinauswachsen wollen, um die *Seligpreisungen* zu entdecken. Wir können nicht erwarten, mit dem Glück eines Lebens im Reich Gottes gesegnet zu werden, wenn wir niemals Gottes Gesetzen gehorchen. Dennoch sind selbst Gottes Gesetze kein Selbstzweck. Mit ihnen zu leben befreit uns einfach dazu, den Ruf des Geistes zum radikaleren geistlichen Leben der Seligpreisungen zu hören.

Gesetz ist etwas Gutes; es kann sogar von Gott kommen, und in gewisser Weise können wir sogar sagen, daß es Leben schenkt. Die Israeliten erlebten die Zehn Gebote als etwas Gutes, das ihnen von Gott geschenkt worden war. Die Tora bot eine geordnete Lebensweise an, die ungleich besser war als die Bitterkeit der Sklaverei, ungleich besser, als Gott nicht zu kennen und keinen Lebenssinn zu haben. Die Gebote, die sie von Mose bekamen, lehrten sie – wie Kinder –, Gott zu ehren und einander zu achten, auch wenn sie den letztendlichen Zweck hinter all diesen Regeln nicht verstanden.

Aber solch ein „Moralkodex" in sich selbst vermag nicht, zu einer inneren Kraft zum Guten zu werden. Er vermag oft nicht zu unterscheiden, was wirklich gut und böse ist. Er bleibt eine Aufreihung von äußeren Normen – „Tu das!" „Laß das!" –, die Menschen allzuoft in geistlicher Infantilität und moralischer Unmündigkeit gefangenhalten. Am Ende verhindert ein Moralkodex gerade die Zwecke, für die er bestimmt war. Anstatt Menschen die soziale Stabilität zu vermitteln, die sie brauchen, um über das Gesetz hinauszugehen und anderen Gutes zu tun, wird das Gesetz zum Maximum dessen, was Menschen zu tun bereit sind, damit sie nicht belangt

werden. Anstatt Menschen die innere Stabilität zu vermitteln, die sie brauchen, um auf Gott zu hören, der sie
zu einem noch reicheren Leben ruft, wird das Gesetz zu
einem strengen Maßstab der Ethik, der peinlich genaue
Befolgung verlangt. Die Menschen hören auf zu hören,
zu lernen, zu wachsen oder sogar um Weisheit zu beten.
Sie gehorchen einfach Gesetzen und fühlen sich dadurch
gerechtfertigt.

Paulus war sich all dessen sehr bewußt und bestand
gerade deshalb immer wieder darauf, daß jüdisches Gesetz
nicht gleich christliche Moral ist. Das Gesetz ist der
Anfang der Moral, aber es ist nicht das, worum sich ein
Leben in Gott letztlich dreht. Paulus war ein guter
Mensch und ein sehr guter Jude, aber in der persönlichen
Begegnung mit Jesus ging ihm auf, daß Leben ungeheuer
viel mehr bedeutet, als nur „gut" zu sein. Es war wie der
Schritt aus den Kinderschuhen ins Erwachsenenalter, der
Weg von blindem Gehorsam zu einem persönlichen
Dialog:

> Als ich ein Kind war, redete ich wie ein Kind, dachte
> wie ein Kind und urteilte wie ein Kind. Als ich ein
> Mann wurde, legte ich ab, was Kind an mir war. Jetzt
> schauen wir in einen Spiegel und sehen nur rätselhafte
> Umrisse, dann aber schauen wir von Angesicht zu
> Angesicht. Jetzt erkenne ich unvollkommen, dann aber
> werde ich durch und durch erkennen, so wie ich auch
> durch und durch erkannt worden bin. Für jetzt bleiben
> Glaube, Hoffnung, Liebe, diese drei; doch am größten
> unter ihnen ist die Liebe (1 Korinther 13,11–13).

Für diejenigen, die der Führung des Geistes folgen, sind
die Dinge oft nicht so klar wie für diejenigen, die einfach
dem Gesetz folgen. Wir leben aus dem Glauben, indem
wir auf den Herrn vertrauen und nicht auf die eigene
Vollkommenheit. Wir hoffen auf seine Verheißung und
glauben, daß wir dabei nicht enttäuscht werden (vgl.

Philipper 3,6–15). Schließlich und endlich leben wir in einer Liebesbeziehung mit Gott und mit anderen und wissen, daß wir alle – wie gut oder wie sündig wir auch sind – ganz und gar von der Gnade und Vergebung Gottes leben.

Das Leben des Glaubens ist ein riskantes Geschäft. Das Leben der Hoffnung ist ein abenteuerlicher Traum. Das Leben der Liebe ist immer voller Kreuzigungen. Wie Paulus es ausgedrückt hat, arbeiten wir „mit Furcht und Zittern" (Philipper 2,12) auf unser Heil hin. Denn wir haben nicht mehr die Sicherheit, daß immer das Gesetz auf unserer Seite ist. Wir können uns nicht mehr damit trösten, daß wir auf jeden Fall recht haben. Wir können nicht mehr auf die irrige Auffassung zurückgreifen, wir seien „moralisch" oder wir hätten alles im Griff, bloß weil wir uns an ein paar Vorschriften klammern.

Da ist der entscheidende Unterschied zwischen dem landläufigen Verständnis alttestamentlicher Moral und dem Verständnis, das Paulus von neutestamentlicher Moral hat, zwischen dem Leben in den Grenzen der Gebote und dem Leben in der Freiheit des Geistes. Es ist der Unterschied zwischen Gesetz und Liebe, zwischen Religion und Glaube, zwischen Verdienst und Gnade. Es ist der Übergang von der Kindheit zum Erwachsensein, von der Selbstkontrolle zur Selbsthingabe, von kodierter Moral zu einer persönlichen Beziehung zu anderen und zum Herrn. Dabei kann man sich nicht immer den Luxus leisten, so auszusehen, als hätte man recht – oder sich besonders „heilig" vorzukommen.

Der Weg des Glaubens ist schwer zu finden, weil der Pfad schmal ist und die Pforte eng, wie Jesus es formuliert hat. So viele wandern die breite Straße der Religion entlang und gehen dabei völlig an dem Heil vorbei, von dem Paulus spricht. Man kann sich allzuleicht damit zufriedengeben, zur Kirche zu gehen und die Gebote nicht zu übertreten. Man kann sich allzuschnell damit

180

zufriedengeben, sich all den Abläufen zu unterziehen, die uns angeblich „in den Himmel" bringen. Der Gegensatz zu wahrem Glauben ist meist nicht Atheismus, sondern Religiosität.

Einzig und allein in der Glaubensbeziehung erfahren wir wirklich das Heil – oder wie es Paulus im Römerbrief oft nennt: *Rechtfertigung.* Das bedeutet in etwa, unser Leben ins Lot zu bringen, indem wir gerade nicht versuchen, genau das zu machen! Denn jeder Versuch, das selber zustande zu bringen, ist kontraproduktiv, indem er zwangsläufig dazu führt, daß wir die Meßlatte an die eigene Vollkommenheit anlegen, anstatt uns in Gottes Liebe zu ergeben. Bevor es bei uns zu dieser Ergebung kommt, ist das, was wir für das Heil halten, genau das, was uns vom Heil abhält. Was wir für Rechtfertigung halten, ist in Wirklichkeit Selbst-Rechtfertigung. Was wie Erfüllung aussieht, ist in Wirklichkeit das Fehlen der Erfüllung; aber weil wir das Echte nicht kennen, halten wir es fälschlicherweise für das Echte.

Wenn wir uns mit bloßer Religion befassen, sind wir oft zufrieden, weil wir meinen, wir erfüllen das Gesetz. Aber in Wirklichkeit kann das Gesetz Christi nie erfüllt werden. Jesus gab denen, die ihm nachfolgen wollen, nur ein einziges Gebot, nämlich zu lieben, wie er geliebt hat, in völliger Selbsthingabe und Verwundbarkeit zu lieben, ebenso wie er es getan hat. Wir können niemals vor dem Herrn stehen und behaupten, wir hätten dies eine Gebot völlig erfüllt. Er ruft uns immer auf, noch tiefer, echter und vollkommener zu lieben.

Wenn wir versuchen, dieses Gesetz aus eigener Anstrengung zu erfüllen, gelingt es uns nicht. Und wenn wir versuchen, es zu erfüllen, indem wir für Gott gute Werke tun, gelingt es uns immer noch nicht. Aber Gott fragt nicht nach unserem Erfolg; Gott fragt nur nach unserer Hingabe.

Manchmal lernen wir erst in der Erfahrung des Scheiterns, uns Gott zu ergeben. Wenn es uns nicht gelingt, das Gesetz Christi zu erfüllen, können wir entdecken, daß wir Gott brauchen, damit er durch uns lieben kann. Wenn es uns nicht gelingt, die Gebote aus eigener Kraft zu halten, können wir herausfinden, wie sehr wir auf Gottes persönliche Anwesenheit in unserem Leben angewiesen sind. In diesem Sinne sah Paulus die Gebote und das Gesetz als Vorbereitung auf das Heil. In der Erfahrung des Scheiterns und des Fallens und des Stolperns werden wir zum Vertrauen geführt. In der Erfahrung der Niederlage erlauben wir dem Herrn, uns aufzulesen und uns seinen Sieg zu schenken. Deshalb sagt Paulus so gerne:

Wenn wir schwach sind, sind wir stark (vgl. 2 Korinther 12,10).

Für Paulus und für alle Gläubigen kommt also das Heil ganz und gar von Gott, und die Rechtfertigung ist ganz und gar Geschenk. Sie ist ganz Gnade. Gnade ist alles. Wir können sie weder erwerben noch verdienen (Epheser 2,6–9). Wir können sie nur erbitten, empfangen und feiern. Immer ist es Gott, der uns befreit, gerecht macht und erlöst. Das ist alles ein und dasselbe, nur unterschiedliche Wörter, die versuchen, die Erfahrung auszudrücken, die wir machen, wenn wir Gott erlauben, uns zu lieben, wenn wir zulassen, daß wir von dieser Liebe erfüllt werden und sie mit anderen teilen.

Durch seine einzigartige Bekehrung und sogar bevor er von der christlichen Gemeinde etwas über Jesus erfuhr, erlebte Paulus, was die Aussage Jesu bedeutet, daß wir neues Leben nur entdecken, indem wir das alte Leben loslassen. Das eigene Selbst loslassen ist der einzige Weg, wie das Selbst erneuert werden kann. Radikaler Gehorsam gegenüber dem Geist ist das einzige Mittel, um zu geistlicher Freiheit zu gelangen.

Ein Leben unter solch einem Gehorsam befreit uns von der Anpassung an andere. Wenn wir auf den Herrn hören und dorthin folgen, wohin der Geist uns führt, unterscheiden sich unsere Wege zwangsläufig voneinander. Und doch können wir auf unterschiedlichen Wegen gemeinsam wandern, wenn wir im Geist vereint sind. Jesus betete um Einheit unter seinen Nachfolgern – nicht um Uniformität. Wenn wir dem Herrn mit Ernst nachfolgen, gibt uns der Geist unterschiedliche Gaben, die im Dienst aneinander einheitlich zusammenwirken (Epheser 4,11–13).

Wenn wir das Heil durch Gesetzesgehorsam erlangen wollen, wird der Gehorsam gegenüber Christus zweitrangig. Umgekehrt wird das Gesetz zweitrangig, sobald wir Christus gehorsam sind und ihm erlauben, uns zu befreien. Wir haben auch dann die Freiheit, dem Gesetz fröhlich Folge zu leisten, da ein Teil des Gesetzes ebenfalls von Gott kommt. Aber wir sind davon befreit, ihm sklavisch zu folgen, wie auch Jesus die Freiheit hatte, dem jüdischen Gesetz nicht sklavisch zu folgen – worauf die Pharisäer bekanntlich besonders konsterniert reagiert haben. Diejenigen, die in keiner persönlichen Gottesbeziehung leben, verstehen dieses Paradox nicht. Sie können nicht sehen, inwiefern Gehorsam befreiend sein kann. Aber diejenigen, die in radikalem Christusgehorsam leben, empfangen die einzige Freiheit, die letztlich zählt. Sie bekommen die Freiheit, sich dem Gesetz unterzuordnen, wenn immer seine Forderungen recht und billig sind, und die Freiheit, die Grenzen des Gesetzes hinter sich zu lassen, wenn immer seine Forderungen den eigentlichen Forderungen des Evangeliums Christi im Weg stehen.

So sagt Paulus, nachdem er sich auf den Weg des Glaubens gemacht und die Befreiung Christi erlebt hat:

Ich verfolgte voll Eifer die Kirche und war untadelig in der Gerechtigkeit, wie sie das Gesetz vorschreibt. Doch was mir damals ein Gewinn war, das habe ich um

Christi willen als Verlust erkannt. Ja noch mehr: ich sehe alles als Verlust an, weil die Erkenntnis Christi Jesu, meines Herrn, alles übertrifft. Seinetwegen habe ich alles aufgegeben und halte es für Unrat, um Christus zu gewinnen und in ihm zu sein. Nicht meine eigene Gerechtigkeit suche ich, die aus dem Gesetz hervorgeht, sondern jene, die durch den Glauben an Christus kommt, die Gerechtigkeit, die Gott aufgrund des Glaubens schenkt (Philipper 3,6–9).

Für Paulus ereignet sich also das Heil durch eine persönliche Christusbeziehung, und Rechtfertigung ereignet sich durch einen vertrauensvollen Glauben an Gott – nicht an uns selbst. Wenn das bereits *alles* wäre, könnte allerdings das Heil sehr individualistisch erscheinen – eine „Jesus-und-Ich-Religion" ohne Verbindung zur Kirche. Es könnte wie jene Art von Fundamentalismus aussehen, die von amerikanischen Fernsehpredigern Millionen von Zuschauern serviert wird, die keinerlei Verbindung untereinander haben. Aber das ist nicht das Verständnis, das Paulus von Erlösung hat. Für ihn ereignen sich Erlösung und Rechtfertigung in erster Linie durch unsere Verbundenheit mit Christus in einer Körperschaft von Glaubenden, im „Leib Christi", in der Gemeinde und Kirche.

Der Leib Christi

Der Apostel Paulus war der erste große Missionar der Christenheit. Er war der erste, der die gute Nachricht vom Heil durch Christus und von der Rechtfertigung durch den Glauben in weite Teile des Römischen Reiches trug. Wir wissen mit Sicherheit, daß er gepredigt hat. Und wir sind sicher, daß er getauft hat. Aber er glaubte nicht, daß Predigen und Taufen alles ist, was zur Evangelisation gehört. Er behauptete nicht, daß der Glaube an Gott und die Bereitschaft, Jesus als Herrn anzunehmen, alles ist, was heilsnotwendig ist, wie es einige moderne Evangelisten tun. Er benutzte vielmehr eine Strategie, die sehr „inkarnatorisch" war: Wo immer er predigte und taufte, gründete und förderte er unverzüglich eine *Körperschaft von Gläubigen,* die einander unterstützen und dienen sollten.

Paulus nannte jede Gemeinde, die er gründete, „Leib Christi". Es handelte sich für ihn nicht nur um eine Ansammlung von Individuen, die alle an Jesus glaubten, sondern es handelte sich um eine soziale Körperschaft, deren Mitglieder zusammenwirkten und einander auf vielfache Weise beistanden. Es war ein Körper, dessen Kopf nicht Paulus war, sondern Christus; denn Christus blieb auch Kopf, nachdem Paulus wieder abgereist war, um eine weitere Gemeinde ins Leben zu rufen. Es war ein Körper, dessen Geist nicht der des Paulus war, sondern der Geist Christi; denn jedes einzelne Mitglied empfing den Heiligen Geist durch die Taufe und durch Handauflegung. Weil es sich um eine Gemeinschaft mit einem einzigen Kopf und mit einem einzigen Geist handelte, konnte Paulus sie als *einen Leib* bezeichnen. Und weil Christus der Kopf war und der Geist *sein* Geist war, konnte Paulus jede Gemeinde einen Leib Christi nennen.

Wenn protestantische Gläubige den Ausdruck *Leib Christi* hören, verstehen sie ihn oft *metaphorisch:* Die Kirche ist *wie* ein Leib Christi. Wenn katholische Gläubige diesen Ausdruck hören, verstehen sie ihn oft *metaphysisch:* Die gesamte Kirche *ist* zwar der Leib Christi, aber es handelt sich dabei um eine nicht erfahrbare „mystische" Wirklichkeit. Aber Paulus gebraucht den Ausdruck weder *metaphorisch* noch *metaphysisch,* noch *mystisch;* er versteht ihn *inkarnatorisch.* Er denkt an Menschen aus Fleisch und Blut, die durch die persönliche Hingabe an Christus gesammelt werden und in deren Leben die Kraft des Heiligen Geistes pulsiert.

Paulus (oder seine Schüler) faßt seine Mission und seine Vision von der Kirche im Kolosserbrief zusammen:

> Jetzt freue ich mich in den Leiden, die ich für euch ertrage. Für den Leib Christi, die Kirche, ergänze ich in meinem irdischen Leben das, was an den Leiden Christi noch fehlt. Ich diene der Kirche durch das Amt, das Gott mir übertragen hat, damit ich euch das Wort Gottes in seiner Fülle verkündige, jenes Geheimnis, das seit ewigen Zeiten und Generationen verborgen war. Jetzt wurde es seinen Heiligen offenbart; Gott wollte ihnen zeigen, wie reich und herrlich dieses Geheimnis unter den Völkern ist: Christus ist unter euch, er ist die Hoffnung auf Herrlichkeit. Ihn verkündigen wir; wir ermahnen jeden Menschen und belehren jeden mit aller Weisheit, um dadurch alle in der Gemeinschaft mit Christus vollkommen zu machen (Kolosser 1,24–28).

Der Christus, den Paulus hier verkündigt, ist nicht ein Mann, der etwa dreißig Jahre vorher in Judäa gestorben war, sondern der Herr, der durch Gottes Kraft in jeder Körperschaft von Gläubigen lebt, die seinem Geist Gestalt verleiht. Christen, die im Geist leben, haben bereits einen Vorgeschmack von der Herrlichkeit des auferstandenen Christus auf der Zunge, während sie auf seine Wiederkunft und auf die endgültige Auferstehung warten. Dieses Geheimnis war früheren Generationen verborgen, ist aber nun allen offenbar, die es in ihrem gemeinsamen Leben erfahren. Dieses Geheimnis kann weitergesagt werden; aber es zu begreifen bedeutet mehr, als nur davon zu hören. Es erfordert, daß man in einen lebendigen Organismus eingeführt wird und in ihn hineinwächst.

Wenn Paulus von Christus spricht, denkt er nicht an eine Person, die im Himmel ist. Und wenn er vom *Christus in der Gemeinde* spricht, meint er nicht, daß

Christus in dieser Gemeinschaft als unsichtbare Gestalt herumläuft. Christus ist vielmehr in der Gemeinschaft selbst anwesend. Er ist gegenwärtig, indem Gaben geteilt werden und Menschen füreinander da sind. Mit Christus als Kopf eines neuen Körpers geschehen wundersame Dinge, genauso wie es bei Jesus war. Mit dem Herrn als Mittelpunkt einer neuen Gemeinschaft wird Gottes Liebe großzügig verschenkt, genauso wie es bei Jesus war. Mit dem Geist als Kraft in der Kirche platzt göttliche Energie mitten in die Welt hinein, genauso wie es durch Jesus geschah.

Obwohl sich viele Menschen Christen und Christinnen nennen, haben die meisten von ihnen dieses Geheimnis nie erlebt. Sie haben nie die Einheit untereinander erfahren, die sie zu einem Leib Christi vernetzt hat. Sie haben sich niemals gemeinsam seiner Herrschaft unterstellt und sind nie gemeinsam von seinem Geist erfüllt worden. Aber genau das ist das Geheimnis des Heils, das Geheimnis, gemeinsam in eine Einheit hineingezogen zu werden, die heilt und stärkt und jedem ihrer Mitglieder Leben spendet. Es ist das Geheimnis, das die ersten Jünger durch ihr Leben mit Jesus entdeckt und von ihm gelernt haben. Es ist das Geheimnis, das die erste jüdische Gemeinde durch den Empfang des Heiligen Geistes an Pfingsten erfuhr und dadurch, daß sie anschließend durch die Kraft dieses Geistes lebte. Es ist das Geheimnis, das auch heute alle erleben können, die in den lebendigen Leib Christi „eingegliedert" werden.

Christentum ist seinem Wesen nach Gemeinschaft. In der Kirchengeschichte ist diese Wahrheit von religiösen Gemeinschaften entdeckt und ständig wiederentdeckt worden. Die Eremiten, die in die Wüste gingen, um den Herrn zu finden, sammelten sich schließlich doch, um nahe beisammen zu leben. In diesen ersten monastischen Gemeinschaften fanden sie eine Gegenwart Christi und eine Geisteskraft, die sie alleine nicht finden konnten.

Jede Erneuerung des Ordenslebens im Laufe der Jahrhunderte war eine Wiederentdeckung der ursprünglichen Einheit, die irgendwie verlorengegangen war. Diejenigen, die sich um den heiligen Franziskus, die heilige Klara und die Gründer und Gründerinnen vieler anderer religiöser Orden scharten, fanden in der Gemeinschaft ein Leben und eine Vitalität, die so attraktiv waren, daß sie ganz von alleine andere anzogen. Es handelte sich um eine klare Alternative zu den Systemen der Welt, um eine neue Sozialordnung, die nicht auf Macht, Ansehen und Besitz basierte, sondern auf uneigennütziger göttlicher Liebe.

Ich glaube, Kardinal Suenens war es, der einmal gesagt hat, Christsein bedeutet, so zu leben, daß unser Leben unsinnig ist, wenn Gott nicht existiert. Das ist eine drastische Ausdrucksweise, aber sie betont den radikalen Ruf, um den es sich beim Christentum tatsächlich handelt. Unser gemeinsames Leben sollte so in der Gegenwart Christi begründet und von seinem Geist mit Kraft erfüllt sein, daß man es, rein menschlich betrachtet, nicht verstehen kann. Wenn uns Außenstehende sehen, sollten sie fragen: Weshalb unterscheiden die sich so sehr von uns? Woher nehmen die diese Kraft? Was hält die zusammen? Woran orientieren die sich? Warum können die so leben – und wir nicht?

Wenn Menschen diese Kraft und dieses Leben Christi sehen, werden sie davon automatisch angezogen. Sie sehen die Wirkung des Geistes in unserem Leben und wollen selbst in sie „eintauchen". Man muß sie nicht anpredigen; sie wollen getauft werden. Sie wollen an der Alternative teilhaben, die sich so augenfällig vor ihnen auftut. Sie brauchen nur zu erfahren, daß es Tod und Auferstehung Jesu sind, die es für uns möglich gemacht haben, auf diese neue Art zu leben – gegründet auf jenes anfängliche Sterben, das Paulus „Taufe" nennt (Römer 6).

Allzuoft allerdings gehören wir Pfarreien, religiösen

Ordensgemeinschaften oder anderen katholischen Einrichtungen an, die nicht Leib Christi sind, jedenfalls nicht in diesem lebendigen und existentiellen Sinne. Statt dessen umgeben wir uns mit religiösen Requisiten und mit Symbolen der Sicherheit. Wir besitzen ein ganzes Arsenal von Dingen, die uns bestätigen, daß wir recht haben, und die zu unserem Wohlbefinden beitragen. Insofern unterscheiden wir uns von niemandem sonst. Ganz im Gegensatz zu Petrus in der Apostelgeschichte vermitteln wir der Welt: „Gold und Silber haben wir genug, aber wir können nicht sagen: Im Namen Jesu, steh auf und geh!"

Wann sind wir Leib Christi im paulinischen Sinn? Es gäbe viele Möglichkeiten, das zu definieren; aber vielleicht ist es besser, wenn wir drei sprechende Indizien herausgreifen.

Jesus als unser Herr

Erstens sind wir Leib Christi, wenn Jesus unser Herr ist – und zwar nicht nur als Individuen, sondern für uns gemeinsam. Wenn Jesus der Kopf ist und wir die Körperteile, dann erkennen wir, daß das neue Leben, das wir gemeinsam gefunden haben, von ihm herkommt und ausgeht. Paulus beschreibt das treffend im 12. Kapitel des ersten Korintherbriefes. Man versteht sofort, wovon er redet, wenn man sich eine Hand ausmalt, die vom Körper abgetrennt ist. Eine Weile wird sie noch immer aussehen wie eine Hand; aber ohne Verbindung zum Kopf kann sie sich nicht bewegen, nicht leben, nicht das Körperteil sein, das sie sein soll.

Ebenso ist es, wenn Leute versuchen, Christ zu sein, ohne eine persönliche Beziehung zu Jesus zu haben. Sie mögen äußerlich wie Christen aussehen, aber ihnen fehlt in Wirklichkeit das Leben, das aus der Verbindung mit

189

ihm und aus dem Gehorsam gegenüber seiner Richtungs-
weisung quillt. Entweder ist Jesus unser Herr – oder er ist
es nicht. Wenn er es nicht ist, lassen wir uns von anderen
Dingen bestimmen und motivieren. Wenn er es ist, dann
lassen wir ihn am Drücker sein. Wir erlauben ihm, uns
opferbereit zu machen – um der Kirche willen und um
der Welt willen. Wir erlauben ihm, uns im Glauben
vorwärts zu führen – im Wissen, daß jeder Tod, den er
von uns fordert, zur Auferstehung führen wird.

Jesus als unser Leben

Zweitens sind wir Leib Christi, wenn Jesus unser Leben
ist, wiederum nicht für uns als einzelne, sondern für uns
gemeinsam. Es muß nicht das Leben in einem religiösen
Orden sein. Es muß kein Leben der völligen Hingabe an
ein edles Ziel oder an ein ausgewiesenes Werk der
christlichen Nächstenliebe sein. Es kann und sollte ein
Leben sein, das sich in Familien ereignet, in kirchlichen
oder schulischen Gruppen, bei der Arbeit oder einfach
beim Zusammensein mit Freundinnen und Freunden. Es
muß nur ein Leben der Liebe sein. Es muß sich um die
Liebe Christi handeln, der durch uns liebt. Es muß das
sein, was das Neue Testament *agape* nennt: Selbsthingabe, eine Liebe, die grenzenlos ist und niemanden aus-
schließt. Das Leben Jesu umfaßt alle, kennt keine Abson-
derungen, kennt keine Feinde.

Herkömmliche menschliche Liebe neigt zur Selbstbe-
zogenheit: Wir lieben jemanden oder etwas für das, was
sie uns geben können. Das ist tendenziell begrenzt: Wir
lieben nur, solange wir das kriegen, was wir wollen. Und
das ist tendenziell exklusiv: Wir lieben mit Besitzan-
spruch, hüten eifersüchtig, was wir haben, und halten
andere davon fern. Aber *agape* ist jenes Geschenk von
Gott, das genau dieselbe Liebe ist, mit der Jesus andere

190

geliebt hat und mit der Gott uns liebt. Es ist die Liebe Gottes, die das göttliche Leben selbst ist und das Leben der christlichen Gemeinde.

Agape ist auch die Liebe, mit der wir Gott lieben. Die Liebe, mit der wir in der Gemeinschaft einander lieben und mit der wir Gott in unserer persönlichen Beziehung zu ihm lieben, ist haargenau dieselbe Liebe. All diese Weisen der Liebe sind in Wirklichkeit ein und dasselbe, nämlich das Geschenk der Liebe, das von Gott kommt, uns durchströmt und im Gebet zu Gott zurückkehrt. Johannes hatte diese inkarnatorische Auffassung von der Liebe Gottes, als er schrieb:

> Liebe Brüder, wir wollen einander lieben; denn die Liebe ist aus Gott, und jeder, der liebt, stammt von Gott und erkennt Gott. Wer nicht liebt, hat Gott nicht erkannt; denn Gott ist die Liebe. Wenn jemand sagt: Ich liebe Gott!, aber seinen Bruder haßt, ist er ein Lügner. Denn wer seinen Bruder nicht liebt, den er sieht, kann Gott nicht lieben, den er nicht sieht (1 Johannes 4,7–8.20).

Die Liebe, von der hier die Rede ist, ist *agape,* die Liebe, die das Leben Gottes ist, die Liebe, die zwischen dem Vater und dem Sohn fließt und sich als der Heilige Geist verströmt. Wenn diese Liebe in Gemeinschaft zwischen Brüdern und Schwestern fließt, handelt es sich um das Leben Gottes. Es erweist sich darin, daß das Bedürfnis nach Sicherheit, Rechthaben, Macht, Geld, Image und Kontrolle fehlt – nach all dem also, womit wir unser „Selbst" oft identifizieren. Es ist das Leben, das Jesus geführt hat, das er in Liebe dahingegeben hat und das als der Geist eines neuen Lebens empfangen wurde – und wird!

In „New Jerusalem" waren wir einmal in der Adventszeit einen Tag lang mit etwa vierzig Leuten beisammen, um uns auf Weihnachten vorzubereiten: Wir haben

191

Speisen zubereitet und Plätzchen gebacken, Räume geschmückt und Weihnachtsbäume behängt. Wir arbeite-
ten an jenem Abend bis ungefähr elf Uhr, und dann
versammelten wir uns, um Eucharistie zu feiern. Die
Messe muß ungefähr anderthalb Stunden gedauert haben.
Es war uns allen sonnenklar, daß wir zusammengehörten
und das Leben miteinander teilten. Im Blick auf unser
geistliches Wachstum und auf das, was wir von Christus
kapiert hatten, befanden wir uns wahrscheinlich an sehr
unterschiedlichen Orten. Aber zwischen uns fand ein
Austausch von Kraft, Liebe und Leben statt. Da war eine
Einheit, die wir alle spüren konnten. Für uns war es mit
Händen zu greifen, daß wir ein und dasselbe gemeinsame
Leben teilten, das Leben einer einzigen Person: Christus,
unseres Herrn.

Dieses gemeinsame Leben schreit geradezu danach,
gefeiert zu werden; es mündet zwangsläufig ins Fest. Die
Feier dieses Lebens ist der eigentliche Sinn der Eucharistie. Aber wir müssen nicht auf religiöse Rituale warten,
um dieses Leben zu feiern. Es kann sich in einem Lächeln
oder in einer Umarmung manifestieren, wenn immer wir
beisammen sind. Weil ich es mit eigenen Augen gesehen
und mit eigenem Herzen gespürt habe, weiß ich, was mit
agape gemeint ist. Es ist etwas anderes, als „nett" zu sein.
Es handelt sich um eine völlig andere Energie.

Jesus als unser Liebhaber

Drittens sind wir Leib Christi, wenn Jesus unser Liebhaber ist. Das Neue Testament nennt Jesus den Bräutigam
der Kirche. Welch wunderbar sinnliches Bild! Aber es
muß stimmig sein – für uns alle gemeinsam und für jede
und jeden von uns individuell. Gemeinsam lieben wir
den Herrn, und das allein ist es, was uns vereint.
Gemeinsam sind wir seine Braut, und er ist unser Liebha-

ber, der uns einlädt, ihn gleichzeitig in sich selbst und in den anderen zu lieben. Jesus zu lieben bedeutet, die Kirche zu lieben; diese beiden „Lieben" sind nicht voneinander zu scheiden.

Aber um die Kirche mit der Liebe Jesu zu lieben, müssen wir auch als einzelne eine persönliche Liebesbeziehung zu Jesus haben. Sowohl Zölibatäre als auch Verheiratete vergessen das oft. Wir haben ein Grundbedürfnis nach Nähe, das so groß ist, daß es nicht in Sätzen aufgehen kann wie „Ich liebe meine Arbeit!" oder „Ich liebe meine Familie!"

Zölibatäre sind besonders anfällig dafür, das eigene Bedürfnis nach Zuwendung zu leugnen, in der Arbeit aufzugehen und das Gebetsleben schleifen zu lassen. Aber jeder Mensch braucht jemanden, der ihn liebt. Jeder Mann und jede Frau muß tief und emotional lieben und für Gegenliebe empfänglich sein. Wenn wir Alleinstehende Jesus nicht zum Liebhaber haben – wo wird unser Nähebedürfnis dann gestillt werden? Ohne persönliche Liebesbeziehung zu Jesus, wie sie im Dialog des Gebetes erfahrbar wird, ist der Zölibat bestenfalls Unsinn und schlimmstenfalls gefährlich.

Selbst die von uns, die verheiratet sind, wissen, daß unser tiefes Bedürfnis nach Zuwendung nicht immer von der Partnerin bzw. dem Partner gestillt werden kann. Verheiratete brauchen dieselbe Liebesbeziehung zu Jesus wie Zölibatäre.

In der Gemeinde erleben wir die Liebe Christi jedoch nicht nur im gemeinsamen Gebetsleben, sondern auch im Gemeinschaftsleben. Unser emotionales Bedürfnis, zu lieben und geliebt zu werden, wird nicht nur durch unsere persönliche Beziehung zum Herrn gestillt, sondern auch durch unsere Beziehungen untereinander. Ein christliches Leben im Vollsinn führen wir erst, wenn wir spüren, wie die Liebe Jesu uns erreicht – und zwar sowohl dann, wenn wir mit ihm selbst im Gebet vereint sind, als auch dann, wenn wir mit unseren „Geschwistern im Herrn" vereint sind. Er liebt uns durch die Menschen, mit denen wir leben, und nicht nur durch eine Zweierbeziehung zwischen sich und uns.

Das ist einer der Hauptgründe, weshalb wir in der heutigen Gesellschaft den Zusammenbruch so vieler Ehen erleben. Zu vielen jungen Leuten hat man nie vermittelt, wie man liebt. Sie müssen unterwiesen werden, „damit sie in Christus reif werden können" (vgl. Kolosser 1,28). Es ist buchstäblich unmöglich, sich immer wieder ganz auf ein und dieselbe Person einzulassen, wenn man nicht zuvor gelernt hat, sich oftmals und auf viele Menschen ganz einzulassen. *Agape* ist eine besondere Gabe, die vom Herrn kommt; aber nach meiner Erfahrung erreicht sie uns in erster Linie durch den Leib Christi. Zu viele „wiedergeborene" Christen werden schnell zu „wiedergestorbenen" Christen, wenn ihre Liebesfähigkeit nicht durch echtes Gemeinschaftsleben gefördert und entwickelt wird.

Wir sind also Leib Christi, wenn Jesus unser Herr, unser Leben und unser Liebhaber ist. Der Leib Christi ist konkret, hier und jetzt, erfahrbare Gemeinschaft. Er besteht aus realen Menschen, die gemeinsam leben und arbeiten, dem Herrn vertrauen und füreinander da sind. Das schließt die Zugehörigkeit zu einer größeren Gemeinschaft wie etwa der katholischen Kirche ein – und sogar die Zugehörigkeit zu jener kosmischen Vereinigung aller Christen in Vergangenheit und Gegenwart, die „Gemeinschaft der Heiligen" genannt wird. Aber eine größere Einheit kann nicht aus nichtexistenten Teilen zusammengefügt werden. Echte *universale* Gemeinschaft muß auch echte *lokale* Gemeinschaft gründen.

Paulus schrieb an die Kirche in Thessaloniki, an die Kirche in Galatien und an andere Ortskirchen. Fast alle neutestamentlichen Autoren hatten eine konkrete christliche Gemeinde im Sinn, als sie ihre Evangelien und

Briefe verfaßten. Im Endeffekt waren all diese Gemeinden durch ihre Einheit in Christus mit der universalen „katholischen" Kirche vereint. Aber zunächst mußten sie da Kirche sein, wo sie waren, also mit den Menschen ihrer eigenen Gemeinde.

Ebenso müssen auch wir in unseren konkreten Hauskreisen, Pfarreien und religiösen Gemeinschaften Leib Christi sein, *bevor* wir Zugehörigkeit zur größeren Körperschaft beanspruchen können. Der größte Teil unseres Alltagslebens wird nicht von dem beherrscht, was in päpstlichen Enzykliken und bischöflichen Hirtenbriefen steht. Manchmal scheinen katholische Gläubige zu meinen, sie führen ein christliches Leben im Vollsinn, wenn sie im Einklang mit dem leben, was der Papst oder der Bischof zu diesem oder jenem Thema sagt. Aber im wirklichen Leben findet der größte Teil unseres christlichen Lebens auf lokaler Ebene statt, in der banalen Alltäglichkeit zwischenmenschlicher Beziehungen. Und genau das ist der Ort, wo wir dem Herrn begegnen und ihn lieben müssen, wenn wir beanspruchen, sein Leib zu sein. Gerade da lernen wir zu beten, füreinander dazusein und siebenmal siebzigmal zu vergeben. Da ereignet sich das Heil, wenn es sich überhaupt ereignet. Heil, Erlösung, Rechtfertigung, Leben im Reich Gottes – das alles ereignet sich im Leib Christi.

Eine neue Schöpfung werden

Durch die Kirche beruft uns der Herr im Leib Christi zu einem neuen Lebensstil, zu einer neuen Art von Beziehung zu Gott, zu anderen und zur Welt. Für viele ist es schwierig, das zu verstehen, weil sie es nie erlebt haben. Sie sehen nicht, inwiefern sie sich als Christen oder Katholiken – abgesehen von einem unterschiedlichen System religiöser Glaubenssätze – von anderen unterscheiden. Sie haben kein anderes Lebensgefühl als die Menschen um sie herum. Sie haben keinen Lebensstil, der sich auffällig von dem ihrer Nachbarn unterscheidet, mit denen sie zur Schule oder zur Arbeit gehen und denen sie auf der Straße oder beim Einkaufen begegnen.

Und es ist wahr: Die meisten Leute, die zur Kirche gehen, unterscheiden sich kaum von denen, die nicht zur Kirche gehen. Kirchgänger leben in der Welt und gehen sonntags zur Kirche, ähnlich wie sich andere ihre wöchentliche Inspiration holen, indem sie zu Konzerten oder Theateraufführungen gehen. Aber das ist das genaue Gegenteil von der neutestamentlichen Auffassung von Kirche. Das biblische Ideal besteht nicht darin, in der Welt zu leben und zur Kirche zu gehen, sondern darin, in der Kirche zu leben und in die Welt hinaus zu gehen.

Soziologisch ausgedrückt soll die Kirche *Gegenkultur* sein, eine Gemeinschaft, deren Lebensstil dem Strom der herrschenden Kultur entgegenläuft. Es ist ein Stil, bei dem es um Kooperation geht statt Konkurrenz, um Geben statt Nehmen, um Teilen statt Horten, um Hingabe statt Bequemlichkeit, um Glauben statt Wissen, um Beziehung statt Anonymität, um Liebe statt Feindschaft. Durch die Mitgliedschaft im Leib Christi wird dieser Lebensstil zur Teilhabe am Leben Christi. Diese jesuanische Lebensweise bekommt ihre Kraft vom Heiligen Geist und vermittelt sich durch eine leibliche Gemeinschaft, die Jesus als Herrn und Haupt hat.

Biblisch ausgedrückt sind Christen dazu berufen, *in der Welt zu sein, aber nicht von der Welt* (vgl. Johannes 15,18–19; 17,14–18).

Ein andermal nennt es die Bibel *Errettetsein aus der Welt* (vgl. Johannes 16,33). Das bedeutet: Diejenigen, die im Reich Gottes leben, werden von der Aggressivität und Angst, von der Bitterkeit und Eifersucht, vom Besitzstreben und Machthunger und von den vielen anderen destruktiven Gewohnheiten erlöst, von denen Menschen in dieser Welt beherrscht werden. Durch das Leben in einem Christusleib werden die Jünger Jesu davon befreit, sich sklavisch so verhalten zu müssen, wie sich ein Großteil der Welt normalerweise verhält.

In unserer eigenen katholischen Tradition wurden sämtliche religiösen Ordensgemeinschaften aufgrund dieser Sicht des Leibes Christi gegründet. Der Ruf zur Gemeinschaft ist eine Berufung zu einer alles umfassenden Lebensweise, in der die anderen als Brüder und Schwestern im Herrn gesehen und behandelt werden. Das erfordert das ganze Ja einer Person zu dieser konkreten Gruppe von Menschen und zu ihrem Auftrag, das Reich Gottes zu leben und in die Welt zu tragen. Während jener Geschichtsperiode, in der die meisten großen Ordensgemeinschaften gegründet wurden, sah es so aus, als ob die Annahme dieser Vision zwangsläufig mit einschließt, allen familiären Bindungen abzusagen und ehelos zu leben. Heute jedoch befähigt uns ein erneuertes Verständnis des biblischen Konzepts von Jungfräulichkeit dazu, zu sehen, daß es sich auf *alle* bezieht, die glauben und beten – und nicht nur auf Zölibatäre. Diese erweiterte Sicht von „Berufung" erlaubt uns zu sehen, daß alle Christen zur Gemeinschaft berufen sind – und nicht nur einige wenige, die sich entscheiden, unverheiratet zu bleiben.

Damit diese Sichtweise nicht allzuweit hergeholt wirkt, ist es wichtig wahrzunehmen, daß es solche Gemeinschaften, „Leiber Christi" im biblischen Sinne, in der heutigen Kirche tatsächlich gibt. Einige davon befinden sich innerhalb der katholischen Kirche, andere in anderen Denominationen. Einige gehören der charismatischen Bewegung an, andere sind sozial engagierte Gemeinschaften. Einige bestehen aus Angehörigen religiöser Ordensgemeinschaften, die die Ur-Vision ihrer Gründerin oder ihres Gründers wiederentdeckt haben. Einige Mitglieder dieser neuen Gemeinschaften sind unverheiratet; die meisten sind es nicht. In der Zwei-Drittel-Welt entwikkeln sich Zehntausende von Basisgemeinden, die sich ihrerseits miteinander vernetzen.

Was sie alle vereint und jede dieser Gemeinden zum Leib Christi macht, ist die Tatsache, daß sie an dem einen Geist Anteil haben und ein und denselben Herrn anerkennen. Sie haben jene neue Weise entdeckt, mit Gott und untereinander in Beziehung zu sein, die Paulus „eine neue Schöpfung" genannt hat. Sie sind zu einer neuen Wirklichkeit geworden und strahlen eine neue Vitalität in die Welt hinaus. Sie haben etwas mitzuteilen, was wirklich eine „gute Nachricht" ist. Sie haben ein Leben, das abenteuerlich und außergewöhnlich ist. Die Gnade und Herrlichkeit, an der sie Anteil haben, entspricht dem, was die Jünger seinerzeit an Jesus anzog. Wenn man solch einem Leib Christi begegnet, kann man mit Paulus sagen, man habe *den Herrn gesehen.*

Den Herrn in der Welt sichtbar zu machen – das ist das Wesentliche an den Sakramenten. In der heutigen Theologie nennen wir Christus „das Sakrament Gottes", weil er die Wirklichkeit des Vaters für alle sichtbar macht. Wir nennen die Kirche „das Sakrament Christi", weil sie die Wirklichkeit des Sohnes in der Welt sichtbar macht. Und wir nennen die sieben traditionellen Sakramente „Sakramente der Kirche", weil sie die Wirklichkeit des Geistes allgemein zugänglich machen. Aber diese Formulierungen drücken nur in moderner Terminologie jene inkarnatorische Theologie aus, die schon immer die Weisheit hinter den kirchlichen Sakramenten gewesen ist.

Man nehme nur zum Beispiel das Sakrament der Versöhnung – oder das Bußsakrament (Beichte), wie wir es zu nennen pflegten. In der katholischen Spiritualität war es niemals genug, Gott ganz privat um Vergebung zu bitten und dann auf dem eingeschlagenen eigenen Weg weiterzumachen, als sei nichts geschehen. Du mußt deine Sündhaftigkeit mit einem anderen Menschen teilen, um

Klarheit beten, empfänglich sein für fremden Rat und Gottes Vergebung auf eine sehr erdnahe, konkrete und persönliche Weise empfangen. Dies entspricht ganz und gar dem paulinischen Verständnis des Leibes Christi.

Zu oft jedoch ist der inkarnatorische Aspekt der Sakramente durch institutionelle Aspekte verdunkelt worden. Statt Dialog zu sein, wurde die Beichte zum Ritual. Statt befreiend zu sein, wurde die Beichte zur Last. Zu oft wurde der humanisierende Aspekt der Sakramente durch kanonische und juristische Aspekte ersetzt. Anstatt eine zwischenmenschliche Begegnung zu sein, wurde die Beichte zu einer anonymen Aufzählung von Sünden. Anstatt Versöhnung mit einer Gemeinschaft zu sein, wurde sie zur Absolution durch einen Priester, der ausschließlich im Namen Gottes redete.

Wenn wir die inkarnatorische Bedeutung des Leibes Christi wiedergewinnen, können sich auch die Sakramente wieder mit einem lebendigen und menschlichen Sinn füllen. In einer vitalen christlichen Gemeinschaft muß man die Leute nicht beknien, doch bitte zur Beichte zu gehen; sie suchen Versöhnung miteinander, nötigenfalls auch durch eine Leitungsperson der Gemeinschaft, wenn immer sie spüren, daß die Einheit einen Riß hat. Eltern bringen ihre Kinder nicht zur Taufe, damit von ihrer Seele ein Fleck entfernt wird, sondern um das Eintauchen der Kinder in das neue Leben Christi einzuleiten, das durch die Gemeinde strömt. Die Leute kommen nicht zur Messe, um eine Pflicht zu erfüllen oder um zuzugucken, wie der Priester irgend etwas für sie tut; sie kommen, um mit anderen Mitgliedern des Leibes Christi das gemeinsame Geschenk zu teilen, daß sie vom Herrn erfüllt sind, und um den Sinn ihres gemeinsamen Lebens zu feiern.

Sogar ein Sakrament wie die Priesterweihe bekommt in einem lebendigen Christusleib neue Bedeutung und Anziehungskraft. Es ist erstaunlich, wie viele junge Leute beispielsweise in „New Jerusalem" eine Berufung zum

Priesteramt oder zum Ordensleben erwägen. Und viele haben das Konzept von Berufung ausgeweitet und tragen sich mit dem Gedanken, Missionare oder Gemeindehelfer zu werden. Ich habe in der „New-Jerusalem-Gemeinschaft" kein einziges Mal über „Berufung" gepredigt, aber ich erinnere mich ganz besonders an ein Jahr, als die Franziskaner höchst erstaunt waren, wie viele junge Männer von uns bei ihnen anklopften. Wenn junge Leute erst einmal die Liebe des Leibes Christi erlebt haben, möchten sie diese gute Nachricht anderen weitervermitteln.

Es ist auch wunderschön, wenn man hört, wie junge Männer und Frauen in unserer Gemeinschaft sagen, sie seien ganz und gar bereit, um des Reiches Gottes willen ehelos zu bleiben. Sie stehen am Anfang ihres Erwachsenenalters und haben die Freiheit, zwischen Ehe und Zölibat zu wählen und auf den Herrn zu hören, der sie auf den einen oder den anderen Weg ruft. In dieser Freiheit liegt eine große Freude, und sie teilen diese Freude mit uns übrigen.

Die lebendige Wirklichkeit des Leibes Christi, wo alle Mitglieder miteinander vernetzt sind und einander dienen, hat auch unser Bewußtsein für die ungeheure Vielfalt von Diensten in der Kirche erweitert. In der Vergangenheit haben wir Katholiken alle Dienste dem Priester aufgehalst – außer der Unterweisung kleiner Kinder, die wir den Nonnen überlassen haben. Aber das ist himmelweit vom Bild entfernt, das Paulus hat, wenn er vom Leib Christi redet. Die Vision, die er hochhält, hat nichts damit zu tun, daß ein einziger Mann alle Gaben hat und alles für alle anderen tut. Sie handelt vielmehr davon, daß der Geist durch unterschiedliche Menschen und eine Vielfalt von Gaben wirkt, die all das tun, was in der Gemeinde getan werden muß:

Es gibt verschiedene Gaben; doch ein und derselbe Geist teilt sie aus. Es gibt verschiedene Dienste, doch ein und derselbe Herr gibt den Auftrag dazu. Es gibt verschiedene Fähigkeiten; doch ein und derselbe Gott schafft sie alle. Was nun der Geist in jedem (jeder) einzelnen von uns wirkt, das ist zum Nutzen aller bestimmt (1 Korinther 12,4–7, *Gute Nachricht*).

Was ist der Nutzen aller? Der traditionelle Name dafür ist *Heil*. Wir vergessen oft, daß das Wort *Heil* etwas mit *Heilung* – also mit *Gesundheit* – zu tun hat. Die frühe Kirche sagte: *„Extra ecclesia nulla est salus"*, was oft übersetzt wurde: „Außerhalb der Kirche gibt es kein Heil." Die Alten haben damit nicht gemeint, daß man nicht in den Himmel kommt, wenn man nicht katholisch ist; sie beschrieben vielmehr die Erfahrung, daß ihre Gemeinschaft der Ort war, wo Leben wirklich heil werden konnte.

Der Sinn des Dienstes aneinander und des Einsatzes all der Gaben, die Gott uns gegeben hat, ist tatsächlich *Heil* – die Heilung menschlichen Lebens. Und indem einzelne geheilt werden, wird auch der Gesamtleib gesünder. Der Zweck der Geistesgaben ist der Aufbau des Leibes:

Wir wollen uns, von der Liebe geleitet, an die Wahrheit halten und in allem wachsen, bis wir ihn erreicht haben. Er, Christus, ist das Haupt. Durch ihn wird der ganze Leib zusammengefügt und gefestigt in jedem einzelnen Gelenk. Jedes trägt mit der Kraft, die ihm zugemessen ist. So wächst der Leib und wird in Liebe aufgebaut (Epheser 4,15–16).

Gemeinde wird also aufgebaut und wächst gesund und ganzheitlich heran, indem wir einander in Liebe dienen. Wenn Menschen das Leben füreinander hingeben und dabei die Gaben einsetzen, die Gott ihnen zum Nutzen der anderen gegeben hat, nimmt Christus in menschlichem Fleisch Gestalt an, und die Geschichte der Inkarnation geht weiter. Und dann kann die Erfahrung, gemeinsam Christus zu sein, in der Liturgie auch wirklich gefeiert werden.

In der jüngsten Vergangenheit haben zahlreiche Liturgie-Experten vorgeschlagen, daß der Gottesdienst der Ort sein soll, wo sich Gemeinschaft entwickelt und wo wir die Gegenwart Christi in unserer Mitte erleben. Sie wußten, daß die Sonntagsmesse die Zeit ist, wo die ganze Pfarrei (oder zumindest ein Gutteil davon) zusammenkommen kann, um darüber aufgeklärt zu werden, was es bedeutet, Glaubensgemeinschaft zu sein. Von den ersten Tagen der liturgischen Erneuerung nach dem Zweiten Vatikanischen Konzil an ermutigten deshalb diese Liturgiker die Kirchengemeinden, dem Gottesdienst große Bedeutung beizumessen, Teilnahme der Laiinnen und Laien beim Lesen und Singen zu fördern, die Predigt zu nutzen, um die Bibel in Beziehung zum Alltag zu setzen, und die Symbolkraft der Messe durch passende Gewänder, Ausschmückungen und so weiter anzureichern.

Nachdem wir diesen Ansatz einige Jahre lang in der katholischen Kirche erprobt haben, sehen wir deutlich, daß er nicht die verheißenen Früchte gezeitigt hat. Sicherlich haben einige Pfarreien wunderschöne Gottesdienste, die von ungeheuer engagierten Ausschüssen entwickelt, von gut geschulten Leitern moderiert und von sehr fähigen Musikern ausgestaltet werden. Aber für viele unserer Leute ist das nichts als eine muttersprachliche Sonntags-Show, die die lateinische Sonntags-Show abgelöst hat. Sie *besuchen* sie, *nehmen* aber nicht wirklich *teil*. Sie kommen als Fremde, schütteln beim Friedensgruß Fremden die Hand und gehen als Fremde. Sie sind keine echte Gemeinschaft. Das, was allein durch Liturgiereform passieren sollte, ist weitgehend gescheitert.

Ebenso haben Religionspädagogen seit dem Konzil betont, schulische oder außerschulische religiöse Unter-

weisung sei eine Möglichkeit, den Sinn der Kirche als Leib
Christi weiterzuvermitteln. Der Grundgedanke dabei ist,
daß man die Schülerinnen und Schüler mit den richtigen
Glaubensinhalten „anfüllt", so daß sie wissen, worum es
im christlichen Leben und beim Gottesdienst geht, wenn
sie sonntags zur Messe kommen. Aber das notorische
Scheitern sämtlicher katechetischer Programme zeigt
überdeutlich, daß viel mehr nötig ist als richtige Glaubensinhalte, ob sie nun aus einem traditionellen Kate-
chismus stammen oder aus einem entsprechenden Buch
neueren Datums. Jugendliche erscheinen zu außerschuli-
schen Unterweisungsprogrammen oft nur auf Druck
ihrer Eltern. Und um die kirchlichen Schulen steht es
kaum besser. Wenn ich gelegentlich Schülern und Schülerinnen des katholischen Gymnasiums etwas über „New
Jerusalem" erzähle, kann ich mich oftmals dem Eindruck
nicht entziehen, daß sie zum ersten Mal von Christus
hören und von dem Leben, das er ihnen anbietet. Unsere
jungen Leute haben genug Glaubensinhalte und Glau-
benslehre eingetrichtert bekommen; sie sehnen sich nach
jener Erfahrung des Herrn, die man nur im Leib Christi
machen kann.

Der Vorteil einer Gemeinschaft wie „New Jerusalem"
besteht darin, daß wir Christus in anderen schon längst
auf vielfältige Weise begegnet sind, bevor wir zusammenkommen und seine Gegenwart unter uns feiern. Wir
kennen unsere Bedürfnisse und Schwächen untereinander, und wir erleben, daß wir die Gaben haben, darauf
einzugehen. Wir kennen unsere Talente und Stärken
untereinander, und wir können diese Gaben herauslok-
ken, um mit ihrer Hilfe den Leib Christi aufzubauen. Wir
kommen regelmäßig in Kleingruppen zusammen, um zu
beten und Bibel zu lesen – nicht, weil jemand gesagt hat,
wir müßten das tun, sondern weil wir das Bedürfnis
haben, zu beten und aus der Bibel zu erfahren, was Gott
uns sagen will. Wir kommen einmal in der Woche zu

einer großen freigestalteten Eucharistiefeier zusammen, wo wir wirklich die Verbundenheit mit den anderen Mitgliedern des Leibes spüren und uns über das freuen können, was Gott mitten unter uns tut.

Von meiner Erfahrung in einer christlichen Gemeinschaft her bin ich überzeugt, daß wir nur durch ein Netzwerk solcher Beziehungen und durch das Mitleben in einem Leib Christi zu jener neuen Schöpfung werden können, von der Paulus redet. Es geschieht eben nicht in einer punktuellen religiösen Erfahrung, wie manchmal der Eindruck erweckt wird. Zu viele Leute, die „im Geist getauft" sind, vertrocknen wieder und welken dahin, weil ihre geistliche Wiedergeburt nicht in einem ständigen Beziehungsgeflecht gefördert und genährt wurde. Das sind die Aussteiger der verschiedenen Erneuerungsbewegungen, die schon von dem Gedanken an das angewidert sind, was sie kurzzeitig „angemacht" hat.

Nach Sicht des Paulus findet sich der Geist nicht so sehr bei einzelnen als in der Körperschaft der Gläubigen, die gemeinsam Christus zum Haupt hat. In solch einer beständigen Gemeinschaft kann der Herr auf eine Weise wirken und der Geist auf eine Weise wachsen, wie sie einzelne für sich allein niemals hätten erleben können. Wir lehren einander und lernen voneinander, wir helfen einander und erfahren Hilfe, wir vergeben einander und erleben Vergebung – und zwar so, daß wir einfach wissen, daß es Gottes Werk ist und nicht unser eigenes. Damit wir einander dienen können, schenkt uns der Geist Gaben, die wir nie entdeckt hätten, wenn sie nicht von anderen Mitgliedern des Leibes benötigt und „abgerufen" worden wären. Und immer wenn wir meinen, wir hätten es geschafft, zeigt uns der Herr, daß wir noch nicht am Ende sind, indem er uns vor neue persönliche und gemeinschaftliche Herausforderungen stellt, an denen wir wachsen können.

Das heißt nicht, daß es in einer christlichen Gemeinschaft keine Zeiten der Trockenheit und Todesstarre, der Versuchung und Sünde, der Eifersucht und Böswilligkeit, der Angst und Einsamkeit gibt. Das ist sogar der Normalfall! Deshalb stehen wir geradezu unter dem Zwang zum Wachstum und zur Umkehr. Im Gemeinschaftsleben sind unsere Schwäche und unsere Sündhaftigkeit augenfälliger, als wenn wir alle unser Privatleben hätten und einander gelegentlich unsere Schokoladenseite zeigen könnten. Gemeinsames Leben bringt nicht nur das Beste in uns zum Vorschein, sondern auch das Schlimmste. Aber das Wunder besteht darin, daß der Herr da ist, um uns zu heilen, wenn wir Heilung brauchen – in Gestalt von Schwestern und Brüdern, die uns aufrichten, unsere Wunden verbinden und unser Heil sind.

Jesus rettet. Wir haben diese Worte in unserer eigenen katholischen Tradition gehört und in letzter Zeit auch von Evangelikalen. Aber Paulus und meiner eigenen Erfahrung als Priester, Franziskaner und Mitglied einer Gemeinschaft wie „New Jerusalem" zufolge rettet uns Jesus durch eine Körperschaft von Glaubenden, die durch seinen Geist eins geworden sind. Jesus rettet in dem Maße, in dem jede Pfarrei, jeder Hauskreis, jede Schule, jeder religiöse Orden und jede Versammlung des Leibes Christi in Liebe zusammenkommt, dem Vater vertraut, dem Evangelium gehorsam und für den Geist offen ist. Und die gute Nachricht lautet, daß sein Heil uns nicht nur individuell gilt und auch nicht nur unserer eigenen Gemeinschaft, sondern durch seine fortwährende Fleischwerdung für alle Völker, Rassen, Religionen und Lebensweisen offensteht.

Die Kirche ist nicht so sehr der Ort, wo sich die Bekehrten treffen, sondern der Ort, wo sich wirkliche Bekehrung, Hingabe und universelle Liebe ereignen können. Sie ist Gottes Werkzeug für die Versöhnung und Einheit der gesamten Schöpfung.

205

Sechstes Kapitel

Apokalypse – Das neue Jerusalem

Das Buch, das die Bibel zum Abschluß bringt, wurde traditionellerweise „die Apokalypse" genannt. In modernen Übersetzungen heißt es jedoch in der Regel „Offenbarung (des Johannes)". Das Wort Apokalypse kommt aus dem Griechischen und bedeutet Entschleierung oder Enthüllung von etwas, was verborgen war. Die Apokalypse ist also eine Offenbarung von etwas Unbekanntem, das der Autor mit einer Reihe dramatischer und starker Bilder zur Darstellung bringt.

Kein Buch der Bibel hat so viele verschiedenen Ausdeutungen erfahren wie die Johannesoffenbarung. Im Laufe der Jahrhunderte haben viele Interpreten versucht, die rätselhafte Bilderwelt dieses Buches zu deuten, und viele von ihnen haben den Anspruch erhoben, endlich jenen Schlüssel gefunden zu haben, der seinen geheimnisvollen Sinn aufschließt. Gewöhnlich wurde dieses Buch sehr buchstäblich verstanden, wobei man jedes seiner Bilder oder jede Folge von Bildern mit realen historischen Gestalten oder Ereignissen in Verbindung gebracht hat. Bis heute gibt es Leute, die meinen, man könne aufgrund der Lektüre dieses Buches vorhersagen, was am Ende der Welt passieren wird.

Moderne Bibeltheologen hingegen verfolgen einen völlig anderen Ansatz. Sie weisen darauf hin, daß gerade die Fremdartigkeit dieses Buches ein Hinweis darauf ist, daß wir es hier mit einer Gedankenwelt und mit einer Art von Literatur zu tun haben, die sich sehr von der unseren unterscheidet. Es handelt sich um kein Buch unserer Zeit, das von einem modernen Autor verfaßt wurde, der etwa den Versuch gemacht hätte, exaktes Wissen hinter einem komplizierten Schleier von Bildern zu verstecken, als ob es einen Geheimcode gäbe, den man nur knacken muß. Es handelt sich vielmehr um eine sehr alte literarische Gattung, von der es innerhalb und außerhalb der Bibel weitere Beispiele gibt. Der Autor benutzt diese Sicht, um ein einfaches Thema in zuweilen phantastischer Bild- und Symbolsprache auszudrücken.

Sollte ich das Thema der Apokalypse in einem einzigen Satz zusammenfassen, würde der in etwa lauten: „Standfester Glaube inmitten von Verfolgung gründet auf einer sicheren Hoffnung auf zukünftige Herrlichkeit!" Oder anders gesagt: „Wie schlimm die Konflikte auch werden – Gott wird am Ende über das Böse triumphieren!" Oder theologisch formuliert: „Selbst wenn Satan jetzt zu triumphieren scheint, wird Gottes Liebe und Macht am Ende Christus den Sieg zuerkennen!"

Dieses Buch wurde gegen Ende des ersten Jahrhunderts geschrieben, nachdem es unter den Kaisern Nero und Domitian zu Christenverfolgungen gekommen war. Und da das Christentum im Römischen Reich noch immer illegal war, war kein Ende des Konflikts in Sicht, obwohl es zwischen aggressiven Verfolgungen auch Perioden relativer Ruhe gab. Am Horizont kündigten sich jedenfalls weitere Stürme an, bevor sich der Himmel aufklären würde. Einige Christen hegten vielleicht erste Zweifel daran, daß der Orkan je vorüberziehen würde. Aber nicht der Autor der Apokalypse.

Der Autor ist ein christlicher Prophet, der seinen Namen mit „Johannes" angibt. Die Eigenart seines literarischen Stils läßt klar erkennen, daß es nicht derselbe Johannes ist wie der Autor des vierten Evangeliums. Das Buch könnte vom Apostel Johannes oder einem seiner Jünger stammen. Vielleicht ist es in seiner jetzigen Form sogar Werk einer „Schule" (also mehrerer Schreiber), die es Johannes zuschrieben, weil es auf seinen prophetischen Visionen basierte. Der Autor sagt, er hätte diese Visionen von Gott empfangen, während er auf die Insel Patmos westlich vor der kleinasiatischen Küste verbannt war (Offenbarung 1,9).

Im zweiten und dritten Kapitel richtet Johannes prophetische Worte an sieben Gemeinden im westlichen Kleinasien, mit denen zusammen er kurz vorher besagte Verfolgungen durchgestanden hatte. Die Begeisterung der ersten Jahre des Christentums, in denen es sich wie ein Waldbrand ausgebreitet hatte, hatte sich mittlerweile gelegt. Die ursprüngliche Hoffnung, daß Christus zu Lebzeiten der ersten christlichen Generation wiederkehren würde, war verblaßt. Dennoch hatten die Gläubigen immer noch Hoffnung. Diejenigen, die glaubten, daß der Lebensstil Jesu der Weg zum ewigen Leben ist, vertrauten weiterhin darauf, daß der Vater am Ende seinem Sohn recht geben würde.

Die Apokalypse ist also mitten im Kampfgetümmel entstanden, richtet sich an Christen, die im Kampf stehen, und handelt vom Sinn und vom Ausgang dieses Kampfes. Im gesamten Buch tobt ein ständiger Krieg zwischen Gut und Böse. Der Krieg umgibt die Gemeinden von allen Seiten; deshalb malt der Autor überdimensionale Bilder, um diesen Krieg zu beschreiben. Engel und Drachen kämpfen im Himmel. Sturm durchpeitscht die Lüfte, Sterne fallen herab, und Berge bersten. Seuchen und Hungersnöte suchen die Erde heim und bringen Zehntausende ums Leben. Das kosmische Drama beschreibt das Allerschlimmste, was bereits geschehen ist und noch geschehen würde.

Hätte Paulus an jene Gemeinden geschrieben, hätte er vielleicht gesagt, daß der Leib Christi in der Welt gekreuzigt wird und die Leiden Jesu in der Hoffnung auf Auferstehung erträgt. Johannes hat dieselbe Vorstellung, formuliert sie aber viel archaischer und orientalischer, indem er auf eine phantastische und kaleidoskopartige Bildersprache zurückgreift. Er begreift, daß sich das, was mit Jesus geschehen war, im fleischgewordenen Christus, also in der Gemeinde, fortsetzt. Und so schaut er mit prophetischer Klarsicht, daß nach der Passion Auferstehung kommen muß. Weil der Vater Jesus von den Toten auferweckt hat, wird Gott ebenso jene erretten, die in Christus leben.

Diesbezüglich ähnelt Johannes den Propheten des alten Israel. Wie sie schaut er Vergangenheit, Gegenwart und Zukunft in einem einzigen blitzlichtartigen Augenblick. Er sieht zurück in die Vergangenheit und findet dort das Muster des göttlichen Handelns. Er betrachtet die Gegenwart und sieht dasselbe Muster am Werk. Und er schaut in die Zukunft und entdeckt, wie sich das göttliche Handlungsmuster fortsetzt. Daraufhin spricht er in die Gegenwart hinein – überzeugt davon, daß Gott dasselbe tut, was er einst getan hat und auch künftig tun wird. Gott ändert sich nicht; nur wir sind es, die sich verändern. Gott bleibt seinen Verheißungen ewig treu; und da er bereits begonnen hat, die Verheißung ewigen Lebens zu erfüllen, indem er Jesus auferweckt hat, müssen Christen nichts tun, als auf jenen Gott zu warten, dessen Heil ganz sicher kommen wird.

Ein einzigartiger literarischer Stil

Die Offenbarung ist jedoch kein prophetisches Buch im strengen Sinne, wenn man den geläufigen prophetischen Sprachstil des Alten Testaments als Maßstab nimmt. Noch weniger ist es ein Buch, das prophetische Äußerungen im Sinne konkreter Vorhersagen enthält. Es ist in einem ganz speziellen Stil geschrieben, den man „apokalyptisch" nennt. Wir müssen das im Hinterkopf behalten, um das Buch der Offenbarung zu verstehen und nicht falsch zu deuten.

Der apokalyptische Stil stellt alle Ereignisse, die auf Erden stattfinden, so dar, als sähen wir vom Himmel aus zu, wie sich ein spektakuläres Drama entfaltet. Er nimmt die Perspektive der Ewigkeit ein, die wir oft nötig haben, wenn wir zu sehr in unsere unmittelbaren Probleme verstrickt sind. Der Autor versucht zu zeigen, daß Gott größer ist als all unsere Probleme, und ruft uns auf diese Weise zu jener umfassenderen Sichtweise, die uns der Glaube an Gott anbietet.

Ein (für die apokalyptische Literatur übliches) Stilmittel, das der Autor einsetzt, um das zu erreichen, besteht darin, daß er die ganze Geschichte in der Vergangenheit beschreibt: Erst geschah dies, dann das, dann jenes usw. Das erweckt den Eindruck einer bereits vollendeten Geschichte, als habe also das Beschriebene bereits stattgefunden.

Dasselbe Phänomen begegnet uns in den Visionen einiger alttestamentlicher Propheten. Sie sahen den Niedergang Israels oder die Rückkehr aus dem Exil (je nachdem, wann sie schrieben) so klar, als seien diese Ereignisse bereits eingetreten. Die apokalyptische Sichtweise vermittelt den Eindruck, als ob Gott aus der Perspektive der Ewigkeit auf *zukünftige* Ereignisse *zurückblickt* und alles sieht, was geschehen wird. Daher sieht es so aus, als sei alles vorherbestimmt und wir könnten nichts tun, um den Lauf der Ereignisse zu beeinflussen. Das ist jedoch gerade *nicht* die Absicht des Autors.

Johannes sieht das Ende der Verfolgung und den letztendlichen Triumph Gottes so deutlich, als sei das bereits passiert. Er tut das aber nicht, damit die Menschen angesichts des Unvermeidlichen resignieren, sondern um sie zu einem mutigen Glauben an die Macht Gottes zu inspirieren, die Gewalten des Bösen zu bezwingen.

Der apokalyptische Literaturstil eignet sich vortrefflich, um den Sinn der Geschichte darzustellen, da er das menschliche Drama auf eine kosmische Bühne stellt. Die Menschheit stolpert, umgeben vom Wirbel der Ereignisse, vorwärts und versucht, Glück und Frieden zu finden. Sie muß gegen ungeheure Widerwärtigkeiten ankämpfen und begegnet Hindernissen, die den Fortschritt mitunter so aussehen lassen, als ginge es zwei Schritte nach vorn und drei zurück. Aber weil der auferstandene Christus der Herr der Geschichte ist und weil die Macht des fleischgewordenen Gottes unbezwingbar ist, ist der Fortschritt der Menschheit auf das Heil zu gesichert. In Christus ist der Sieg bereits errungen, und das Zeichen dieses Sieges ist die Auferstehung. Sie ist keine menschliche Errungenschaft, sondern bleibt göttliches Geschenk – genauso wie es die Auferweckung Jesu war.

Von den ersten Kapiteln der Bibel an sehen wir eine aufgewühlte Menschheit: überschwemmt von der eigenen Verderbtheit, verleitet von Hochmut, heimgesucht von Widersprüchen, verwirrt von vielen gescheiterten Versuchen, den Himmel zu stürmen und zu werden wie Gott. Die blasse Erinnerung an das verlorene Paradies drängt eine Generation nach der anderen zu versuchen, geordnete gesellschaftliche Verhältnisse herzustellen. Und doch ist es immer Gottes Macht, die dafür sorgt, daß die Menschheit überhaupt vorankommt. Im Königreich Israel gelingt es Gottes Macht sogar, eine Stadt zu gründen, die David Jerusalem nannte, was soviel heißt wie „Stadt des Friedens".

Obwohl das irdische Jerusalem aufgrund göttlicher Vorsehung entstanden ist, wird es zerstört, als es seinem Herrn den Rücken kehrt und sich auf menschliche Stärke verläßt. Durch Gottes Vergebung wird es zwar wieder aufgebaut, aber es wird niemals zu jenem Paradies des Friedens, nach dem sich die Menschheit sehnt. Nichtsdestoweniger bleibt es ein Symbol der Hoffnung, ein Zei-

chen jenes Zieles, dem die Menschheit blind entgegen-
stolpert.

Und so taucht Jerusalem in den letzten Kapiteln der
Apokalypse abermals auf. Aber es handelt sich um keine
Stadt, die von Menschenhand errichtet ist. Es ist eine
Gottesstadt, die aus den Himmeln herabkommt und der
Menschheit zum Geschenk gemacht wird. Es ist Gottes
Geschenk des Friedens, der keine menschliche Errungenschaft ist, sondern die Erfüllung einer göttlichen Verheißung. Gottes Sieg ist nichts als Gnade. Gottes Friede ist
das Geschenk einer ewigen Liebe. Das Paradies wird auf
dieselbe Weise wiedergewonnen, wie es ursprünglich
gegeben wurde – als Geschenk.

Das neue Jerusalem ist ein Symbol jener vollendeten
Gesellschaft, in der die Beziehung zwischen Gott und der
Menschheit im Lot ist. Es ist das Reich, in dem Gott
regiert und die Menschen in Harmonie miteinander
leben. Es ist die Stadt des Friedens, in der die Liebe Gottes
endgültig auf der Erde Gestalt gewinnt. Es ist das Zuhause
des Leibes Christi, wo jene daheim sind, die mit seinem
Geist gesalbt sind. Und so wird es auch vom Himmel her
verkündet: „Nun gehört die Herrschaft über die Welt
unserem Herrn und seinem Gesalbten; und sie werden
herrschen in alle Ewigkeit" (Offenbarung 11,15b).

Aber das ist nur das letzte Symbol in einem Buch, das
von Symbolen strotzt. Die Zahl Sieben beispielsweise, die
in der Antike als Symbol der Einheit von Himmel und
Erde heilig war, taucht immer wieder auf: sieben irdische
Städte, sieben versiegelte Schriftrollen, sieben Posaunen-
stöße und sieben Schüsseln mit endzeitlichen Plagen.
Christus wird als Menschensohn, als Gotteslamm, als
König der Könige und als Bräutigam der Kirche darge-
stellt. Die Menschheit wird vom Volk und von den
Nationen der Erde repräsentiert, von den Engeln, die das
Gotteslob singen, und von der Frau, die Christus zur Welt
bringt. Im zwölften Kapitel wird ihr Kind in den Himmel

aufgenommen und zieht von dort aus unaufhörlich gegen das Böse zu Felde, das die Frau und ihre anderen Kinder attackiert.

In diesem Kaleidoskop des Symbolismus ist es nicht immer möglich, den Bildern klar umrissene Bedeutungen beizulegen. Mitunter ist die Frau Maria, dann wieder die verfolgte Kirche. Manchmal ist Christus identisch mit Jesus, dann wieder ist Christus die siegreiche Kirche. Ebenso schwankt die Bedeutung der Symbole des Bösen: Einmal stehen sie für himmlische, dann wieder für irdische Kräfte der Zerstörung. Die vier Reiter, die die Erde mit Verwüstung überziehen, das Meeresungeheuer mit den sieben Köpfen, das zweihörnige Tier von der Erde, die Götzen Gog und Magog – sie alle und andere bezeichnen mal den einen, mal den anderen der Feinde Gottes. Die Hurenstadt Babylon repräsentiert nicht nur Rom, sondern jeden Ort der Prostitution, der Ausschweifung und des Götzendienstes und wird am Ende ins Meer gestürzt und von der heiligen Stadt Jerusalem ersetzt, die vom Himmel herabkommt und das ganze Erdreich bedeckt.

Obwohl in dem Buch eine Schlacht die andere jagt, obwohl Hunger und Pestilenz ihr Unwesen treiben, obwohl Tod und Zerstörung wüten, ist der Ausgang niemals zweifelhaft. Aus Gottes Sicht ist das alles bereits Vergangenheit. Der Sieg ist bereits errungen; er muß nur noch ans Licht kommen. Deshalb sind die feindlichen Lager von Gut und Böse einander niemals ebenbürtig. Es besteht nie die Gefahr, daß Satan triumphieren und Christus geschlagen werden könnte – unabhängig davon, wie schrecklich und erfolgreich eine Verfolgung auch scheinen mag. Deshalb hat apokalyptische Literatur die Kraft, in unmöglichen Zeiten zu trösten und Hoffnung zu schenken.

Eine Vision von dem, was wirklich ist

Auf seine Weise schreibt Johannes etwas Ähnliches wie einen guten alten Western für die christlichen Pioniere des ersten Jahrhunderts. Er sagt, daß noch so viele Rothäute und Banditen ihren Wagentreck angreifen können – am Ende wird die Kavallerie auftauchen und sie retten. Und sie mögen durch noch so viele Stürme und Dürreperioden hindurch müssen – sie sind sicher, daß vor ihnen ein Land des Friedens und der Fülle liegt. Aber um dorthin zu gelangen, brauchen sie ungeheuer viel Glauben und Hoffnung.

Er schreibt so, weil sich bei einigen Christen in Kleinasien Zweifel regen. Vielleicht haben sie sich auf den Weg gemacht und haben zuvor nicht bedacht, wie gefährlich und aufreibend das werden kann. Deshalb offenbart ihnen Johannes jenen tieferen Glauben, wie ihn eine gefährliche Reise erfordert. Er ermutigt sie, der Dunkelheit tapfer ins Auge zu sehen und auch im Sturm aufrecht zu gehen. Und er erinnert sie daran, daß Gott – ganz unabhängig davon, wie die Lage aussieht – in Jesus gezeigt hat, wie die Dinge wirklich stehen.

Diesbezüglich tut Johannes für seine Gemeinde genau das, was Don Quichotte im Musical „Der Mann von La Mancha" für Aldonza tut: Andere nennen sie eine dreckige Nutte, aber er weigert sich, diese Definition der Wirklichkeit zu übernehmen. Tag für Tag nennt er sie „reine Dulcinea" und besteht darauf, daß sie eine bezaubernde und ehrbare Dame ist. Am Ende überwindet die Kraft seiner Bestätigung ihren Unglauben, und sie wird das, was er bereits in ihr gesehen hat.

Indem die frühe Kirche das Meisterwerk des Johannes als inspiriertes Gotteswort akzeptiert hat, bestätigte sie, daß diese Sicht der Dinge Christen aller Zeiten etwas zu sagen hat. Die Macht des Wortes Gottes besteht darin, daß es uns die Wirklichkeit erschließt – auch wenn die

Welt um uns herum völlig anders aussieht. Noch wichtiger ist es, daß es uns die Wahrheit über uns selbst sagt, selbst wenn wir uns für etwas anderes halten. Wir denken vielleicht, wir sind wertlos. Aber Gott sagt uns, daß wir kostbar sind. Wir meinen vielleicht, wir sind verlassen, aber Gott sagt uns, daß wir seine Kinder sind. Wir denken vielleicht, unser Lebensweg führt ins Nichts, aber Gott sagt uns, daß alles, was wir uns je erträumt haben, bereits unser ist – wenn wir nur die Augen öffnen und sehen.

Aber nicht nur wir selbst reden uns selber die Unwahrheit ein. Unsere Gesellschaft sagt uns, wir müßten es selbst schaffen, und wenn wir das nicht haben, was die Welt Erfolg nennt, stehen wir als Versager da. Selbst die Religion hat uns oft verdammt, indem sie uns vermittelt hat, wir seien Sünder und müßten das eigene Seelenheil verdienen oder ansonsten die Konsequenzen tragen. Aber das befreiende Wort Gottes sagt uns, daß wir nach Gottes Bild geschaffen sind, und beruft uns dazu, nach dem Muster Jesu neu geschaffen zu werden.

Von der Schöpfung bis zur Neuschöpfung ist alles Gottes Werk. Bei der Schöpfung war die Welt wie Ton in Gottes Hand und wurde in den natürlichen Formen der göttlichen Güte geschaffen. Die Neuschöpfung der Menschheit ist die Wiederherstellung unseres Geistes nach dem Muster des Heiligen Geistes, die uns zu Kindern Gottes und zu Geschwistern Jesu macht. Auf dieses Ziel hin sind die Welt und wir selbst unterwegs, dorthin führt uns der Herr. Und so beschreibt die Apokalypse das *Große Finale* der ewig schöpferischen und neuschöpferischen Liebe Gottes:

> Dann sah ich einen neuen Himmel und eine neue Erde; denn der erste Himmel und die erste Erde sind vergangen, auch das Meer ist nicht mehr. Ich sah die heilige Stadt, das neue Jerusalem, von Gott her aus dem Himmel herabkommen; sie war bereit wie eine Braut,

die sich für ihren Mann geschmückt hat. Da hörte ich eine laute Stimme vom Thron her rufen: Seht, die Wohnung Gottes unter den Menschen! Er wird in ihrer Mitte wohnen, und sie werden sein Volk sein; und er, Gott, wird bei ihnen sein. Er wird alle Tränen von ihren Augen abwischen: Der Tod wird nicht mehr sein, keine Trauer, keine Klage, keine Mühsal. Denn was früher war, ist vergangen. Er, der auf dem Thron saß, sprach: Seht, ich mache alles neu (Offenbarung 21,1–5a).

Wir müssen uns allerdings erinnern, daß der Prophet keine Zukunftsvision beschreibt. Aus Gottes Sichtweise gibt es weder Zukunft noch Vergangenheit; die Ewigkeit ist ewig hier und jetzt präsent. Das göttliche Muster bleibt sich immer gleich, Gottes Liebe ist immer da, und Gottes Wort ist immer wahr. Deshalb fährt Johannes fort:

Und er sagte: Schreib es auf, denn diese Worte sind zuverlässig und wahr. Er sagte zu mir: Sie sind in Erfüllung gegangen. Ich bin das Alpha und das Omega, der Anfang und das Ende (Offenbarung 21,5b–6a).

So wird Christus als Mittelpunkt der Geschichte verkündet, der von Anfang bis Ende von Gottes erlösender Liebe umgeben ist. Man muß den Herrn nirgendwo sonst suchen, weil er bereits mitten unter uns wohnt. Es gibt keinen Ort, wohin wir gehen könnten, um seine Liebe zu suchen, weil sie uns immer genau da geschenkt wird, wo wir gerade sind. Gott liebt die Schöpfung ins Sein hinein, und der Geist ist am Werk, um diejenigen neu zu schaffen, die das Herz der Macht göttlicher Liebe öffnen.

Mit dieser Liebe erfüllt zu werden bedeutet, eins zu sein mit Jesus. Mit dieser Liebe erfüllt zu sein bedeutet, als Teil des Leibes Christi im Zentrum der Geschichte zu stehen. Mit dieser Liebe erfüllt zu sein bedeutet, die Welt mit Gottes Augen zu betrachten, zu sehen, wie schön sie ist und wie herrlich sie sein wird.

Manchmal sind es nur Propheten und Dichter, die das sehen. Aber wenn sie ihre Vision für uns aufschreiben, können auch wir ihre Offenbarungen nachvollziehen. Ihre Innenschau zeigt uns, was wirklich echt ist, und öffnet uns dafür, es selbst zu entdecken. Der Prophet Johannes tat das für die Kirche seiner Tage, und indem er das tat, hat er seine Vision mit der Kirche aller Zeiten geteilt.

Der Blick des Glaubens sieht, daß das Gewöhnliche in Wirklichkeit außergewöhnlich ist, daß das Profane heilig ist, daß der Herr inmitten der Welt ist, um sie zu erlösen. Das zu erfahren bedeutet, Gott zu kennen.

Unser neues Jerusalem – ein modernes Glaubensabenteuer

In meinen beiden Bänden über die Lebenskraft der Bibel habe ich behauptet, daß ich mich für meine Worte persönlich verbürgen kann – und zwar nicht nur, weil ich das alles in der Bibel gelesen habe, sondern weil ich im eigenen Leben erfahren habe, daß Gottes Wort wahr ist. Zuweilen habe ich in die Kapitel der beiden Bücher Beispiele aus dem Leben unserer Gemeinschaft „New Jerusalem" eingestreut, aber jetzt könnte es an der Zeit sein, noch etwas mehr darüber zu sagen.

Die Bibel endet mit dem Bild des neuen Jerusalem, das vom Himmel herabkommt. Diese apokalyptische Sprache kann sehr lebensfremd wirken, auch wenn sie von noch so kunstvoller Poesie sein mag. Um dazu beizutragen, die Bibel ein bißchen konkreter werden zu lassen, möchte ich die Lektionen über die Heilige Schrift mit einer ganz „erdnahen" Beschreibung jenes „neuen Jerusalem" abrunden, das ich selbst erlebt habe – und wie es entstanden ist.

Kurz vor meiner Priesterweihe wurde ich gefragt, welche Art von Dienst ich gerne tun würde. Ich sagte, ich würde gerne Erwachsenen das Wort Gottes predigen und vielleicht nach franziskanischer Tradition Missionen und Exerzitien abhalten. Wenn das nicht möglich wäre, waren mein Zweit- und Drittwunsch, biblische Theologie zu lehren oder mit den Indianern in New Mexico zu arbeiten. Das einzige, was ich auf keinen Fall machen wollte, war Jugendarbeit. Aber der liebe Gott hatte andere Pläne. Mein Orden brauchte einen Religionslehrer für die Roger

Bacon High School in Cincinnati. Ich willigte unter der Bedingung ein, daß das nur für die Dauer eines Jahres wäre. Das war im Januar 1971, und ich dachte noch immer, ich würde meinen Lebensweg im großen und ganzen selbst steuern.

Im Juni fuhr ich nach Hause nach Topeka in Kansas, um in der Pfarrei zum Priester geweiht zu werden, in der ich aufgewachsen war. Nach so vielen Jahren des Studiums und der Ausbildung war endlich der große Tag da, aber aus irgendeinem Grund war ich nicht so aufgeregt, wie ich das vorher vermutet hätte. Ich fühlte mich eher etwas leer und gefühllos; und sogar als mir der Bischof die Hände auflegte, um mich zu weihen, merkte ich kaum, was vor sich ging.

Ich erinnere mich allerdings daran, wie ich nach der Zeremonie in die Vorhalle der Kirche zurückging, wo all meine Verwandten und Freunde versammelt waren. Nacheinander kamen sie, um mir zu gratulieren, während der Bischof auf der einen und meine strahlenden Eltern auf der anderen Seite von mir standen.

Da kam plötzlich eine Frau auf mich zu und sagte: „Pater, ich will mit Ihnen reden!"

„O je, schon der erste Seelsorgefall!" dachte ich. Am liebsten hätte ich gesagt: „Sehen Sie nicht, daß das mein großer Tag ist? Können Sie nicht später wiederkommen?" Das drückte ich aus, wenn auch in einer etwas höflicheren Form.

Die Frau ließ sich davon nicht abschrecken und sagte, es sei aber wichtig. So entschuldigte ich mich und ging mit ihr auf die weniger belebte Seite der Vorhalle. Sie sah mich an und sagte: „Der Heilige Geist wird durch Sie wirken!" Ich hielt das für keine große Neuigkeit. Schließlich war ich ja jetzt Priester. Aber sie fuhr fort: „Wahrscheinlich wissen Sie das nicht. Aber Sie stehen genau auf dem Punkt, wo vermutlich im Jahre 1900 die Pfingstbewegung entstanden ist. Am 1. Januar jenes Jahres traf sich erstmals eine Gruppe in einem kleinen Gebäude, das manchmal ‚Stone's Folly' genannt wurde. Die Leute kamen zusammen, um zu beten und um die Gaben des Geistes zu bitten. Sie trafen sich ein ganzes Jahr lang, und Silvester desselben Jahres berührte sie der Heilige Geist auf mächtige Weise. Sie fingen an, in Zungen zu reden und Heilungen zu erleben und vieles von den Dingen, von denen der heilige Paulus spricht, aber von denen man jahrhundertelang nichts mehr gehört hatte. Sie begannen, anderen mitzuteilen, was ihnen widerfahren war, und obwohl sie von vielen als Narren und Verrückte bezeichnet wurden, war ihnen klar, daß Gott ihnen dieselben Gaben gegeben hatte, von denen sie im Neuen Testament gelesen hatten.

Einige Jahrzehnte später wurde das alte Gebäude, in dem sie zusammengekommen waren, abgerissen. Diese katholische Kirche an der Ecke zwischen der 17. Straße und Stone Street wurde an genau derselben Stelle errichtet. Aber Sie sind der erste Priester, der hier geweiht wird. Während ich Ihrer Primiz beigewohnt habe, hat mir Gott gesagt, er würde Sie auf ganz besondere Weise für sein Werk benutzen."

Ich dankte ihr; und obwohl ich nicht alles verstand, was sie sagte, verspürte ich wohl den Wunsch, ihr zu glauben. In der Geschäftigkeit der folgenden Zeit vergaß ich jedoch diese Begegnung völlig. Aber als ich dann nach Cincinnati zurückkam und als Lehrer in Roger Bacon anfing, begannen seltsame Dinge zu geschehen, die mich an diese Frau und ihre Prophezeiung erinnerten. Irgendwie wurden diese jungen Leute durch das, was ich im Klassenzimmer und bei Schulgottesdiensten sagte, von einem Geist berührt, wie sie es zuvor nie erlebt hatten. Selbst Halbstarken in der zehnten Klasse erging es so – und das ist das robusteste Publikum überhaupt, vor dem man stehen kann. Einer von ihnen faßte es in Worte: „Offensichtlich sind das nicht Sie, Pater Rohr!" Das holte mich wieder ein oder zwei Stufen runter, aber ich wußte, er hatte recht.

Ich erlebte, daß auch Oberkläßler bereit waren, auf Gott zu hören und ihm auf tiefere Weise nachzufolgen. Einige von ihnen fingen an, nach der Schule dazubleiben, oder tauchten sogar am Wochenende bei mir auf. Wir redeten viel über Jesus und was Christsein heißt, und einige von uns begannen, zusammen zu beten. Jedesmal, wenn wir das taten, kamen wir dem Herrn und einander ein Stück näher.

Mitten im Schuljahr bat man mich, auch die Jugendexerzitien für die Erzdiözese von Cincinnati zu übernehmen. Ich sagte zu, weil ich zu dieser Zeit bereits sah, daß mich Gott in einen Dienst an jungen Leuten führte. Sechs Monate vorher hätten mich keine zehn Pferde dazu gebracht, mit Teenagern zu arbeiten, und jetzt meldete ich mich freiwillig, um bei Einkehrtagen für Oberschüler zu predigen!

Als das erste Wochenende für junge Männer zur Hälfte abgelaufen war, mußte ich das Einkehrhaus zeitweilig verlassen, um eine Zusammenkunft der katholischen Familienbewegung zu besuchen, die auf der anderen Seite der Stadt stattfand. Ich redete viel länger zu dieser Gruppe, als ich geplant hatte, und kam sehr spät und sehr ausgelaugt in das Exerzitienhaus zurück. Als ich ankam, konnte ich sehen, daß in meiner Abwesenheit mit den Jugendlichen nichts vorangegangen war. Es war, als hätten die meisten nichts von dem mitgekriegt, worüber nachzudenken ich sie gebeten hatte. Ich hatte über Gemeinschaft geredet, aber es war klar, daß an diesem Wochenende kein Gemeinschaftsgefühl da war. Jeder machte, wonach ihm selbst der Sinn stand, und einige von ihnen begannen sogar zu randalieren.

Mir stand an diesem Tag noch das Hauptreferat über die Liebe des Vaters bevor. Ich spürte, daß bei ihnen die gute Nachricht von Jesus irgendwie rüberkommen müßte, wenn die Exerzitien überhaupt irgendeine Wirkung auf sie haben sollten. Deshalb bat ich die drei jungen Leute von Roger Bacon, die ich im Team dabei hatte, angesichts der Lage mit mir zu beten. Ich wußte, daß die drei den Herrn kannten, und ich spürte, daß ich ihren Rückhalt bräuchte.

Wir vier gingen in ein kleines Zimmer, das direkt neben dem Raum lag, wo die anderen Blödsinn machten. Als erstes sagte einer von ihnen zu mir: „Pater, Sie haben uns immer gesagt, wir sollen dem Herrn vertrauen. Jetzt fordern wir Sie auf, dem Herrn zu vertrauen. Sie werden da rausgehen und predigen, und wir werden beten, während Sie das tun! Und wir wollen dem Herrn vertrauen, daß die da draußen das hören werden, was Gott ihnen sagen will." Ein anderer schlug die Bibel aufs Geratewohl auf und fand die Stelle, wo Paulus sagt, daß der Herr unsere Schwachheit benutzt, um seine Kraft zu beweisen (2 Korinther 12,9–10). Wir nahmen dieses Wort für uns selbst in Anspruch. Dann ging ich ins andere Zimmer, um zu predigen, während sie dablieben und beteten.

An diesem Abend geschah etwas, was ich nie vergessen werde. Nachdem ich die Predigt beendet hatte, lud ich alle ein, die beichten wollten, in mein Zimmer zu kommen. Es kamen viel mehr, als ich erwartet hätte, und die meisten von ihnen strahlten dabei von einer Freude, die sie sich selbst nicht erklären konnten. Kurz vorher waren das noch typische Oberkläßler gewesen, aber jetzt war irgend etwas Neues mit ihnen passiert. Irgend etwas hatte sie angerührt und verändert – und das war offenkundig nicht ich.

Nachdem ich zwei Stunden lang ihren Versuchen gelauscht hatte, mir mitzuteilen, was sie erlebt hatten, verließ der letzte Junge mein Zimmer. Ich ging ins Freie, um ein bißchen frische Luft zu schnappen. Normalerweise hätten zu dieser Zeit ein paar von ihnen auch draußen sein müssen, aber keiner war da. Ich ging in den Flur, wo wir in der Regel unsere kleinen Snacks hielten, aber da war es dunkel und still. Ich sah mich überall um und guckte in meiner Verzweiflung sogar in die Kapelle.

Ich machte die Tür auf – und da waren sie alle. Sie knieten um den Altar! Einige lasen in der Bibel. Einer spielte leise Gitarre. Einige hatten die Arme umeinander gelegt. Andere hatten Tränen in den Augen. Etliche beteten in einer merkwürdigen, unbekannten Sprache. Auch ich fiel auf die Knie und begann zu beten. Ich wußte, daß ich Zeuge des göttlichen Wirkens war.

Während der nächsten Wochen fragte ich mich manchmal, ob meine Vorgesetzten nicht doch alsbald meinem früheren Wunsch entsprechen und mich nach New Mexico versetzen würden! Es ging viel Mißverständliches um über das, was an dem Wochenende passiert war. Die Jungen waren voller Feuer in ihre Schulen zurückgekehrt, und nichts konnte sie davon abhalten, ihren Kameraden zu erzählen, was sie erlebt hatten. Einige der Lehrer, die davon Wind bekamen, vermuteten, der Exerzitienmeister hätte kräftig in die psychologische Trickkiste gegriffen, um den Jungen den Kopf zu verdrehen – oder Schlimmeres.

Die Jungen jedoch kamen wieder zu mir und versicherten, daß das, was sie in jener Nacht entdeckt hatten, das Echteste und Wirklichste in ihrem ganzen Leben war. Sie hatten Angst, das wieder zu verlieren, und wollten es behalten. Da fragte ich sie, von wem sie es ihrer Meinung nach hätten, und sie waren sicher, daß es Gott gewesen war. „Nun gut", sagte ich. „Wenn es nur ein Menschentrip ist, hat es keinen Bestand. Aber wenn es wirklich ein Gottestrip ist, wie ihr sagt, müssen wir miteinander beten und gucken, wo es von hier aus hingeht."

Sie waren alle einverstanden damit, am Freitag ins Kloster zu kommen, wo ich lebte. Es waren so viele, daß sie das ganze Besuchszimmer ausfüllten, und wir müssen drei Stunden lang gesungen und gebetet haben. Wir

223

hielten miteinander eine fröhliche Eucharistiefeier! Ein paar Mal sangen sie so laut, daß ich dachte, die Decke kommt runter. Am nächsten Tag erfuhr ich, daß einige der anderen Brüder über den „Krach" nicht allzu glücklich waren, und wieder dachte ich, man würde mich ins Indianerreservat schicken.

Aber der Herr sorgte auf eine Weise für alles, daß ich mit der Buchführung gar nicht nachkam. Alles lief wie am Schnürchen, eins griff ins andere, obwohl nichts dabei war, was an und für sich wichtig aussah. Ich fragte mich, ob ich mir selber etwas vormachte und es auf Gott schob. Vielleicht manipulierte ich alles zumindest unbewußt und merkte das gar nicht. Vielleicht war das alles meine Geschichte, und ich war bloß nicht ehrlich genug, um es zuzugeben.

Einige Leute dachten das ganz bestimmt. Sie nannten mich einen Teeny-Priester, der eine Teeny-Gemeinde gründet. Also wurde ein Komitee eingesetzt, das meine Predigten überprüfen und herausfinden sollte, was hinter alldem steckt. In gewisser Weise begrüßte ich das, weil es mir eine Last von den Schultern nahm, und ich war bereit, das, was ich tat, dem Urteil der Kirche zu unterwerfen. Alles ging so, wie Gott es wollte. Das Prüfungskomitee befand, daß meine Predigten biblisch begründet waren. Und obwohl sie einige Bedenken hatten, erlaubten sie mir, mit dem Programm der Jugendexerzitien fortzufahren.

Gleichzeitig begann die Anzahl der jungen Leute, die Freitag abends kamen, ständig zu wachsen. Ich bin sicher, daß viele von ihnen aus falschen Motiven kamen – und nach einer Weile auch wegblieben. Aber da war ein Kern, der das Herz der größeren Gruppe bildete. Sie lernten wirklich etwas über die Herrschaft Christi und seine Liebe, opferten ihre Zeit und Energie für andere und waren ganz und ständig füreinander da.

Wenn wir heute auf diese ersten Monate zurückblikken, nennen wir sie unsere „Zack-Zack-Tage". Wir erlebten ein Feuerwerk nach dem anderen. Jede Gebetsversammlung schien eine neue Umwälzung einzuleiten. Wir konnten kaum bis zum kommenden Freitag warten, um zu sehen, was Gott als nächstes vorhatte: wie er Jugendliche von Drogen runterholte, Heilungen bewirkte, Versöhnung stiftete. Wir erlebten viele Wunder und spektakuläre Veränderungen im Leben vieler Leute. So etwas tut Gott manchmal zu Beginn einer Bewegung, um den Glauben einer Gruppe zu stärken und sie zu noch tieferem Glauben herauszufordern.

Es dauerte nicht lange, und wir paßten einfach nicht mehr alle in das Besuchszimmer meines Klosters. Eine Frau in einem anderen Stadtteil lud uns ein, ihr Haus zu benutzen, das ein wenig mehr Platz für uns bot. Aber wieder geschah dasselbe. Unsere Zahl wuchs, und wenn wir sangen, bebte der Boden vom Gewicht der schwankenden und klatschenden Menge. Ich sagte mir: „Es wird Zeit, daß ich mit dem Bischof rede."

Ein Haus für den Herrn

Ich verabredete mich mit Bischof Leibold für den 7. Februar 1972. Bevor ich zu dem Termin ging, beteten wir zusammen und baten Gott um irgendeinen Hinweis, was uns erwarten würde. Nicht ein, sondern drei Mitglieder unserer Gruppe schlugen die Bibel spontan bei denselben Versen im ersten Chronikbuch auf. Es handelte sich um einen seltsamen Abschnitt, der andeutete, daß uns ein Haus gegeben werden sollte und daß alles, was wir bräuchten, für uns bereitgestellt würde: „Sei mutig und stark! Geh ans Werk! Fürchte dich nicht, und verzage nicht! Denn der Herr, mein Gott, wird mit dir sein. Er wird dich nicht erlahmen lassen und dich nicht im Stich lassen, bis alle Arbeiten für den Dienst des Hauses des

Herrn zu Ende geführt sind … Ebenso werden dir die
führenden Männer und das ganze Volk in jeder Angele-
genheit zur Seite stehen" (1 Chronik 28, 20–21). Wir
spürten ganz deutlich, daß uns Gott eine Antwort gegeben hatte, und von da an machte ich mir überhaupt keine
Sorgen mehr. Ich wußte im Innersten, daß der Bischof
hinter uns stehen würde.

Als ich unterwegs zum Bischof war, beschloß ich, ihm
die ganze Geschichte zu erzählen. Ich sagte ihm, was ich
gemacht hatte und wie ich die Ereignisse beurteilte. Ich
redete über religiöse Erziehung, Gebet und Bibel, Gottesdienste und Predigten – über alles, was meiner Meinung
nach „dran" war. Es muß ihn ermüdet haben, mir
zuzuhören!

Schließlich sagte ich: „Das folgende klingt eingebildet,
aber wenn Sie uns ein Haus beschaffen können, verspre-
che ich Ihnen, daß der Herr mehr junge Leute erreichen
kann als drei Ihrer katholischen Oberschulen zusammen
– und für ein Hundertstel des Preises. Aber ich habe
keinen Pfennig Geld. Die Franziskaner haben mir nichts
gegeben und die Diözese auch nicht. Aber wir haben
gelernt, auf Gott zu vertrauen. Ich weiß, daß er uns
führt."

Erzbischof Leibold sagte einfach: „Pater, irgendwie
schenke ich Ihnen Glauben." Und noch am selben Abend
zog er selber los, fuhr im Auto kreuz und quer durch
Cincinnati und versuchte, ein Haus für uns aufzutreiben.

In den Wochen nach jener Begegnung mit dem Bischof
scheiterte jedes in Frage kommende Objekt aus dem einen
oder anderen Grund. Einige Leute wollten keine Teenager
haben; sie hatten Angst, wir würden ihr Eigentum demo-
lieren. Bei einigen Häusern wäre die Renovierung zu
kostspielig gewesen, und ich hatte kein Geld. Aber wir
beteten weiter und hielten Gottes Verheißung hoch, daß
er uns ein Haus schenken würde. Aus den Wochen
wurden Monate, aber wir gaben die Hoffnung nicht auf.

Am 15. Mai schließlich hörte ich von der Villa. Es handelte sich um den alten Crosley-Besitz und war von dem Mann gebaut worden, der die Crosley-Radios hergestellt hatte. Einige von uns fuhren hin, um einen Blick darauf zu werfen, und wir spürten sofort, daß das genau das Richtige wäre. Die Villa lag in einer kleinen Baumlichtung in einem schönen Stadtteil von Cincinnati und war für Einkehrtage wie geschaffen. Wir schwärmten aus und guckten durch die Fenster, und als wir meinten, genug gesehen zu haben, versammelten wir uns am Haupteingang, um zu beten. Über der Tür entdeckten wir das Familienwappen der Crosleys mit der lateinischen Inschrift „Confido in crucem – Ich vertraue auf das Kreuz".

Ich habe keine Ahnung, weshalb Powell Crosley ausgerechnet dieses Motto für seine Familie ausgesucht hat, aber wir machten es uns augenblicklich zu eigen. Wir sagten: „Okay, Herr, auch wir vertrauen aufs Kreuz! Wir beanspruchen dieses Haus für dich." Und wir gingen nach Hause, überzeugt davon, daß Gott dieses Haus für uns wollte, damit wir dort sein Werk tun könnten.

Die Villa gehörte mittlerweile einem benachbarten katholischen Krankenhaus, deshalb ging ich zum Verwaltungsleiter, um zu sehen, was möglich wäre. Ich trat bei ihm genauso kühn und direkt auf wie seinerzeit beim Bischof: „Ich hätte gern dieses Haus. Ich habe kein Geld, aber ich kann mich bei Ihnen in der Krankenhausseelsorge engagieren, wenn Sie das wollen."

Der Verwaltungsleiter war zwar wohlwollend, blieb aber ungerührt. „Nun gut, Pater", sagte er, „es ist unwahrscheinlich, daß wir Ihnen das Haus zur Nutzung überlassen. Ihre Teenager würden wahrscheinlich ihre Initialen in die Paneelen ritzen und andere Sachen machen, die den Wert der Immobilie mindern würden. Aber ich gebe Ihnen dieselbe Chance wie jedem anderen. Anfang Juni ist eine Ausschußsitzung, die sich damit befaßt, wer die

Villa kriegt. Andere Gruppen fragen auch an, und – unter uns – es ist wahrscheinlich, daß die es kriegen." Ich dankte ihm für seine Zeit, aber ich ging weg mit dem Gefühl: „Rufen Sie mich nicht an; ich werde Sie anrufen!"

Ich erzählte den Jugendlichen, was passiert war. Dann beteten wir und beriefen uns wieder auf die Verheißung des Herrn. Am 1. Juni verstarb Erzbischof Leibold plötzlich und unerwartet. Einige der jungen Leute wurden entmutigt, weil wir spürten, daß er zwar hinter uns gestanden hatte, aber viele der Pfarrer nicht. Würden wir von der Kirche irgendwelche Unterstützung bekommen? Wir wußten nicht, wer unser neuer Bischof werden würde. Es gab zwar viele Leute, die für uns beteten, aber nur wenige von ihnen waren Kirchenfunktionäre.

Eine Nonne, die von Anfang an bei uns mitgemacht hatte, betete eine ganze Nacht hindurch für uns. Am nächsten Tag rief sie mich an und sagte: „Richard, jetzt kriegst du das Haus ganz bestimmt, wo doch der Erzbischof jetzt da oben ist!" Ich dachte bei mir, daß das eine typisch schwesternhafte Aufmunterung war, und glaubte ihr nicht wirklich, obwohl ich das gerne getan hätte. Ich saß irgendwie zwischen den Stühlen, weil ich wußte: Wenn es klappt, weiß ich, daß das Gott gemacht hat, aber wenn nicht ... Ich wollte einfach nicht enttäuscht werden. Aber die Jugendlichen glaubten mit ganzem Herzen, daß das Haus uns gehören würde.

Am 7. Juni ging ich zur Beerdigung von Erzbischof Leibold, und als ich nach Hause kam, fand ich die Benachrichtigung vor, daß das Haus unser war. Unser Gebet war genauso erhört worden, wie wir gehofft hatten! Die Villa sollte absolut gratis an uns verliehen werden, bis sie das Krankenhaus für einen anderen Zweck brauchen würde. Alle Nebenkosten würden bezahlt und alle Einrichtungsgegenstände, die wir bräuchten, würden uns zur Verfügung gestellt werden. Die Prophezeiung war in Erfüllung gegangen!

In diesem Haus erlebte ich mehr Freude und Gemeinschaft, als ich in diesem Leben je für möglich gehalten hätte. Aus dem Hauptschlafzimmer der Crosleys machten wir eine Kapelle und nannten sie das „Obergemach". In diesem einen Raum habe ich mehr Werke der Kraft und der Liebe miterlebt, als ich mir je für meine gesamte Priesterlaufbahn erträumt hätte. Jeden Abend kamen die Jugendlichen, und wir beteten bis spät in die Nacht. Oft ging unser Gebet nahtlos in eine Meßfeier über, die Stunden dauerte. Gott zeigte uns auf vielfache Weise, was Gemeinschaft ist und wie Gemeinschaft funktioniert.

Wir waren damals geistliche Babys, wenn ich diesen Ausdruck verwenden darf. Gott wußte, daß wir noch kein eigenes Haus unterhalten konnten, deshalb verwöhnte er uns. Buchstäblich alles wurde uns geschenkt. Wir waren Gottes verzogene Gören, aber das machte uns nicht das geringste aus! Wir lebten monatelang im Strahlenkranz seines Lächelns, und die Monate schienen wie Jahre, weil jede Woche randvoll mit Segenserweisen und Überraschungen war.

Aber schließlich, es war am 29. Januar, betete ich allein im Obergemach. Ich sehe noch, wie die Sonne ins Fenster schien und sich auf den roten Teppich ergoß. Plötzlich schien mir, als würde Gott zu mir sagen: „Richard, du vertraust mir nicht mehr so wie früher. Du sorgst dich um die Jugendlichen und ihre Probleme. Du sorgst dich auch um deine eigenen Probleme. Ich habe dir diesen Ort gegeben, und ich werde ihn wieder von dir nehmen. Das alles ist nicht dein Werk. Du bist nur mein Werkzeug. Also kühl ab und lern wieder, in mir Ruhe zu finden."

Wenn einem so etwas beim Beten passiert, ist man sich nicht sicher, ob wirklich Gott zu einem redet. Vielleicht sind das ja nur deine eigenen Gedanken, selbst wenn du meinst, sie kommen von Gott. Deshalb sagte ich: „Herr, wenn du mir etwas mitteilen willst, dann gib mir ein Zeichen in der Heiligen Schrift!" Ich gebe zu, daß das

theologisch sehr unsolide ist. Charismatiker öffnen die
Bibel mitunter irgendwo und erwarten, daß Gott dadurch
zu ihnen redet. Ich wäre ein Narr, wenn ich diese
Methode allen in allen Situationen empfehlen würde,
aber ich müßte auch meine eigene Erfahrung verleugnen,
wenn ich behaupten würde, das dürfte nie passieren. So
öffnete ich das zweite Makkabäerbuch, und als ich die
Seite ansah, las ich: „Der Herr hat nicht das Volk erwählt
wegen des Ortes, sondern den Ort wegen des Volkes"
(2 Makkabäer 5,19).

Zu diesem Zeitpunkt wußte ich nicht, ob das wirklich
etwas bedeutete oder ob ich bloß Bibel-Roulette spielte.
Ich klappte das Buch zu und ging in mein Zimmer. Keine
fünf Minuten später klingelte das Telefon. Die Sekretärin
des Verwaltungsleiters des Krankenhauses war am Appa-
rat und fragte mich, ob ich Dienstag früh um elf einen
Termin frei hätte. Ich sagte bloß: „Danke. Ich werde da
sein."

Als ich den Hörer auflegte, spürte ich die unverkenn-
bare Gegenwart Gottes. Ich empfand eine ungeheuer
gelöste Freude und inneren Frieden, obwohl ich wußte,
daß uns das Krankenhaus sagen würde, wir müßten die
Villa verlassen. Ich wußte, wie sehr die Jugendlichen
jeden Ziegelstein dieses alten Hauses liebten und wie viel
es uns allen bedeutete. Aber das wichtigste war zu wissen,
daß Gott mit uns ist. Allein das zählte. Und weil er uns
führte, würde er uns nicht von diesem Ort wegführen,
ohne einen neuen für uns vorbereitet zu haben.

In den folgenden Tagen spürte ich die Gegenwart
Gottes derart intensiv, daß ich mir unmöglich Sorgen
über die Zukunft machen konnte. Als ich zum Verwaltungsleiter kam, sagte ich: „Ich weiß, daß Sie mich
herbestellt haben, weil Sie uns die Villa wieder wegnehmen wollen. Das ist in Ordnung." Und ich erzählte ihm
von dem Wort des Herrn, das zu mir gekommen war, und
wie wir alle das Vertrauen auf Gottes Macht gefunden

hätten, daß er einen neuen Platz für uns finden würde.

„Außerdem", erklärte ich, „sollen wir Franziskaner uns nicht schämen zu betteln, und so bitte ich Sie, uns das Haus bis Ostern zu lassen." Der Verwaltungsleiter sagte, so lange könne das Krankenhaus warten, aber keinen Tag länger.

Als sich die jungen Leute an diesem Abend in der Villa versammelt hatten, sagte ich: „Ich werde euch etwas mitteilen. Versprecht mir, daß ihr, nachdem ich es mitgeteilt habe, sagt: Preis dem Herrn!" Das versprachen sie. So sagte ich zu ihnen: „Der Herr gibt, und der Herr nimmt! Gepriesen sei der Name des Herrn! Wir müssen die Villa verlassen." Ihre Kinnladen fielen nach unten, aber sie brachten es fertig zu murmeln: „Preis dem Herrn!"

Wir begannen miteinander zu beten und erinnerten einander an das, was wir immer über den Weg des Glaubens gesagt hatten. Wir erinnerten uns daran, daß das Volk, als die Israeliten aus der Sklaverei geführt wurden, oft anhalten und schlappmachen wollte. Aber Mose hat sie immer wieder aufgerufen, dem Herrn zu vertrauen und an das Land zu glauben, das Gott ihnen versprochen hatte. Genau darum geht es beim Weg des Glaubens. Der Herr ruft uns immer auf Neuland. Er möchte uns immer mehr geben, und er möchte es uns immer in aller Freiheit schenken.

Kurz danach ging ich zu Erzbischof Bernardin, der gerade für Cincinnati ernannt worden war. Ich erzählte ihm, was der Herr in unserem Leben getan hatte, und er sagte, er wollte Erzbischof Leibolds Versprechen einlösen und dafür sorgen, daß wir ein Haus kriegen. Die Jugendlichen phantasierten, daß kurz vor Torschluß ein dramatischer Anruf vom Bischof kommen würde, er hätte eine neue Bleibe für uns gefunden. Aber dieser Anruf blieb aus.

Am Karsamstag hielten wir den letzten großen Gottesdienst in der Villa. Die Kapelle war von Wand zu Wand gerammelt voll mit Jugendlichen. Es gab nicht mehr genug Platz für alle, die kamen. Für mich war das eine weitere Bestätigung dafür, daß der Herr wußte, was er tat, indem er uns sagte, wir müßten ausziehen.

Ich hatte den starken Eindruck, daß mir Gott für diesen Abend ein besonderes Evangelium geben würde, und verzichtete deshalb auf das übliche Lektionar. Als es an der Zeit war, das Evangelium zu verlesen, ließ ich mir von einem Mädchen, das neben mir stand, die Bibel geben und schlug sie auf. Ich senkte den Blick und las den ersten Abschnitt, der mir ins Auge sprang:

> Euer Herz lasse sich nicht verwirren. Glaubt an Gott, und glaubt an mich! Im Haus meines Vaters gibt es viele Wohnungen. Wenn es nicht so wäre, hätte ich euch dann gesagt: Ich gehe, um einen Platz für euch vorzubereiten? Wenn ich gegangen bin und einen Platz für euch vorbereitet habe, komme ich wieder und werde euch zu mir holen, damit auch ihr dort seid, wo ich bin (Johannes 14,1–3).

Danach gab es kein Halten mehr. Man hätte uns von der Decke abkratzen können. Alle weinten vor Freude, weil wir wußten, daß uns Gott an einen neuen Ort führen würde, den er bereits für uns vorbereitete. Wir alle hingen an der Villa, und doch hatte uns mitunter ein leises Unbehagen beschlichen, daß wir hier wohnten – vor allem mich als Franziskaner. Die Jugendlichen hatten mich ab und an damit aufgezogen. Schon damals gab es einige, die das Gefühl hatten, wir sollten unter den Armen leben.

Am Ostersonntag feierten die Kerngruppe und ich bei Sonnenaufgang gemeinsam eine herrliche Messe. Aber noch hatten wir kein neues Haus. Ich zog aus, und wir verstauten erst mal alles irgendwo, was der Gemeinschaft gehörte. Die Jugendlichen warteten und vertrauten und beteten. Etwa einen Monat später rief Erzbischof Bernardin an und sagte, daß die Diözese eine Schule in Winton Place dichtmachen wollte und daß wir die haben könnten.

Sofort fuhren wir in diesen Stadtteil und nahmen das Objekt in Augenschein. Es handelte sich um alles andere als eine Villa. Die Schule und das angrenzende Wohngebäude waren ziemlich heruntergekommen, und viele der Häuser in der Umgebung waren entweder auf dem Hund oder mit Brettern verrammelt. Allein im Schulgebäude waren 42 Fensterscheiben kaputt. Wir wußten, es würde viel Arbeit kosten, das alles so herzurichten, daß wir es für Exerzitien und Gottesdienste nutzen konnten. Aber der Herr hatte uns jetzt bereits ein ganzes Jahr lang vor Augen geführt, daß wir kooperationsfähig waren. Am Wohnhaus war auch eine Menge zu tun, da es 125 Jahre alt war. Aber wir sahen auch, daß wir dort Raum hätten, um Dinge zu machen, die wir in der Villa nie hätten machen können. Und wir wußten, daß uns der Herr in diesen ärmeren Stadtteil geführt hat, damit wir dort ein Zeichen seiner Liebe wären. Deshalb sagte ich dem Bischof: „Es ist uns eine Ehre, daß wir das kriegen."

Die neue Villa des Herrn

Am 7. Juni, genau ein Jahr nachdem ich die Zusicherung bekommen hatte, daß man uns die Crosley-Villa leihen würde, zogen wir in Winton Place ein. Am 10. Juni war Pfingsten, und wir feierten unsere erste Messe. Ich fragte alle, die teilnahmen, ob sie freiwillig mitwirken wollten, hier die neue Villa des Herrn zu errichten.

Am nächsten Tag kamen die ersten Jugendlichen mit Eimern, Lappen, Sandpapier und Spachteln. Langsam begannen die Gebäude in neuem Glanz zu erstrahlen.

Alles wurde von Teenagern gemacht – das Reinigen und Lackieren, das Tünchen und Verputzen, sogar die Installations- und Elektroarbeiten. Und während der ganzen Zeit beteten und vertrauten wir und hofften auf Gott. Im Lauf der Zeit schenkte er uns auch den Namen für unsere Gemeinschaft: „New Jerusalem". (Ganz schön anmaßend waren wir, nicht wahr!?)

Eine Zeitlang trafen wir uns weiterhin in der Turnhalle einer katholischen Oberschule, um die Massen unterzubringen, die zu den Gebetstreffen der Gemeinschaft strömten. Schließlich führte uns Gott jedoch dazu, einen größeren Teil unserer Aktivitäten ganz in unseren Stadtteil zu verlagern. Die Gebetstreffen und Gottesdienste werden nun in der renovierten Turnhalle der alten Schule abgehalten, die wir in franziskanischem Geist *Portiuncula* genannt haben: der „kleine Anteil". Einige von uns leben heute im Wohntrakt, andere sind in andere Häuser der Umgebung gezogen.

Wenn wir heutzutage miteinander beten, erleben wir nicht mehr so viel Feuerwerk. Der Herr scheint uns auf einen tieferen Glaubensweg zu führen und dabei eine kleine Gruppe (wir reden im Anklang ans Alte Testament gern vom „Rest") zu läutern, indem er uns lehrt, einander zu lieben. Aber immer ist er der Mittelpunkt unseres gemeinsamen Lebens. Er ist der Kopf dieses lebendigen Christusleibes.

Die frühe Kirche nannte Jesus den Messias, das heißt, den Gesalbten. Aber jetzt liegt die „Salbung" auf der Gemeinde. Der Leib Christi ist mit dem Geist Gottes gesalbt, der, wie wir aus eigener Erfahrung gelernt haben, ein Geist der Kraft ist. In uns und durch uns hat Gott Dinge getan, die wir nie für möglich gehalten hätten. Gottes Geist ist auch der Geist der Liebe, und wir wissen jetzt, daß Liebe kein abstraktes Konzept, sondern eine greifbare Wirklichkeit ist. Er ist auch der Geist des Gebets und befähigt uns, Gott dafür zu danken, daß er uns bis hierher gebracht hat und uns weiterführen wird, wenn wir auch noch nicht wissen, wohin. Aber darüber müssen wir uns keine Sorgen machen.

Das einzige, was zählt, ist, daß wir wissen, wer uns führt. Der Herr erneuert uns, indem er uns zu einem Volk macht und uns *gemeinsam* befreit. Indem er uns lehrt, einander zu lieben und zu vertrauen, lehrt er uns, ihn zu lieben und ihm zu vertrauen. Und indem er uns lehrt, ihn zu lieben und ihm zu vertrauen, lehrt er uns, einander zu lieben und zu vertrauen.

Das ist der Weg des Glaubens. Nach und nach wird der Herr dabei für dich so faßbar und konkret wie die anderen Menschen um dich herum. Nach und nach ist das, worüber die Bibel redet, so mit Händen zu greifen wie ein Stück Holz, das man berühren, und wie die Erde, auf der man gehen kann. Du erfährst, wovon die Bibel redet, und zwar nicht so sehr, weil du die Heilige Schrift studiert hast wie ein Gelehrter, sondern weil du als Jünger oder als Jüngerin das Leben Jesu geführt hast, als Teil seines Leibes.

Es gibt immer Leute, die bezweifeln, daß das wirklich geht. Sie hat es immer gegeben und wird es immer geben. Viele sind berufen, aber wenige sind auserwählt. Der Weg ins Gottesreich führt durch eine enge Pforte. Durch diese und andere Bilder sagt uns die Schrift, daß das Leben des Geistes zwar auf alle Menschen abzielt, aber nicht von allen geglaubt und ergriffen wird.

Denn unser Gott ist ein Gott der Freiheit. Er läßt uns die Freiheit, in einer selbstgebastelten Hütte zu leben oder in der Villa, die er für uns vorbereitet hat. Er läßt uns die Freiheit, in Ägypten zu bleiben oder ihm ins Gelobte Land zu folgen. Er läßt uns die Freiheit, in der Sklaverei zu leben oder seinen Ruf in die Freiheit – der durch die Wüste führt! – zu beantworten. Er läßt uns die Freiheit, isoliert zu leben oder in Gemeinschaft mit den Gliedern des Leibes Christi. Er läßt uns die Freiheit, aus eigener

Kraft zu leben oder aus der Kraft des Geistes, der Jesus von den Toten auferweckt hat.

Aber wenn du Gott Gott sein läßt, wirst du nicht enttäuscht werden. Niemand, der dem Herrn vertraut, wird zuschanden. Wie uns das Buch der Offenbarung lehrt, zählen am Ende die Schlachten, die um uns her geschlagen werden, nicht mehr, denn der Sieg ist bereits gewonnen. Er wurde in Jesus errungen, der Alpha und Omega, Anfang und Ende des göttlichen Heils ist. Er wird in Christus errungen, wo immer sein Leib von seinem Geist bevollmächtigt wird. Und er wird im Herrn errungen werden, weil die ganze Geschichte zur Heilsgeschichte werden soll. So zeigt sich die Barmherzigkeit Gottes!

Nachwort

Von Andreas Ebert

Richard Rohrs Einführung ins Alte Testament („Das entfesselte Buch") stieß auf reges Interesse. Ein älterer Bruder aus Taizé sagte mir kürzlich: „Endlich habe ich etwas, was ich jungen Leuten in die Hand geben kann, die Schwierigkeiten haben mit der Bibel!"

Hiermit folgt der zweite Band dieser Hinführung zur Heiligen Schrift, der die Bücher und Themen des Neuen Testaments behandelt. Wieder liegen predigtartige Vorträge zugrunde, die Richard Rohr als knapp dreißigjähriger Pater für seine damals noch ganz junge Gemeinschaft „New Jerusalem" gehalten hat. Die Reden wurden auf Band mitgeschnitten, weil man hoffte, durch den Verkauf der Kassetten ein paar Dollar für die Aufbauarbeit der Gemeinschaft „einspielen" zu können. Der Erfolg überstieg alle Erwartungen: über 100 000 Kassetten wurden abgesetzt.

Joseph Martos, Theologieprofessor am Allentown College in Pennsylvanien, hat dreizehn Jahre später die Vorträge überarbeitet und theologisch auf den neuesten Stand gebracht. Dennoch blieb die Lebendigkeit und Frische des gesprochenen Wortes erhalten, wie mir scheint. Und auch von der Begeisterung dieser Aufbruchsjahre einer erstaunlichen Kommunität ist – bis in die Sprache hinein – noch viel zu spüren. Vielen mag diese „charismatische" Sprache und forsche Glaubenshaltung fremd sein. Aber heute im nachhinein läßt sich – zumindest für „New Jerusalem" – sagen, daß sie Ausdruck einer geistlichen Erweckung war, die sich als echt und zukunftsweisend erwiesen hat und bis heute ihre Früchte trägt, auch wenn sich Sprach- und Lebensformen in „New Jerusalem" seither sehr gewandelt haben.

Richard Rohr und die jungen Leute, die sich Anfang der siebziger Jahre mit ihm auf den Weg des Glaubens gemacht haben, waren seinerzeit echte „Jesus People", die von einem schlichten Gottvertrauen und von herzlicher geschwisterlicher Liebe erfüllt waren und aus dieser „naiven" Haltung heraus Zeichen und Wunder erlebten. Am Ende des Buches läßt uns Richard Rohr Anteil nehmen an den ersten stürmischen Jahren, in denen er als „Teeny-Priester" seine „Teeny-Gemeinde" aufgebaut hat, die heute zu den größten und geachtetsten christlichen Kommunitäten der USA gehört.

Richard Rohr hat die Leitung von „New Jerusalem" längst in die Hände von „Laien" gelegt und lebt mittlerweile in Albuquerque/New Mexico, wo er ein „Zentrum für Aktion und Kontemplation" aufbaut, in dem Frauen und Männer ausgebildet werden, ihren christlichen Glauben bewußt und „prophetisch" zu leben: in der Kirche, aber vor allem auch an den Brennpunkten gesellschaftlicher Not. Die Sprache des Franziskanerpaters hat sich verändert, er selbst auch. Er ist vor allem politisch „radikaler" geworden. Bei vordergründiger Betrachtung mag das so aussehen, als wäre er seinem ursprünglichen „charismatischen" Weg, wie er sich in vorliegendem Buch deutlich niederschlägt, untreu geworden. Wer aber genau hinsieht oder wer das Glück hat, Richard Rohr und seine Entwicklung über Jahre hin zu kennen, wird das alles als logische, ja als *theo-logische* Entwicklung begreifen. Schon in den frühen Reden ist all das angelegt, was Richard Rohr in den letzten Jahren zu einer derart geachteten Stimme der amerikanischen Kirche gemacht hat. Seine Einführung in die Bibel enthält im Kern alles, was sich später gleichsam nur noch entfalten mußte.

Richard Rohr stellt die Bibel als Lebensbuch dar. Er

zeigt uns, daß ihre Themen unsere Themen sind und daß Glaube heute genauso konkret, spannend und kraftvoll sein kann wie damals. Das Buch ermutigt einzelne, vor allem aber Gruppen und Gemeinschaften, das Abenteuer des Glaubens zu wagen und aufzubrechen in das Gelobte Land, das immer vor uns liegt und zu dem Gott uns immer beruft. Was der Autor sagt, das ist glaubwürdig. Er hat es am eigenen Leib erlebt.

Richard Rohr entfesselt die Bibel:
eine mitreißende neue Entdeckung des alten Buches

Richard Rohr
Das entfesselte Buch
Lebenskräfte aus der Bibel.
Altes Testament
Herausgegeben von Josef Martos.
Aus dem Amerikanischen übersetzt und eingeleitet
von Andreas Ebert.

5. Auflage, 192 Seiten, Paperback. ISBN 3-451-21870-4

Wie bei Richard Rohr gewohnt, ist auch dieses Buch aus lebendiger Kommunikation und dem Dialog mit Menschen entstanden. Es ist eine spannende, auf Schwerpunkte konzentrierte Einführung in die Bibel. Dabei geht es nicht darum, sie mit dem Verstand zu „bändigen", sondern sich ihr auszusetzen und es zuzulassen, daß ihre Worte uns bewegen, Fragen stellen, herausfordern und verändern. Das geschieht in sechs Schritten:
1. Der Aufruf: Einführung in das Wort Gottes;
2. Exodus – die Reise des Glaubens;
3. Das Gewöhnliche wird außergewöhnlich;
4. Die Propheten – radikale Traditionalisten;
5. Gott und die Menschheit, das Gute und das Böse;
6. Heilsgeschichte: Die Evolution des Glaubens.

Dieses Buch lebt vom großen Wissen des Autors, seinem wachen Blick über die heutige Situation und seiner Sensibilität für die Fragen der Menschen. Durch viele Beispiele, die aus dem Leben gegriffen sind, und den nicht aufdringlichen Rückgriff auf die eigene Erfahrung erhält diese Einführung ihre Unmittelbarkeit und Farbe. Mit C. G. Jung vertraut, hat Rohr ein besonderes Gespür für das, was im Menschen liegt – verborgen und dennoch unentwegt wirksam.

Verlag Herder Freiburg · Basel · Wien